에듀윌과 함께 시작하면,
당신도 합격할 수 있습니다!

집안 사정으로 인해
오랫동안 학업을 중단했던 늦깎이 수험생

외국 생활을 앞두고
한국 학력 인정이 필요한 유학생

학교를 그만두고
미래를 스스로 준비하는 학교 밖 청소년

누구나 합격할 수 있습니다.
해내겠다는 '열정' 하나면 충분합니다.

마지막 페이지를 덮으면,

에듀윌과 함께
검정고시 합격이 시작됩니다.

85만 권 판매 돌파
177개월 베스트셀러 1위!

에듀윌이 만든 검정고시 BEST 교재로
합격의 차이를 직접 경험해 보세요

중·고졸 검정고시 기본서

중·고졸 검정고시 5개년 기출문제집
(24년 9월 출간 예정)

중·고졸 검정고시 핵심총정리
(24년 9월 출간 예정)

중·고졸 검정고시 모의고사
(24년 12월 출간 예정)

에듀윌 검정고시 합격 스토리

박○주 합격생

에듀윌 교재로 학습하면 고득점 합격 가능!

핵심총정리와 기출문제집 위주로 학습하면서, 취약했던 한국사는 기본서도 함께 보았습니다. 암기가 필요한 개념은 노트 정리도 하였고, 기출은 맞힌 문제와 틀린 문제 모두 꼼꼼히 살폈습니다. 저는 만점이 목표였는데, 사회 한 문제 를 제외하고 모두 100점을 맞았답니다!

김○늘 합격생

노베이스에서 평균 96점으로 합격!

에듀윌 핵심총정리에 수록된 요약본을 토대로 나만의 요약노트를 만들고 반복해서 살펴보았습니다. 시험이 2주가 량 남았을 때는 D-7 모의고사를 풀었는데, 실제 시험장처럼 OMR 답안카드 작성을 연습할 수 있었습니다. 검정고시 를 준비하는 수험생이라면 이 두 책은 꼭 보기를 추천합니다~

노○지 합격생

에듀윌 기출문제집은 합격으로 가는 필수템!

저는 먼저 부족한 과목의 개념을 집중 학습한 후 기출문제를 반복해 풀었습니다. 기출문제집에는 시험 범위에 해당 하지 않는 문제가 무엇인지 안내되어 있고, 출제 경향이 제시되어 있어 유용했습니다. 시험 일주일 전부터 전날까지 거의 매일 기출문제를 풀었어요. 제가 합격하는 데는 기출문제집의 역할이 컸습니다.

박○르 합격생

2주 만에 평균 95점으로 합격!

유학을 위해 검정고시를 준비했습니다. 핵심총정리를 통해 어떤 주제와 유형이 자주 출제되는지 알 수 있어 쉽게 공 부했습니다. 모의고사는 회차별·과목별로 출제의도가 제시되어 있어 좋았습니다. 다들 각자의 목표가 있으실 텐데, 모두 원하는 결과를 얻고 새로운 출발을 하시길 응원할게요!

다음 합격의 주인공은 당신입니다!

더 많은
합격 스토리

eduwill

1위 에듀윌만의
체계적인 합격 커리큘럼

쉽고 빠른 합격의 첫걸음
고졸 검정고시 핵심개념서 무료 신청

원하는 시간과 장소에서, 합격 필수 콘텐츠까지
온라인 강의

① 전 과목 최신 교재 제공
② 과목별 업계 최강 교수진과 함께
③ 검정고시 합격부터 대입까지 가능한 학습플랜 제시

고졸 검정고시
핵심개념서
무료 신청

친구 추천 이벤트

"친구 추천하고 한 달 만에
920만원 받았어요"

친구 1명 추천할 때마다 현금 10만원 제공
추천 참여 횟수 무제한 반복 가능

※ *a*o*h**** 회원의 2021년 2월 실제 리워드 금액 기준
※ 해당 이벤트는 예고 없이 변경되거나 종료될 수 있습니다.

친구 추천 이벤트
바로가기

더 많은 혜택이 궁금하다면 1600-6700
* 위 내용은 서비스 개선을 위해 예고 없이 변경될 수 있습니다.

2024년도 제1회 고등학교 졸업학력 검정고시

한 국 사

제 ⑥ 교시

고졸

자동채점 서비스

---

1. 다음에서 설명하는 유물은?

> 정기 연천 전곡리에서 발견된 구석기 시대의 대표적
> 인 유물로 주로 사냥을 하거나 가죽을 벗기는 등의 용
> 도로 사용하였다.

① 해국도지   ② 주먹 도끼   ③ 수월관음도   ④ 임신서기석

2. ㉠에 들어갈 내용으로 옳은 것은?

> 그런데 ㉠ 의
> 침략에 어떻게 대응했
> 을까요?

> 서희의 외교 담판과
> 강감찬의 귀주 대첩
> 으로 물리칠 수 있
> 었어요.

① 거란   ② 미국   ③ 영국   ④ 일본

3. ㉠에 해당하는 인물은?

> 고려 무신 집권기 보조 국사 ㉠ 은/는 세속화된 불교계를
> 개혁하기 위해 정혜쌍수와 돈오점수를 내세우며 수선사를 중심으로

---

7. 다음에서 설명하는 정치 세력은?

> ○인물: 김숙자, 박영효, 김윤식, 김홍집
> ○특징: 서양의 근대적 제도와 과학 기술을 수용하고자 함.

① 호족   ② 무신   ③ 개화파   ④ 오경박사

8. 다음에서 설명하는 유물은?

> 〈역사 유물 카드〉
>
>
>
> ・출토지: 충남 부여 능산리
> ・용도: 종교 행사 등에서 향을 피움.
> ・특징: 불교와 도교 세계를 함께 표현함.

① 배리지   ② 상평통보   ③ 고려만국전도   ④ 백제 금동 대향로

9. 다음 정책을 펼친 조선의 국왕은?

> ○임진왜란 이후 피해 극복을 위해 노력함.

① 지눈   ② 원효   ③ 이순신   ④ 정수왕

4. ⊙에 들어갈 내용으로 옳은 것은?

〈동학 농민 운동의 전개 과정〉

1차 봉기 → 전주 화약 → 2차 봉기 → 전봉준 체포 → ⊙

① 국하 설치
② 사비 천도
③ 우금치 전투
④ 고구려 멸망

5. ⊙에 들어갈 내용으로 옳은 것은?

〈세도 정치 시기의 ⊙ 〉

○ 원인: 정치 기강이 문란해져 관원의 부패가 심해짐.
○ 결과: 전정·군정·환곡의 부담으로 백성들의 삶이 매우 힘들어짐.

① 회사령   ② 삼정 문란   ③ 발췌 개헌   ④ 정읍 발언

6. 자료와 관련한 정책으로 옳은 것은?

유생들이 반발하자 흥선 대원군이 크게 노하여 "이곳은 존경받는 선현을 제사하는 곳인데 지금도 붕당의 근거지로 도둑의 소굴이 되지 않았더냐."라고 말하였다.

① 서원 철폐   ② 녹읍 설치
③ 교정도감 폐지   ④ 동·서 대비원 설치

---

① 광해군   ② 해공양   ③ 법흥왕   ④ 고국천왕

10. 다음 질문에 대한 답으로 옳은 것은?

한국사 골든벨

이들은 누구일까요? 고종이 을사늑약의 불법성을 알리기 위해 만국 평화 회의에 파견한 이준, 이상설, 이위종을 일컫는 말입니다.

① 중추원   ② 도병마사   ③ 중서문하성   ④ 헤이그 특사

11. ⊙에 들어갈 내용으로 옳은 것은?

1920년대 농민들은 소작료 인하, 소작권 이동 반대 등을 요구하는 쟁의를 벌였다. 특히 ⊙ 은/는 소작료를 낮추는 데 성공하여 전국의 농민 운동을 자극하였다.

① 6·3 시위   ② 이자겸의 난
③ 강조의 정변   ④ 암태도 소작 쟁의

12. 다음에서 설명하는 신문은?

○ 순한글, 국한문, 영문 등 세 종류로 발행
○ 영국인 베델이 발행인으로 참여한 일간 신문

① 독사신문   ② 동경대전
③ 대한매일신보   ④ 조선왕조실록

세상을 움직이려면
먼저 나 자신을 움직여야 한다.

– 소크라테스(Socrates)

에듀윌 고졸 검정고시 기본서 한국사

eduwill

Contents
이 책의 차례

- 이 책의 구성
- 시험 정보
- 선생님이 알려 주는 합격 전략

I

전근대 한국사의 이해

01	고대 국가의 지배 체제	14
02	고대 사회의 종교와 사상	24
03	고려의 통치 체제와 국제 질서의 변동	28
04	고려의 사회와 사상	34
05	조선의 정치 운영과 세계관의 변화	38
06	양반 신분제 사회와 상품 화폐 경제	48
쏙딱 TEST		54
엔드노트		68

II

근대 국민 국가 수립 운동

01	서구 열강의 접근과 조선의 대응	74
02	동아시아의 변화와 근대적 개혁의 추진	77
03	근대 국민 국가 수립을 위한 노력	81
04	일본의 침략 확대와 국권 수호 운동	86
05	개항 이후 경제와 사회·문화적 변화	90
쏙딱 TEST		94
엔드노트		102

III

**일제 식민지 지배와
민족 운동의 전개**

01 일제의 식민지 지배 정책	106
02 3·1 운동과 대한민국 임시 정부	109
03 다양한 민족 운동의 전개	112
04 사회·문화의 변화와 사회 운동	116
05 전시 동원 체제와 민중의 삶	120
06 광복을 위한 노력	122
쏙딱 TEST	124
엔드노트	132

IV

대한민국의 발전

01 8·15 광복과 통일 정부 수립을 위한 노력	138
02 대한민국 정부 수립과 6·25 전쟁	141
03 4·19 혁명과 민주화를 위한 노력	144
04 6월 민주 항쟁과 민주주의의 발전	147
05 경제 성장과 사회·문화의 변화	149
06 남북 화해와 동아시아 평화를 위한 노력	153
쏙딱 TEST	154
엔드노트	160

실전 모의고사

1 회	164
2 회	169
OMR 답안카드	

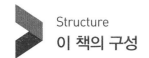

누구나 한 번에 합격할 수 있다!
기초부터 고득점까지 해답은 기본서!

단원별로 이론을 학습하고 ▶ 문제로 개념을 점검하고 ▶ 모의고사로 한국사를 완벽 정복!

믿고 보는 단원별 이론

- 출제 범위에 해당하는 2015 개정 교육과정을 철저하게 반영하였습니다.
- 기초가 부족해도 충분히 이해할 수 있도록 내용을 쉽게 서술하였습니다.

이해를 돕는 보충 설명과 단어장

- 이론과 연관된 보충 개념을 보조단에 수록하여 바로바로 확인할 수 있습니다.
- 단어 설명을 교재 하단에 수록하여 정확한 개념의 이해를 돕습니다.

앞선 시험에 나온, 앞으로 시험에 나올!

쏙딱 TEST

기출문제 및 예상문제를 주제별로 수록하여
앞서 학습한 이론을 문제에 적용해 봅니다.

만점을 만드는 한 수, 이것으로 모두 끝!

엔드노트

해당 단원에서 꼭 알고 넘어가야 할
중요 개념을 한 번 더 정리합니다.

BONUS STAGE

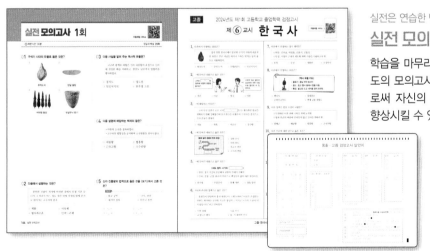

실전은 연습한 만큼 노련해지는 것!

실전 모의고사 ➕ 최신 기출문제

학습을 마무리하며 실제 시험과 비슷한 난이
도의 모의고사와 최신 기출문제를 풀어 봄으
로써 자신의 실력을 가늠하고 실전 감각을
향상시킬 수 있습니다.

함께 수록한 OMR 답안카드
를 활용하여 실제 시험처럼
답안지 작성 연습을 할 수
있습니다.

고졸 검정고시란

부득이한 이유로 정규 고등학교 과정을 마치지 못한 사람들을 대상으로 실시하는 국가 자격 시험입니다.
고졸 검정고시에 합격한 사람은 고등학교를 졸업한 사람과 동등한 자격을 인정받습니다.

시험 주관 기관
• 시 · 도 교육청: 시행 공고, 원서 교부 및 접수, 시험 실시, 채점, 합격자 발표를 담당합니다.
• 한국교육과정평가원: 기본 계획, 문제 출제, 인쇄 및 배포를 담당합니다.

출제 범위
2015 개정 교육과정에서 출제됩니다.

🖑 본서는 출제 범위를 철저하게 반영하였으니 안심하고 학습하세요!

시험 일정

구분	공고일	접수일	시험일	합격자 발표일	공고 방법
제 1 회	2월 초순	2월 중순	4월 초 · 중순	5월 초 · 중순	시 · 도 교육청 홈페이지
제 2 회	6월 초순	6월 중순	8월 초 · 중순	8월 하순	

🖑 시험 일정은 시 · 도 교육청 협의에 따라 변경될 수 있어요.

출제 방향
고등학교 졸업 정도의 지식과 그 응용 능력을 측정할 수 있는 수준으로 출제됩니다.

응시 자격
• 중학교 졸업자 및 이와 같은 수준 이상의 학력이 있다고 인정된 사람

  ※ 3년제 고등기술학교 졸업(예정)자의 경우에도 중학교 졸업자 및 이와 같은 수준 이상의 학력이 있다고 인정된 사람이
    어야 합니다.

• 고등학교에 준하는 각종 학교의 졸업자 또는 졸업예정자와 중학교 또는 이와 같은 수준 이상의 학력이 있는
  사람을 대상으로 하는 3년제 직업훈련과정의 수료자

  ※ 졸업예정자라 함은 최종 학년에 재학 중인 사람을 말합니다.

• 「초 · 중등교육법시행령」 제97조, 제101조, 제102조에 해당하는 사람

• 「보호소년 등의 처우에 관한 법률 시행령」 제69조 제3호에 해당하는 사람

🖑 상기 자료는 2024년 서울시 교육청 공고문 기준이에요. 2025년 시험 응시 예정자는 최신 공고문을 꼭 확인하세요.

❙ 시험 접수부터 합격까지

시험 접수 방법

각 시 · 도 교육청 공고를 참조하여 접수 기간 내에 현장 혹은 온라인으로 접수합니다.

🖑 접수 기간 내에 접수하지 못하면 시험을 응시할 수 없으니 주의가 필요해요!

시험 당일 준비물

- 수험표 및 신분증(만17세 미만의 응시자는 청소년증, 주민등록번호가 포함된 여권 혹은 여권정보증명서)
- 샤프 또는 연필, 펜, 지우개와 같은 필기도구와 답안지 작성을 위한 컴퓨터용 수성사인펜,
  답안 수정을 위한 수정테이프, 아날로그 손목시계  디지털 손목시계는 금지되어 있어요!
- 소화가 잘 되는 점심 도시락

입실 시간

- 1교시 응시자는 시험 당일 오전 8시 40분까지 지정 시험실에 입실합니다.
- 2~7교시 응시자는 해당 과목의 시험 시간 10분 전까지 시험실에 입실합니다.

시험 진행

🚩 이제부터 실력 발휘를 할 시간!

구분	1교시	2교시	3교시	4교시	점심	5교시	6교시	7교시
시간	09:00 ~ 09:40 (40분)	10:00 ~ 10:40 (40분)	11:00 ~ 11:40 (40분)	12:00 ~ 12:30 (30분)	12:30 ~ 13:30	13:40 ~ 14:10 (30분)	14:30 ~ 15:00 (30분)	15:20 ~ 15:50 (30분)
과목	국어	수학	영어	사회		과학	한국사	선택*

* 선택 과목에는 도덕, 기술 · 가정, 체육, 음악, 미술이 있습니다.

유의 사항

- 수험생은 고사 시간에 휴대 전화 등의 통신기기를 일절 소지할 수 없습니다. 만약 반입 금지 물품을 소지할 경우 사용 여부를 불문하고 부정행위로 간주됩니다.
- 수험생은 시험 중 시험 시간이 끝날 때까지 퇴실할 수 없습니다. 다만, 불가피한 사유로 퇴실할 경우 퇴실 후 재입실이 불가능하며 별도의 지정 장소에서 시험 종료 시까지 대기하여야 합니다.

합격자 발표

- 시 · 도 교육청 홈페이지에서 발표합니다.
- 100점 만점 기준으로 전과목 평균 60점 이상을 취득해야 합니다.
- 평균 60점을 넘지 못했을 경우 60점 이상 취득한 과목은 과목 합격으로 간주되어, 이후 시험에서 본인이 원한다면 해당 과목의 시험은 치르지 않을 수 있습니다.

🖑 모두 목표했던 결과를 얻을 수 있도록 응원할게요!

How to study
선생님이 알려 주는 합격 전략

Q 2015 개정 교육과정이 적용된 출제 범위를 알고 싶어요.

새 교육과정에서 한국사는 전근대사가 30%, 근현대사가 70% 정도의 출제 비중을 차지합니다. 근현대사의 비중이 많기 때문에 개별적인 역사의 사건보다는 개항기, 대한 제국 시기, 일제 강점기, 현대 시기로 나누어 전체적인 흐름을 파악하는 것이 중요합니다.

Q 출제 난이도가 궁금해요. 공부에서 손 놓은 지 오래 되었는데 과연 할 수 있을 까요?

검정고시는 정상적으로 학교를 다니기 어려운 분들에게 추가적인 교육의 기회를 제공하기 위하여 실시하는 시험이에요. 따라서 가능하면 쉽게 출제하여 어려운 여건에서 공부하시는 분들이 학업의 기회를 가질 수 있도록 하고 있답니다. 이러한 출제방침은 앞으로도 계속될 거예요.

Q 지난 시험에서는 어떻게 출제되었나요?

2024년 1회 한국사 시험은 이렇게 출제되었습니다.

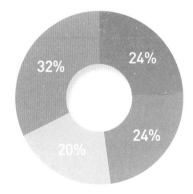

- **I** 전근대 한국사의 이해
- **II** 근대 국민 국가 수립 운동
- **III** 일제 식민지 지배와 민족 운동의 전개
- **IV** 대한민국의 발전

2024년 1회 한국사 시험은 전근대사 24%, 근현대사 76%의 비율로 출제되었습니다. 특히 4단원 대한민국의 발전이 총 8문항(32%)이 출제되어 가장 큰 비중이 차지하였습니다. 한편 전체적인 난도는 평이했으나, 유관순 열사를 묻는 문제, 방곡령 등은 새로운 문제 유형이었습니다. 고졸 검정고시 한국사는 전 단원이 비슷한 비중으로 출제됩니다. 따라서 한국사 학습을 하실 때는 어느 한 시대에 치우치지 않는 꼼꼼한 학습이 이루어져야 합니다.

Q 저는 기초가 부족한데,
어떻게 공부해야 할까요?

한국사의 기초를 다진다는 것은 전반적인 흐름과 역사 용어에 대한 이해 능력을 키우는 것을 말해요. 우선 기본서를 쭉 살펴보면서 한국사의 흐름과 단어에 익숙해지도록 해보세요. 취약한 단원은 더 확실한 전략을 짜야 해요!

Tip 이렇게 공부해요!

한국사는 역사의 흐름을 파악하는 것이 중요하기 때문에 기본서 내의 단원별 핵심 키워드를 암기해보세요. 한국사는 공부한 만큼 성적이 오르는 정직한 과목입니다. 한편 검정고시 한국사는 기출 주제가 반복되어 출제되고 있습니다. 따라서 해설이 자세한 기출문제집을 공부하면서 시험 전까지 감을 잃지 않는 것도 중요해요.

Q 대학 진학을 위해 고득점을
받아야 하는데, 어떻게 공부
해야 할까요?

대학 진학 등을 위하여 고득점을 목표로 한다면, 이 책의 전반적인 내용을 꼼꼼하게 학습하는 것이 중요해요. 기존 출제 경향과 크게 달라지지는 않지만, 가끔씩 생각지도 못한 영역에서 문제가 출제될 수도 있으니까요.

Tip 이렇게 공부해요!

문제 풀이 연습을 하세요.
이론에 대한 학습이 끝난 이후에는 문제 푸는 연습에 집중하세요. 높은 점수를 얻기 위해서는 학습한 개념을 문제에 적용하는 연습이 필요합니다. 문제 속에서 키워드를 찾아내는 연습, 주어진 자료나 사료를 관련된 역사적 사건과 연결하는 연습을 하신다면 실제 시험에서 높은 점수를 얻을 수 있을 거예요.

중요 사건의 전후 관계를 파악하세요.
한국사는 수많은 역사적 사건이 등장합니다. 역사적 사건의 특징뿐만 아니라 커다란 흐름 속에서 여러 사건들의 전후 관계를 파악하는 것이 필요합니다.

100점을 목표로 한다면 에듀윌 기출문제집, 핵심총정리, 모의고사를 추가로 공부하면 목표에 더 가까이 갈 수 있을 거예요!

전근대 한국사의 이해

CHECK POINT

01 고대 국가의 지배 체제

구석기 · 신석기 · 청동기 시대, 고조선과 여러 나라, 삼국의 발전, 신라의 삼국 통일

02 고대 사회의 종교와 사상

하늘 숭배 사상, 불교, 도교, 풍수지리설, 유학

03 고려의 통치 체제와 국제 질서의 변동

고려의 건국, 통치 체제, 대외 관계, 문벌 사회, 무신 정권, 고려 후기 정치 변동

04 고려의 사회와 사상

신분 제도, 사회 모습, 유학, 불교

05 조선의 정치 운영과 세계관의 변화

조선의 건국, 통치 체제, 붕당 정치, 탕평 정치, 대외 관계, 세계관의 변화

06 양반 신분제 사회와 상품 화폐 경제

신분 제도, 사회 변동, 수취 제도, 농업 · 수공업 · 상업 · 대외 무역의 발달, 동학, 농민 봉기

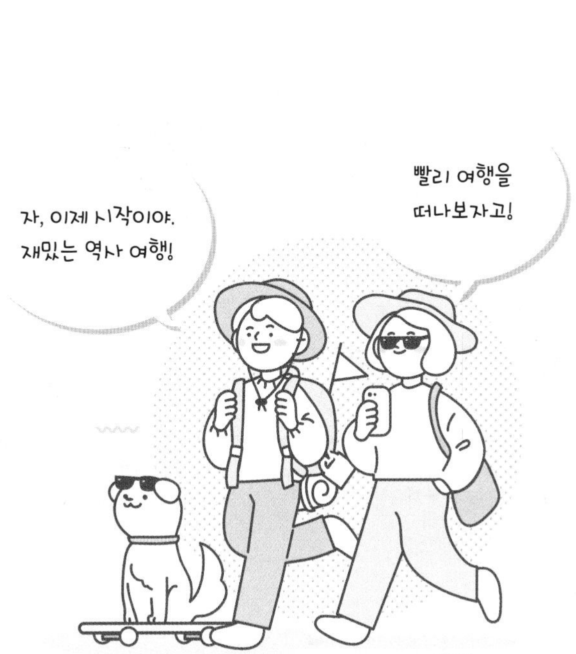
자, 이제 시작이야.
재밌는 역사 여행!
빨리 여행을
떠나보자고!

01 고대 국가의 지배 체제

이번 단원에서는 선사 시대, 고조선, 만주와 한반도에 성립된 여러 국가(부여, 고구려, 옥저, 동예, 삼한)의 제도, 풍습 등을 학습합니다. 또한 삼국과 남북국 시대의 주요 왕들의 업적과 통치 체제 등을 공부합니다.

1 선사 문화의 전개   구석기·신석기·청동기·철기 시대의 대표 유물은 사진과 함께 기억하세요.

1. 구석기 시대

(1) **시기:** 만주와 한반도에서 약 70만 년 전부터 시작되었다.

(2) **도구:** 주먹도끼(경기도 연천군 전곡리 등에서 발견) 등 뗀석기와 뼈 도구를 사용하였다.

(3) **경제:** 채집과 사냥으로 식량을 구하였다.

(4) **주거:** 사냥감을 찾아 무리 지어 이동 생활을 하였고, 동굴·막집·바위 그늘에서 살았다.

(5) **사회:** 계급이 없는 평등한 사회였다.

◉ 주먹도끼

2. 신석기 시대

(1) **시기:** 만주와 한반도에서 약 1만 년 전부터 시작되었다.

⭐ **(2) 도구**

간석기	돌을 갈아 다양한 모양의 도구를 만듦 ◉ 갈돌과 갈판
토기	흙으로 토기를 빚어 식량을 저장하거나 음식을 조리하는 데 사용함 ◉ 빗살무늬 토기
가락바퀴, 뼈바늘	옷이나 그물을 만듦

◉ 갈돌과 갈판

◉ 빗살무늬 토기

◉ 가락바퀴와 뼈바늘

(3) **경제**

　① **신석기 혁명:** 농경과 목축을 시작하여 식량을 생산하는 단계에 이르렀다.

　② **채집과 사냥 병행:** 여전히 채집과 사냥, 고기잡이를 주로 하였다.

(4) **주거:** 농경과 함께 정착 생활이 시작되었으며, 주로 강가나 바닷가 주변에 움집을 지어 생활하였다.

(5) **사회:** 혈연을 기반으로 씨족 사회가 구성되었고, 몇 개의 씨족이 모여 부족을 형성하였다. 구성원 간의 관계는 평등하였다.

3. 청동기 시대

(1) **시기:** 만주와 한반도에서 기원전 2000년~기원전 1500년 무렵에 시작되었다.

⭐ (2) **도구**

청동기	지배자의 무기, 제사용 도구, 장신구 등을 만드는 데 사용함 ⓔ ⭐비파형 동검, 거친무늬 거울, 청동 방울
간석기	농기구는 여전히 석기를 사용함 ⓔ 반달 돌칼
토기	민무늬 토기, 미송리식 토기⁺ 등을 사용함

🔺 비파형 동검

🔺 반달 돌칼

🔺 민무늬 토기

(3) **경제**

① 밭농사가 중심을 이루었지만, 일부 지역에서 벼농사가 시작되었다.
② 농업 생산량이 증가하면서 빈부 차이가 생기고 계급이 분화되었다.

(4) **주거**

① 산간, 구릉지에서 집단적 취락 생활을 하였다.
② 움집이 지상 가옥화되었으며, 직사각형의 집터에 화덕은 한쪽 벽으로 이동하였다.

(5) **사회**

① **군장의 등장:** 정복 전쟁이 활발해지면서 강력한 힘을 가진 군장이 등장하였다.
　㉠ 군장은 하늘에 대한 제사를 주관하고 천손 사상을 내세우며 권위를 세웠다.
　㉡ 군장이 죽으면 많은 사람을 동원해 거대한 고인돌⁺이나 돌널무덤을 만들었다.
② **국가의 출현:** 청동기 문화를 바탕으로 우리 역사상 최초의 국가인 고조선이 세워졌다.

4. 철기 시대

(1) **시기:** 만주와 한반도에서 기원전 5세기 무렵 시작되었다.

(2) **도구**

철기	철제 무기와 철제 농기구를 사용하기 시작함
청동기	• 청동기는 주로 의식용 도구로 사용함 • 한반도에 독자적인 청동기 문화가 발달함 ⓔ 세형 동검, 잔무늬 거울, 거푸집

(3) **사회**

① 부족 간의 교역이 확대되고, 부족 사회의 통합이 활발해졌다.
② 만주와 한반도 일대에 부여, 고구려, 삼한 등의 국가가 등장하였다.

(4) **중국과의 교류**

① 무덤에서 명도전⁺, 오수전, 반량전 등의 중국 화폐가 출토되었다.
② 경남 창원 다호리 유적에서 붓이 출토되어 한자의 사용을 짐작할 수 있다.

＋ 미송리식 토기

탁자식 고인돌, 비파형 동검과 함께 고조선의 대표적인 유물로 간주된다.

＋ 고인돌

만주와 한반도에 널리 분포하는 고인돌은 청동기 시대 군장의 막강한 권력과 경제력을 상징하는 무덤이다.

＋ 세형 동검

＋ 명도전

🔍 **꼼꼼 단어 돋보기**

● 거푸집
청동기를 제작하던 틀

2 고조선과 여러 나라의 성장

1. 고조선[+]

(1) 건국

① 청동기 문화를 바탕으로 단군왕검이 건국하였다.

② 『동국통감』(서거정)에 단군이 기원전 2333년에 고조선을 건국하였다고 기록되어 있다.

③ 『삼국유사』(일연)에 전해지는 단군의 건국 이야기에 따르면, 고조선은 환웅 부족과 곰 토템 부족의 결합을 통해 형성되었다.

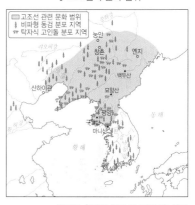

비파형 동검과 탁자식 고인돌의 분포 지역을 통해 고조선의 문화 범위를 짐작할 수 있다.

(2) 성장

① 랴오닝 지방을 중심으로 성장하여 점차 주변 지역을 통합하고 세력을 넓혔다.

② 기원전 4세기경 중국의 연과 대적할 만큼 성장하였지만, 연의 침략을 받아 세력이 위축되었다.

(3) 위만 조선[+]

① 성립: 중국의 진·한 교체기에 고조선으로 들어온 위만이 준왕을 몰아내고 왕위를 차지하였다(기원전 194).

② 발전

㉠ 철기 문화를 적극적으로 수용하여 강력한 국가로 성장하였다.

㉡ 중국의 한과 한반도 중남부에 있던 진국 사이에서 중계 무역으로 번성하였다.

[+] 위만 조선의 성립

중국의 진·한 교체기에 무리 1,000여 명을 이끌고 고조선으로 들어온 위만은 준왕에게 신임을 받아 서쪽 변경을 수비하는 임무를 맡게 되었다. 그곳에서 이주민을 통솔하며 세력을 키운 위만은 수도인 왕검성에 쳐들어가 준왕을 몰아내고 왕이 되었다.

(4) 멸망

① 고조선의 발전에 위협을 느낀 한 무제의 침입으로 멸망하였다(기원전 108).

② 한은 고조선의 일부 지역에 군현을 설치하였다.

☆(5) 정치와 사회

① 정치

㉠ 제정일치 사회: 제사장을 뜻하는 단군과 정치적 지배자를 뜻하는 왕검을 합친 '단군왕검'이 지배하였다.

㉡ 왕위 부자 상속: 기원전 3세기경 부왕에서 준왕으로 왕위를 세습하였다.

㉢ 관직 설치: 왕 밑에 상·대부·장군 등의 관직을 두었다.

② 사회

㉠ 8조법으로 사회 질서를 유지하였고, 이 가운데 현재 3개의 조항만이 전해진다.

㉡ 고조선이 멸망하고 한 군현이 설치된 이후에는 법 조항이 60여 조로 증가하였고, 풍속도 각박해져 갔다.

쏙쏙 이해 더하기 [사료읽기] **고조선의 8조법**

(고조선에서는) 백성들에게 금하는 법 8조를 만들었다. 그것은 대개 ㉠사람을 죽인 자는 즉시 죽이고, ㉡남에게 상처를 입힌 자는 곡식으로 갚는다. ㉢도둑질을 한 자는 노비로 삼는다. 용서받고자 하는 자는 한 사람마다 50만 전을 내야 한다.

– 『한서』 –

➡ ㉠ 생명 중시, 노동력 중시

㉡ 사유 재산 제도의 형성, 농경 사회

㉢ 형벌과 노비의 존재, 계급 사회, 화폐 사용

☆ 2. 여러 나라의 성장[+]

(1) 부여

[+] 여러 나라의 성장

위치	만주 쑹화강 유역의 평야 지대를 중심으로 성장
정치	• 왕이 여러 가(加)와 함께 국정을 운영하는 연맹 왕국이었음 • 왕 아래 가축 이름을 딴 마가·우가·저가·구가 등의 가가 있어 별도로 사출도를 다스림 • 가들은 왕을 선출하기도 하고 왕에게 흉년의 책임을 묻기도 하였음
사회	• 1책 12법: 남의 물건을 훔쳤을 때는 훔친 것의 12배를 갚게 하였음 • 순장: 왕이 죽으면 부장품과 함께 많은 사람을 매장하였음 • 형사취수혼: 형이 죽으면 동생이 형수와 조카들을 거두었음

(2) 고구려

위치	• 부여에서 이주해 온 집단이 압록강 유역 토착민과 연합해 졸본 지역에서 건국 • 건국 초기 국내성으로 수도를 옮김
정치	• 5부족 연맹을 토대로 연맹 왕국으로 발전 • 왕 아래 상가·고추가 등의 대가들이 있었으며, 이들은 각자 사자·조의·선인 등의 관리를 거느리고 독자적인 세력을 이루었음 • 중대한 죄인의 처형 등 나라의 중요한 일은 제가 회의를 통해 결정
사회	• 1책 12법: 도둑질한 자는 12배로 배상하게 하였음 • 서옥제라는 혼인 풍습과 형사취수혼이 있었음

(3) 옥저와 동예

구분	옥저	동예
위치	함경도 동해안 지역에 위치	강원도 북부의 동해안 지역에 위치
정치	• 왕이 없는 대신 군장(읍군, 삼로)이 부족을 통치 • 고구려의 압력으로 연맹 왕국으로 성장하지 못함	
사회	• 혼인 풍습: 민며느리제 • 장례 풍습: 가족이 죽으면 시체를 가매장하였다가 나중에 그 뼈를 추려서 가족 공동 무덤인 커다란 목곽에 안치	• 족외혼을 엄격하게 지킴 • 책화: 다른 부족의 경계를 침범했을 때는 노비, 소, 말 등으로 배상

(4) 삼한

위치	한반도 남부 지역에 위치
정치	• 삼한 중 마한의 세력이 가장 컸으며, 마한의 소국 가운데 하나인 목지국의 지배자가 마한왕 또는 진왕으로 추대되어 삼한 전체를 주도 • 군장(신지, 읍차)이 각자의 소국을 통치
경제	• 철제 농기구를 사용하였고, 벼농사가 발달하였음 • 변한은 철이 많이 생산되어 화폐처럼 사용하였고, 낙랑·일본 등에 수출하였음
사회	• 천군이 소도에서 종교 의례를 주관하는 제정 분리의 사회 • 마한은 백제에 통합되었고, 변한 지역에서는 구야국(훗날 가야), 진한 지역에서는 사로국(훗날 신라)이 성장하였음

[+] 천군과 소도

제사장인 천군은 소도에서 농경과 종교에 관한 의례를 주관하였다. 신성 지역인 소도는 정치적 지배자의 권력이 미치지 못했으므로, 죄인이 도망해 들어와 숨더라도 잡아갈 수 없었다.

🔍 **꼼꼼 단어 돋보기**

● **사출도**
부여의 행정 구역을 의미하는데, 중앙에는 왕이 있고, 지방 4곳(사출도)에는 4가가 있어 그곳의 주민들을 다스림

● **서옥제**
남자가 혼인을 한 후 일정 기간 신부 집에서 살다가 자식이 크면 가족을 데리고 남자 집으로 돌아가는 혼인 풍습

● **민며느리제**
어릴 때 약혼하여 신부가 신랑 집에서 살다가 성인이 되면 신랑 집에서 신부 집에 대가를 주고 정식으로 혼인하는 제도

3 중앙 집권적 고대 국가의 발전

1. 초기 삼국의 특징
(1) **국가:** 초기의 삼국은 부를 중심으로 한 연맹체 국가였다.
(2) **왕:** 가장 세력이 강한 부의 지배자였으나, 모든 부를 아우를 정도로 권한이 크지는 않았다.
(3) **회의 제도:** 국가의 중요한 일은 왕과 부의 지배자가 회의를 열어 결정하였다.

2. 중앙 집권적 지배 체제의 형성
(1) **중앙 관료 조직 정비:** 자치적 성격의 부를 관등제에 바탕을 둔 관료 조직으로 개편하였다.
(2) **지방 행정 조직 정비:** 새로운 행정 구역을 마련하고 지방관을 파견하였다.
(3) **신분제 정비:** 각 부의 지배층을 중앙 귀족으로 편입하고, 신분에 따라 관등 승진에 제한을 두었다.
(4) **율령 반포:** 국가와 백성을 다스리는 보편적인 기준을 마련하였다.

4 삼국과 가야의 발전

1. 고구려의 건국과 발전
(1) **건국(기원전 37):** 부여의 이주민(주몽)이 압록강 중류 지방의 토착 세력과 결합하여 졸본에서 건국하였다. 이후 유리왕 때 국내성으로 천도하였다.
(2) **주요 왕의 업적**

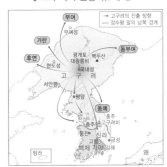

+ 고구려의 전성기(5세기)

시기	왕	내용
1세기	태조왕	• 옥저를 복속하고, 한의 군현을 공격하였음 • 5부족 중 계루부 고씨가 왕위를 독점 세습
2세기	고국천왕	• 부족적인 전통을 가졌던 5부를 행정적인 성격의 5부로 개편 • 을파소의 건의로 진대법 실시(194)
4세기	미천왕	낙랑군을 축출하여 대동강 유역 확보
	고국원왕	• 전연(선비족)의 침입으로 수도가 함락당함 • 백제 근초고왕의 공격으로 평양성에서 전사
	소수림왕	불교 수용(전진의 승려 순도로부터 수용), 태학 설립, 율령 반포를 통해 중앙 집권 체제 강화
5세기	광개토 대왕	• 요동과 만주 지방 확보 • 백제를 공격하여 한강 이북까지 진출 • 신라 내물왕의 요청으로 신라에 침입한 왜를 격퇴하고, 한반도 남부에까지 영향력을 행사함 • 장수왕이 광개토 대왕의 업적을 기리기 위해 광개토 대왕릉비를 세움
	장수왕	• 도읍을 국내성에서 평양으로 옮김(427) • 적극적인 남진 정책을 추진하여 백제의 수도 한성을 함락하고(475) 한강 이남까지 진출(충주 고구려비 건립)

+ 호우명 그릇

경주 호우총에서 발견된 그릇으로 '광개토지호태왕'(광개토 대왕)이라는 말이 새겨져 있다. 이를 통해 5세기 고구려와 신라의 관계를 알 수 있다.

🔍 꼼꼼 단어 돋보기

● 태학
국립 교육 기관으로, 귀족 자제들에게 유교 경전과 무예 등을 가르침

2. 백제의 건국과 발전

(1) 건국(기원전 18): 고구려 이주민(온조)과 한강 유역의 토착 세력이 결합하여 건국하였다.

⭐ **(2) 주요 왕의 업적**

시기	왕	내용
3세기	고이왕	• 한강 유역 장악 • 관등제 정비, 관리의 복색 제정
4세기✝	근초고왕	• 마한의 소국을 정복하여 남해안까지 진출 • 고구려의 평양성을 공격하여 고국원왕을 전사시키고 황해도 일부 지역을 차지하였음 • 중국 동진·왜와 교류하였고, 일본(왜)에 칠지도를 보냈음
	침류왕	동진의 마라난타에 의해 불교가 전래됨
5세기	문주왕	한성(위례성)이 함락된 이후 웅진(공주)으로 천도하였음(475)
	동성왕	신라(소지왕)와 결혼 동맹을 체결(493)
6세기	무령왕	• 지방의 22담로에 왕족 파견 • 중국 남조의 양과 교류
	성왕	• 사비(부여)로 천도하고 국호를 일시적으로 '남부여'로 바꿈(538) • 신라와 연합하여 한강 하류 지역을 회복 • 신라(진흥왕)의 배신으로 한강 하류 지역을 다시 상실한 후 신라를 공격하다가 관산성 전투에서 전사하였음

3. 신라의 건국과 발전

(1) 건국(기원전 57): 진한의 소국 중 하나인 사로국에서 출발한 나라로, 초기에는 박·석·김씨가 교대로 왕위를 차지하였다.

⭐ **(2) 주요 왕의 업적**

시기	왕	내용
4세기	내물왕	• 김씨의 독점적 왕위 세습이 이루어짐 • 왕호를 이사금에서 마립간으로 바꿈 • 고구려 광개토 대왕의 도움으로 왜의 침략을 격퇴
5세기	눌지왕	백제(비유왕)와 나·제 동맹을 체결(433)
	소지왕	백제(동성왕)와 결혼 동맹을 체결(493)
6세기✝	지증왕	• 국호를 '신라'로 정하고 '왕'의 칭호를 사용 • 우산국(현재의 울릉도와 독도)을 정벌 • 우경이 보급되고 수리 사업이 진행됨
	법흥왕	• 율령을 반포하고, 17관등제와 공복제를 마련 • 이차돈의 순교로 불교가 공인되고, 골품제를 정비함 • 김해의 금관가야를 병합(532)
	진흥왕	• 백제 성왕과 연합하여 한강 상류 지역을 장악하였고, 이후 백제를 공격하여 한강 유역을 완전히 장악하였음 • 단양 신라 적성비, 진흥왕 순수비를 세움 • 고령의 대가야를 정복(562) • 동해안을 따라 함경도 지역까지 진출 • 화랑도를 국가적 조직으로 개편

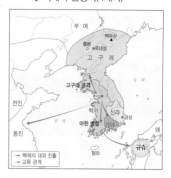

➕ 백제의 전성기(4세기)

➕ 칠지도

백제가 일본(왜)에 하사한 칠지도를 통해 백제가 일본과 교류하였음을 알 수 있다.

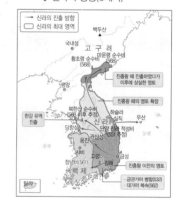

➕ 신라의 성장(6세기)

➕ 단양 신라 적성비, 진흥왕 순수비

• 단양 신라 적성비: 한강 상류 지역 장악
• 서울 북한산 신라 진흥왕 순수비: 한강 하류 지역 장악
• 창녕 신라 진흥왕 척경비: 대가야 정벌을 통한 낙동강 유역 장악
• 황초령 순수비, 마운령 순수비: 동북으로 함흥평야까지 진출

🔍 **꼼꼼 단어 돋보기**

● 담로
백제의 지방 행정 구역으로, 왕족 출신의 지방관이 파견되어 지방 통제가 강화됨

4. 가야 연맹의 성립과 발전

(1) **성립**: 일찍부터 철기 문화와 벼농사가 발달한 변한 지역에서 여러 소국이 등장하여 가야 연맹*을 형성하였다.

☆(2) **세력 변화**

① 전기 가야 연맹

발전	• 3세기 중반 김해의 금관가야를 중심으로 연맹체 형성 • 벼농사가 발달하였고, 질 좋은 철을 생산하여 중국 군현과 왜에 수출
쇠퇴	5세기 무렵 신라를 지원한 고구려군의 공격으로 금관가야 세력이 약해지면서 전기 가야 연맹이 해체됨

② 후기 가야 연맹

성립	5세기 후반 고령의 대가야를 중심으로 후기 가야 연맹이 성립
발전	• 섬진강 하류와 소백산맥 서쪽까지 세력권 확대 • 중국·왜와 교역하였고, 삼국이 경쟁하는 틈을 타서 세력을 넓히기도 하였음

△ 덩이쇠

△ 철제 갑옷과 투구

(3) **멸망**

① 가야는 중앙 집권적 영역 국가로 성장하지 못하고* 신라에 병합되었다.

② 금관가야는 신라 법흥왕에게 항복하였다(532).

③ 대가야는 신라 진흥왕의 침략으로 멸망하였다(562).

5. 삼국의 통치 제도

(1) **관등제 마련**: 각 부의 지배자가 중앙 귀족으로 편입되고, 관리의 등급제가 마련되었다.

(2) **귀족 회의 발달**: 나라의 중요한 일을 귀족 회의에서 결정하였다.

구분	고구려	백제	신라	특징
귀족 회의	제가 회의	정사암 회의	화백 회의	귀족의 합의 기구 (정책 결정, 만장일치) → 왕권 견제
귀족 회의 의장	대대로	상좌평	상대등	귀족의 선거 → 왕권 견제
중앙 정치 기구	평양 천도 이후 정비	6좌평 (고이왕) → 22부(성왕)	필요에 따라 정비	정책 집행 → 왕권 강화
관등	10여 관등	16관등	17관등	일원적 통치 조직 → 왕권 강화

＋ 가야 연맹

＋ 가야가 중앙 집권 국가로 성장
하지 못한 원인

각 소국이 독자적인 권력을 유지하여
지배력을 모으지 못하였고, 백제와 신
라의 압력을 받아 중앙 집권 국가로
성장하지 못하였다.

5 고구려의 대외 항쟁과 신라의 삼국 통일

1. 고구려의 대외 항쟁

(1) 6세기 후반 동아시아의 정세 변화[+]
① 신라가 한강 유역에 진출하여 중국과 직접 교류하였다.
② 수가 중국 남북조를 통일하였고, 이어 당이 등장하였다.
③ 북방의 돌궐이 수를 위협하였고, 고구려는 돌궐과 연결하여 수에 대항하였다.
④ 고구려와 백제가 동맹을 맺자 이에 대항하여 수와 신라가 연합하였다.

[+] 6세기 후반~7세기 국제 정세

☆ (2) 고구려와 수·당의 전쟁

고구려와 수의 전쟁	• 중국을 통일한 수가 여러 차례에 걸쳐 고구려를 침략하였지만 모두 격퇴함 • 수 양제가 침략하였을 때 우중문이 30만의 별동대를 이끌고 평양성을 공격하였으나, 을지문덕이 살수에서 격퇴하였음(살수 대첩, 612)
고구려와 당의 전쟁	• 당 건국 직후 화친을 맺었으나, 연개소문이 천리장성[+]을 축조하며 세력을 키우고 정변을 일으켜 권력을 장악하면서 당과 대립하였음 • 당 태종이 대군을 이끌고 침략하였으나, 안시성에서 당의 군대를 물리침 (안시성 싸움, 645)

[+] 천리장성과 연개소문

천리장성은 고구려가 당의 침략을 대비하기 위해 북쪽의 부여성부터 남쪽의 비사성까지 축조한 장성이다 (631~647, 영류왕~보장왕). 한편 연개소문은 천리장성 공사를 감독하면서 요동의 군사력을 장악한 후, 정변을 일으켜 영류왕을 제거하고 보장왕을 옹립하였다.

2. 신라의 삼국 통일

(1) 백제와 고구려의 멸망
① 나·당 연합(648): 백제가 신라를 위협하자 신라와 당이 연합하여 대항하였다.
② 백제 멸망(660): 나·당 연합군이 백제를 공격하였는데, 신라의 김유신은 계백의 백제군을 물리치고(황산벌 전투) 당의 군대와 함께 사비성을 함락하였다.
③ 고구려 멸망(668): 연개소문이 죽은 뒤 지배층이 분열하였고, 나·당 연합군이 평양성을 공격하여 함락하였다.

(2) 백제와 고구려의 부흥 운동[+]

백제 부흥 운동	• 왕족인 복신과 승려 도침이 왕자 부여풍을 왕으로 추대하여 주류성에서 부흥 운동을 일으켰고, 흑치상지가 지키던 임존성 등 200여 성과 호응하여 당군과 신라군에 대항하였음 • 왜의 수군이 백제 부흥군을 지원하기 위하여 백강 입구까지 왔으나 나·당 연합군에 패하였음(백강 전투)
고구려 부흥 운동	검모잠이 고구려의 왕족인 안승을 받들어 한성(재령)에서 부흥 운동을 전개하였고, 고연무도 오골성에서 군사를 일으킴

[+] 백제와 고구려의 부흥 운동

(3) 나·당 전쟁과 신라의 삼국 통일
① 당이 백제의 옛 땅에 웅진도독부, 고구려의 옛 땅에 안동도호부, 신라에 계림도독부를 설치하여 한반도 전체를 지배하려 하였다.
② 신라는 매소성 전투와 기벌포 전투에서 당의 군대를 격퇴한 후 삼국 통일을 완성하였다(676).

(4) 삼국 통일의 한계와 역사적 의의
① 한계: 외세인 당을 이용하였고, 대동강에서 원산만 이남까지만 차지하였다.
② 의의: 백제·고구려 유민과 힘을 합쳐 외세인 당을 몰아낸 자주적 통일이었고, 민족 문화 발전의 토대를 마련하였다.

6 통일 신라와 발해의 발전

1. 통일 후 신라의 발전

(1) 왕권 강화

무열왕	• 진골 출신으로 처음으로 왕이 되었음 • 백제를 멸망시키고 삼국 통일의 기반을 마련함
문무왕	• 고구려를 멸망시키고 나·당 전쟁에서 승리하여 삼국을 통일하였음(676) • 민족 통합을 도모하는 동시에 왕권을 강화해 나감
신문왕	• 김흠돌의 난을 계기로 진골 귀족들을 숙청하여 전제 왕권을 확립함 • 중앙 정치 기구와 지방 행정 제도(9주 5소경)를 정비함 • 관료전을 지급하고 녹읍을 폐지하여 귀족들의 경제 기반을 약화시킴 • 유교적 정치 이념에 입각하여 국학을 설치함 • 6두품이 왕의 학문적·종교적·정치적 조언자의 역할을 담당함

+ 김흠돌의 난

신문왕의 장인이자 대표적인 진골 귀족이었던 김흠돌이 반란을 일으키려다 발각되어 처형된 사건이다.

(2) 통치 체제 정비

중앙	• 왕명을 수행하는 집사부를 중심으로 운영되었고, 관리의 비리를 감찰하는 사정부가 설치되었음 • 귀족 세력을 대표하는 상대등의 권한은 약화되었고, 집사부의 장관인 중시(시중)의 역할이 강화되었음
지방+	• 9주: 전국을 9주로 나누고, 그 아래에 군과 현을 두어 지방관을 보내 다스림 • 5소경: 수도인 경주가 동남쪽에 치우쳐 있는 문제를 보완하고 지방 세력을 통제하기 위하여 군사·행정상의 요지에 설치하였음 • 외사정을 두어 지방관을 감찰하고, 상수리 제도를 실시하여 지방 세력을 견제함
군사	• 9서당(중앙군): 고구려인과 백제인, 말갈인을 포함하여 민족 융합을 꾀하였음 • 10정(지방군): 각 주마다 1정씩 설치하고 북쪽 국경 지대인 한주에만 2정을 두었음

+ 통일 신라의 9주 5소경

+ 통일 신라의 5소경

금관경(김해), 서원경(청주), 남원경(남원), 북원경(원주), 중원경(충주)이 있었다.

(3) 토지 제도의 정비와 신라 촌락 문서

① 토지 제도의 정비

신문왕	성덕왕	경덕왕
관료전 지급, 녹읍 폐지	백성에게 정전 지급	귀족의 반발로 녹읍 부활

② 신라 촌락 문서

㉠ 노동력 동원과 세금 징수를 위해 작성하였다.

㉡ 촌주가 매년 호구, 가축 및 유실수 등의 변동 사항을 조사하여 3년마다 문서로 작성하였다.

2. 신라 말의 동요와 후삼국의 성립

(1) 신라 말의 사회 동요

① 상대등 세력 강화: 집사부 시중의 세력은 약화되고, 귀족을 대표하는 상대등 세력이 강화되었다.

② 왕위 쟁탈전 심화: 혜공왕 이후 150여 년간 20명의 왕이 교체되었다. **예** 김헌창의 난, 장보고의 난

③ 농민 봉기 발생: 9세기 말 몰락한 농민들이 봉기하였다. **예** 원종과 애노의 봉기

(2) 새로운 세력의 성장

호족	지방에서 몰락한 진골 귀족, 지방의 군진 세력 및 해상 세력, 촌주(토착 세력) 등이 스스로를 성주 또는 장군이라 칭하며 반독립적 세력으로 성장함
6두품	당에 유학했던 일부 6두품 출신 학자는 유교적 정치 이념을 제시하였으나 수용되지 않자, 반신라적 태도를 보이며 지방 호족과 연결되었음

☆ (3) 후삼국의 성립⁺

후백제 건국 (900)	견훤이 완산주(전주)를 도읍으로 정하고 후백제를 세웠으며, 충청도와 전라도 지역을 장악함
후고구려 건국 (901)	궁예가 송악(개성)을 도읍으로 정하고 후고구려를 세웠으며, 이후 철원으로 도읍을 옮긴 뒤에는 나라 이름을 태봉으로 고침

+ 후삼국의 성립

3. 발해의 건국과 발전

(1) 발해의 건국
① 대조영(고왕)이 지린성 동모산 근처에서 건국하였다(698).
② 요동 지역을 제외한 대부분의 고구려 영토를 회복하였다.
③ 지배 계급인 소수의 고구려인과 피지배 계급인 다수의 말갈인으로 구성되었다.
④ 고구려 계승 의식
　㉠ 발해의 문왕이 일본에 사신을 보내면서 스스로를 '고려 국왕 대흠무'라고 불렀으며, 일본에서도 발해의 왕을 '고려 국왕'이라 불렀다.
　㉡ 일본 측 기록에 발해를 가리켜 '고려'라고 불렀으며, '발해의 사신'을 '고려의 사신'으로 표현한 사례가 많이 남아 있다.

☆ (2) 발해의 발전⁺

구분	연호	내용
무왕	인안	• 돌궐·일본과는 우호 관계를 맺고, 당과 신라는 견제하였음 • 흑수 말갈 문제로 당과 대립하자, 장문휴의 수군으로 당의 산둥반도(등주)를 선제공격함
문왕	대흥	• 당과 친선 관계를 맺었으며, 신라도를 개설하여 신라와 교류하였음 • 새로운 수도인 상경성을 건설함 • 3성 6부의 중앙 정치 조직을 정비하고, 국립 대학인 주자감을 설치함
선왕	건흥	• 대부분의 말갈족을 복속시키고 요동 지역으로 진출함 • 지방 행정 조직으로 5경 15부 62주를 설치함 • 중국에서 해동성국으로 부를 정도로 번성하였음

+ 발해의 영역

(3) 발해의 통치 체제

중앙⁺	당의 제도인 3성 6부를 수용하여 독자적으로 운영함
지방	5경 15부 62주로 정비하고 지방관을 파견함

(4) 발해의 멸망
① 지배층의 내분으로 국력이 약해진 가운데 거란(요)의 공격으로 멸망하였다(926).
② 발해 멸망 이후 많은 유민이 고려로 망명하였다.

+ 발해의 중앙 정치 기구

유교적인 6부의 명칭과 정책 집행 체제가 이원적으로 이루어진다는 점에서 정치적 독자성을 확인할 수 있다.

02 고대 사회의 종교와 사상

이번 단원에서는 국가 통합에 기여한 불교와 국가 통치에 유용하게 활용된 유학을 학습하고, 그 외에 도교, 풍수지리설 등 다양한 사상을 검토합니다. 또한 고대 국가의 석탑, 불상, 건축물을 통해 당시의 예술 문화를 공부합니다.

1 고대 사회의 하늘 숭배 사상

1. 원시 신앙과 예술

구석기 시대	다산, 풍요, 사냥의 성공을 기원하며 예술품을 만듦
신석기 시대	농경을 시작하면서 자연 현상을 중시하게 되었고, 이에 따라 애니미즘·토테미즘·샤머니즘 등의 원시 신앙이 발생함
청동기 시대	풍요와 주술적 의미가 깃든 바위그림을 그림 ⑩ 울주 대곡리 반구대 암각화, 고령 장기리 암각화

➕ 신석기 시대의 원시 신앙

애니미즘	농경과 밀접한 태양, 물 등의 자연물에 정령이 있다고 믿음
토테미즘	특정 동식물을 부족의 수호신으로 섬김
샤머니즘	무당과 그의 주술을 믿음

➕ 울주 대곡리 반구대 암각화

2. 고대 사회의 천신 신앙

(1) 천신 신앙의 의미
① 하늘이나 하늘의 신을 믿고 숭배하는 신앙이다.
② 새로 등장한 지배층은 자신이 하늘의 자손임을 내세워 권위를 강화하였다.

(2) 천신 신앙의 사례
① 건국 이야기: 고조선, 부여, 삼국의 건국 이야기에서 건국 시조를 천신의 후손으로 신성화하고 있다.
② 제천 행사: 하늘을 숭배하고 풍년을 빌기 위해 제사를 지냈다.
　　⑩ 부여의 영고, 고구려의 동맹, 동예의 무천, 삼한의 계절제(5월·10월)

2 불교, 도교, 풍수지리설의 발달

1. 불교의 수용과 발달

(1) 삼국의 불교
① 불교의 수용

고구려	소수림왕 때 중국 전진의 승려 순도에 의해 전래됨(372)
백제	침류왕 때 중국 동진의 승려 마라난타에 의해 전래됨(384)
신라	법흥왕 때 이차돈의 순교를 계기로 공인됨(527)

② 특징
　㉠ '왕이 곧 부처'라는 왕즉불 사상을 통해 왕권 강화를 뒷받침하였다.
　㉡ 호국적 성격을 지니고 있어 대규모 사찰과 탑을 세웠다.
　　　⑩ 신라의 황룡사, 백제의 미륵사 등
　㉢ 귀족들은 업설을 자신들에게 유리하게 해석하여 귀족 중심의 신분 질서를 정당화하였다.

꼼꼼 단어 돋보기

● 업설
전생에 지은 행위의 결과를 현생에서 받는다는 주장

(2) 통일 신라의 불교

① 통일 이후 교종의 발달

  ㉠ 경전 이해를 통한 깨달음을 추구하는 교종이 발달하였다.

  ㉡ 지배 계급은 기성 권위를 긍정하는 교종을 환영하였고, 특히 왕실과 연결된 화엄종이 발전하였다.

  ㉢ 불교 행사와 의식을 중시하여 조형 미술이 발달하였다.

☆② 통일 이후 불교의 대중화

원효	• 일심 사상: 모든 진리는 한마음에서 나온다고 주장 • 화쟁 사상: 다른 종파와의 사상적 대립을 완화하고자 주장 • 아미타 신앙: 누구나 '나무아미타불'만 외우면 내세에는 서방 정토에 태어난다고 설법하여 불교의 대중화에 힘씀 • 『대승기신론소』, 『십문화쟁론』, 『금강삼매경론』 등의 저서를 통해 불교의 사상적 이해 기준을 마련함
의상	• 화엄 사상: 모든 존재는 상호 의존적 관계에 있으면서 조화를 이루고 있다는 신라 화엄종을 개창하여 왕권 전제화에 기여 • 관음 신앙: 관세음보살을 염불하면 현세의 고난에서 벗어날 수 있다고 믿는 신앙으로, 많은 이들에게 희망을 줌 • 부석사와 낙산사 등 여러 사찰을 창건하고, 많은 제자를 길러 냄
혜초	인도와 서역을 순례한 후 『왕오천축국전』을 저술

③ 신라 말 선종의 유행

  ㉠ 교리와 계율을 중시하는 교종과 달리 참선 수행을 통해 깨달음을 얻으려는 불교이다.

  ㉡ 참선, •불립문자, •견성오도를 강조하였다.

  ㉢ 9산 선문을 형성하여 금성 중심의 문화를 극복하고 지방 문화 발전에 기여하였다.

  ㉣ 호족, 6두품의 반신라적 움직임과 결부되어 고려 건국의 사상적 기반이 되었다.

  ㉤ 조형 미술이 쇠퇴하고 승탑·탑비가 등장하였다.

(3) 발해의 불교

① 고구려 불교를 계승하였고, 왕실과 귀족 등 지배층을 중심으로 성행하였다.

② 발해 석등, 이불병좌상, 영광탑 등의 문화유산이 남아 있다.

2. 도교와 풍수지리설

(1) 도교

① 삼국 시대에 중국으로부터 전래되어 귀족 사회를 중심으로 유행하였다.

② 신선 사상을 바탕으로 산천 숭배, 민간 신앙 등이 결합하여 불로장생과 현세 구복을 추구하였다.

③ 고구려의 고분 벽화에 등장하는 여러 신선과 강서대묘의 사신도, 백제의 산수무늬 벽돌과 사택지적비, 백제 금동 대향로⁺등이 도교의 영향을 받았다.

(2) 풍수지리설

① 신라 말 도선 등 선종 승려들에 의해 크게 유행하였다.

② 산, 하천, 땅의 모양이 인간 생활에 영향을 끼친다는 이론으로, 수도 금성(경주) 중심의 지리 인식을 탈피하는 데 영향을 주었다.

✚ 백제 산수무늬 벽돌

✚ 백제 금동 대향로

🔍 **꼼꼼 단어 돋보기**

● 불립문자

불도의 깨달음은 마음에서 마음으로 전하는 것이므로 말이나 글에 의지하지 않는다는 의미

● 견성오도

본래의 성품을 깨닫고 번뇌에서 해탈하여 부처의 경지에 도달하는 것

3 유학의 수용과 학문의 발달

1. 삼국 시대의 유학과 역사서
(1) 삼국의 유학

고구려	• 태학: 수도에 세워진 국립 유학 교육 기관으로, 유교 경전과 역사서를 가르침 • 경당: 지방에 세워진 사립 교육 기관으로, 한학과 무술을 가르침
백제	• 오경박사가 유교 경전을 가르침 • 개로왕의 국서, 무령왕릉 지석, 사택지적비 등을 통해 한문학이 발달했음을 알 수 있음
신라	신라의 두 청년이 유교 경전 학습에 힘쓸 것을 약속한 내용이 임신서기석[+]에 기록되어 있음

[+] 임신서기석

(2) 역사서의 편찬

고구려	건국 초기에 『유기』 100권을 편찬하였고, 이후 영양왕 때 이문진이 『유기』의 내용을 간추려 『신집』 5권을 편찬함
백제	근초고왕 때 고흥이 『서기』를 편찬함
신라	진흥왕 때 거칠부가 『국사』를 편찬함

2. 통일 신라와 발해의 유학과 학문
(1) 통일 신라의 유학
① 국학 설립(신문왕): 국립 교육 기관으로, 『논어』, 『효경』을 필수 과목으로 교육하였다.
② 독서삼품과 실시(원성왕): 골품 위주의 관리 등용을 지양하고, 유학 교육에 따른 능력 위주의 관리를 선발하고자 하였으나 진골 귀족의 반발로 실패하였다.

> **자료 스크랩** 독서삼품과
>
> 처음으로 독서삼품을 정하여 벼슬을 하게 되었는데, 『춘추좌씨전』, 『예기』, 『문선』을 읽어 그 뜻을 능통하게 알고 『논어』와 『효경』에 밝은 자를 상(上)으로 하고, 『곡례』, 『논어』, 『효경』을 읽은 자를 중(中)으로 하고 『곡례』와 『효경』을 읽은 자를 해(下)로 하였다.   － 『삼국사기』 －

③ 대표적인 유학자

강수	6두품 출신으로 외교 문서 작성에 능함
설총	이두를 정리하였고, 『화왕계』를 지어 왕의 유교적 도덕 정치를 역설
김대문	진골 출신으로 『고승전』, 『화랑세기』를 저술
최치원	• 6두품 출신으로, 당에서 빈공과에 합격하고 뛰어난 문장가로 명성을 떨침 • 신라로 돌아와 진성 여왕에게 시무책 10여 조의 개혁안을 올림 • 대표적 저서로 『계원필경』('토황소격문' 수록)이 전해짐

(2) 발해의 유학
① 주자감을 설치하여 귀족 자제에게 유교 경전을 교육하였다.
② 발해 문자를 사용하였으나, 공문서 등에는 한자를 사용하였다.
③ 도당 유학생의 빈공과 합격 사례, 발해 6부 명칭이 충·인·의·지·예·신부로 사용된 점 등을 통해 유학이 발달하였음을 알 수 있다.

4 고대 사회의 예술

구분	건축·탑	불상
고구려	안학궁(평양)	 ▲ 금동 연가 7년명 여래 입상
백제	 ▲ 익산 미륵사지 석탑(목탑 양식)　▲ 부여 정림사지 5층 석탑	 ▲ 서산 용현리 마애 여래 삼존상
신라	• 황룡사 9층 목탑(몽골의 고려 침입 때 소실) ▲ 경주 분황사 모전 석탑　▲ 경주 첨성대	 ▲ 경주 배동 석조 여래 삼존 입상
통일 신라	 ▲ 경주 감은사지 동·서 3층 석탑　▲ 경주 불국사 3층 석탑(석가탑)　▲ 경주 불국사 다보탑 • 중대: 3층 석탑 유행, 불국사 건립 • 하대: 승탑, 탑비 유행	 ▲ 경주 석굴암 본존불
발해	• 상경성(당의 장안성 모방) ▲ 발해 영광탑　▲ 발해 석등	 ▲ 이불병좌상

+ 화순 쌍봉사 철감선사탑

+ 성덕 대왕 신종

03 고려의 통치 체제와 국제 질서의 변동

이번 단원에서는 태조 왕건·광종·성종의 업적과 중앙 및 지방 제도, 관리 등용 제도 등 각종 통치 체제를 공부합니다. 그리고 묘청의 서경 천도 운동, 무신 정변, 거란 및 여진과의 관계, 원 간섭 시대의 특징, 공민왕의 개혁 정치 등을 학습합니다.

1 고려의 건국과 통치 체제의 정비

고려의 태조 왕건·광종·성종의 업적을 묻는 문제는 자주 출제되고 있으니 중요 키워드 위주로 기억해야 해요.

1. 고려의 건국과 국가 기틀의 확립

(1) 고려의 후삼국 통일[+]

① 고려 건국(918): 궁예가 실정을 거듭하여 민심을 잃자, 신하들의 추대를 받은 왕건이 궁예를 몰아내고 고려를 건국하였다. 이후 송악으로 천도하였다(919).

② 후삼국 통일(936): 태조(왕건)가 경순왕의 항복을 받아 전쟁 없이 신라를 흡수하였고, 이후 후백제를 격파하여 후삼국을 통일하였다.

[+] 후삼국의 통일

(2) 태조(왕건)의 정책

① 민생 안정 정책: 취민유도의 원칙을 세워 백성의 조세 부담을 가볍게 하였고, 가난한 백성을 구제하기 위해 흑창을 설치하였다.

② 불교 숭상: 연등회, 팔관회 등의 전통을 중시하였다.

③ 호족 회유와 통제

호족 회유	공신에게 역분전(토지) 지급, 결혼 정책, 사성 정책(왕씨 성 하사)
호족 통제	사심관 제도, 기인 제도

④ 북진 정책

　㉠ 고구려의 수도였던 평양을 서경으로 삼아 북진 정책의 전초 기지로 활용하였다.

　㉡ 거란을 적대시하고, 발해 유민들을 받아들였다.

　㉢ 태조 말에는 청천강에서 영흥만까지 영토를 확보하였다.

⑤ 『정계』와 『계백료서』를 지어 관리들이 지켜야 할 규범을 제시하였고, 후대 왕들이 지켜야 할 정책의 기본 방향을 담은 훈요 10조를 남겼다.

(3) 광종의 개혁 정치

노비안검법 시행	• 본래 양인이었으나 호족에 의해 불법으로 노비가 된 자를 다시 양인으로 해방시킴 • 호족들의 경제·군사적 기반을 약화시키고, 국가의 재정 기반을 확보하여 왕권을 안정시킴
과거제 실시	• 중국에서 귀화한 쌍기의 건의를 받아들여 실시 • 유교적 소양을 갖춘 신진 세력을 등용하기 위해 시험으로 관리 선발 • 왕에게 충성하는 인재를 등용하여 왕권을 강화
공복 제정	백관의 공복을 제정하여 관리의 위계질서를 확립
칭제 건원	스스로를 황제라 호칭하고, 광덕·준풍 등의 독자적 연호를 사용
빈민 구제	빈민 구제 기금인 제위보를 설치

🔍 꼼꼼 단어 돋보기

● **취민유도**
백성에게 조세를 거둘 때 일정한 법도가 있어야 한다는 뜻

● **사심관 제도**
중앙의 고위 관직에 임용된 지방 세력을 출신 지역의 사심관으로 임명하여, 지방 세력들을 통제하게 한 제도

● **기인 제도**
지방 호족의 자제를 인질로 삼아 수도에 머물게 하고, 출신 지역의 일에 대하여 자문하게 한 제도

(4) 성종의 국가 체제 정비

① 최승로의 시무 28조 수용

    ㉠ 유교 정치 이념을 구현하기 위해 최승로가 건의한 시무 28조를 수용하였다.

    ㉡ 지방관 파견을 통한 중앙 집권 강화를 꾀하였다.

② 성종의 정책

    ㉠ 지방 통치 제도 정비: 12목에 지방관을 파견하였고, 향리 제도를 마련하였다.

    ㉡ 유교 교육의 진흥: 개경(개성)에 최고 교육 기관인 국자감을 설치하였고, 지방에는 경학박사를 파견하여 유학 교육을 장려하였다.

    ㉢ 2성 6부의 중앙 통치 제도를 마련하였다.

📑 자료 스크랩　　**최승로의 시무 28조(일부)**

- 불교는 수신(修身)의 본(本)이요, 유교는 치국(治國)의 근원입니다. 수신은 먼 내세의 밑천이며, 치국은 가까운 오늘의 일로 가까운 것을 버리고 먼 것을 구함은 잘못입니다. → 유교 정치 이념의 수용 주장
- 국왕이 백성을 다스림은 집집마다 가서 돌보고, 날마다 살펴보는 것은 아닙니다. 그런 까닭으로 수령을 보내어 백성의 이익이 되는 일과 손해가 되는 일을 살피게 하는 것입니다. 청컨대 외관(지방관)을 두십시오. → 지방관 파견 주장

                                      - 『고려사절요』 -

2. 통치 체제의 정비

(1) 중앙 통치 제도⁺

중서문하성	• 국가 정책을 심의하였고, 그 장관인 문하시중이 국정을 총괄 • 재신(2품 이상)과 낭사(3품 이하)로 구성
상서성	실제 정무를 나누어 담당하는 6부를 두고 정책의 집행을 담당
중추원	왕의 비서 기구로 군사 기밀을 담당하는 추밀(2품 이상)과 왕명 출납을 담당하는 승선(3품 이하)으로 구성
어사대	관리들의 비리를 감찰
대간	• 어사대의 관원과 중서문하성의 낭사로 구성 • 간쟁·봉박·서경의 권리를 행사 → 왕권 견제
삼사	화폐와 곡식의 회계 출납을 담당
도병마사⁺	• 국방과 군사 문제를 논의하는 임시 기구 • 원 간섭기 이후 도평의사사(도당)로 개편되면서 최고 정무 기구로 발전
식목도감⁺	법률 및 각종 시행 규칙의 제정을 담당하는 임시 기구

(2) 지방 행정 제도⁺

① 5도 양계

5도	• 일반 행정 구역으로, 안찰사가 파견되어 각 지역을 순찰함 • 도 아래에는 주·부·군·현과 특수 행정 구역인 향·부곡·소 등이 존재 • 수령이 파견되는 주현보다 파견되지 않는 속현이 더 많았음
양계	• 북방의 국경 지대에는 양계(동계·북계)를 설치하여 병마사를 파견함 • 국방상의 요충지에는 진을 설치

② 향리: 각 지역의 조세와 공물 징수, 노동력 징발 등 행정 실무를 담당하였다.

✚ 고려의 중앙 정치 기구

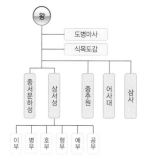

✚ 간쟁·봉박·서경

대간은 왕의 잘못을 논하는 간쟁, 잘못된 왕명을 시행하지 않고 되돌려 보내는 봉박, 관리 임명과 법령 개폐에 동의하는 서경 등의 권리를 행사하며 정치권력의 견제와 균형을 유지하는 역할을 하였다.

✚ 도병마사와 식목도감

중서문하성과 중추원의 고위 관료인 재신과 추밀이 회의를 통해 나랏일을 결정하는 임시 기구였다. 이를 통해 고려 귀족 정치의 특징을 볼 수 있다.

✚ 고려의 지방 행정 조직

향리는 신라 말 호족에서 기원하였다. 초기에는 독자적인 행정 조직을 갖춘 지방의 세력가였으나, 성종 이후 지방 행정 제도가 정비되면서 종래의 독자성을 잃고 중앙 집권 체제에 포섭되었다. 고려 시대의 군현은 모두 500여 곳이었다. 그중에서 수령이 파견되어 직접 다스린 군현은 110여 곳이며, 나머지 400여 곳의 속현은 향리가 실질적인 행정을 담당하였다.

(3) 군사 제도

중앙군	• 2군: 국왕의 친위 부대, 궁궐과 왕실 호위 담당 • 6위: 수도와 국경을 방어하는 부대
지방군	• 주현군: 5도의 일반 군현에 주둔 • 주진군: 양계의 상비군으로서 국경을 수비함 • 지방군은 16세 이상 59세 이하의 양인 장정으로 편성됨

(4) 관리 등용 제도

① 과거제
- ㉠ 실시: 광종이 호족들의 힘을 약화시키고 왕권을 강화할 목적으로 시행하였다.
- ㉡ 종류: 제술과·명경과(문관), 잡과(기술관), 승과(승려 대상)가 있었고, 무과는 거의 시행하지 않았다.
- ㉢ 응시 자격: 법적으로 양인 이상이면 과거에 응시할 수 있었으나, 실제로 제술과와 명경과에는 귀족과 향리의 자제들이 주로 응시하였고, 잡과에는 일반 백성이 지원하였다.

② 음서
- ㉠ 왕실 또는 공신의 후손이나 5품 이상 고위 관료의 자손은 과거를 거치지 않고도 관료가 될 수 있는 음서의 혜택을 받았다.
- ㉡ 고려의 관료 체제가 귀족적 특성을 지녔음을 보여 준다.

2 고려의 대외 관계

1. 고려 초기의 대외 정책

거란	고려는 발해를 멸망시킨 거란을 견제
송	중국이 송에 의해 통일되자, 고려는 송과 적극적으로 친교하면서 중국의 발달된 문물을 수용

☆ 2. 거란과의 전쟁

✚ 고려의 강동 6주 획득

1차 침입 (993)	거란의 소손녕이 군사를 이끌고 침입하자, 고려는 서희의 외교 담판으로 거란군을 물러나게 하고 강동 6주를 획득함
2차 침입 (1010)	• 고려가 송과의 친선 관계를 계속 유지하자, 거란이 강조의 정변을 구실로 재침입함 • 현종이 피란길에 오르는 등 어려움을 겪었지만 양규 등의 활약으로 격파함
3차 침입 (1018)	• 고려가 현종의 거란 방문과 강동 6주 반환을 거부하자, 거란 장수 소배압이 침입함 • 강감찬이 귀주에서 거란군을 격파함(귀주 대첩, 1019)

거란 장수 소손녕이 요구하기를 "고려는 옛 신라 땅에서 나왔고, 고구려의 옛 땅은 거란의 영토인데 고려가 차지하고 있다." (중략) 이에 서희는 "우리나라는 고구려를 계승하여 국호를 고려라 하였다. 또한 압록강의 내외도 우리의 영토인데, 지금 여진족이 차지하여 거란과 국교를 맺지 못하고 있다. 만약 여진을 내쫓고 길을 통하게 하면 국교를 맺을 수 있다."고 답하였다.

ㅡ「고려사」ㅡ

3. 고려와 여진의 관계 변화

(1) 고려의 여진 정벌
① 배경: 12세기 초 부족을 통일한 여진이 고려의 국경을 자주 침범하였다.
② 과정: 윤관이 •별무반을 이끌고 여진을 정벌한 후 동북 9성을 설치하였다(1107).
③ 결과: 동북 9성에 대한 여진의 반환 요구와 수비의 어려움 등을 이유로 1년 만에 여진에게 돌려주었다.

(2) 금의 군신 관계 요구
① 과정: 여진이 세운 •금이 거란을 멸망시키고 송을 남쪽으로 몰아내면서, 고려에 군신 관계를 요구하였다.
② 결과: 당시 집권자였던 이자겸이 금의 요구를 받아들였다.

3 문벌 사회의 갈등과 무신 정권의 성립

1. 문벌 사회의 성립과 동요

(1) 문벌⁺의 특징
① 정치 주도: 과거와 음서를 통해 관직을 독점하고, 고위 관리가 되어 정치를 주도하였다.
② 경제적 혜택: 과전과 공음전을 받아 경제적 혜택을 독점하였다.
③ 중첩된 혼인: 왕실이나 다른 문벌과 중첩된 혼인 관계를 맺었다.

(2) 문벌 사회의 갈등
① 배경
　㉠ 일부 문벌이 권력을 독점하고 막대한 토지를 소유하게 되면서 12세기 초부터 문벌 사회 내부의 분열이 일어났다.
　㉡ 문벌 간의 경쟁은 사회적 모순과 정치적 갈등으로 나타났다.
② 이자겸의 난(1126)

과정	• 대표적인 외척이었던 이자겸이 권력을 독점하자 인종과 측근 세력이 이자겸을 축출하고자 함 • 이자겸이 척준경과 함께 난을 일으킴 • 인종이 척준경을 포섭하여 이자겸을 제거하고 이후 척준경도 축출함
결과	중앙 지배층 사이의 분열이 심화되면서 문벌 사회의 붕괴가 촉진됨

③ 묘청의 서경 천도 운동⁺(1135)
　㉠ 과정
　　• 묘청, 정지상 등의 서경 세력이 풍수지리설을 앞세워 서경 천도를 추진(고구려 계승)하였으며, 독자적인 연호를 쓰고 금을 정벌할 것을 주장하였다.
　　• 김부식을 비롯한 개경 세력의 반대로 서경 천도가 어려워지자, 서경에서 반란을 일으켰다. 그러나 김부식이 이끄는 관군에게 진압되었다.

＋문벌
성종 이후 중앙 집권 체제가 정비되면서 호족과 신라 6두품 출신의 유학자들이 새로운 지배층을 형성하였다. 이 중 일부가 여러 대에 걸쳐 고위 관리를 배출하였는데, 이들을 문벌이라고 한다.

＋묘청의 서경 천도 운동
묘청은 서경에서 난을 일으켜 국호를 대위국, 연호를 천개라 하였고, 군대는 천견충의군으로 불렸다.

꼼꼼 단어 돋보기

● 별무반
별무반은 여진을 정벌하기 위해 만든 특수 부대로, 신기군·신보군·항마군(승병)으로 편성됨

● 금
1115년 여진족이 세운 나라

    © 역사적 의의
- 지방 출신 관료와 문벌 사이의 대립, 풍수지리설과 유교 사상의 대립 등으로 일어난 사건이었다.
- 고구려 계승 이념(자주적 전통 사상)과 신라 계승 이념에 대한 이견과 갈등 등이 얽혀 일어난 것으로, 문벌 사회 내부의 모순이 드러난 사건이었다.

2. 무신 정권의 성립

(1) 무신 정변의 발발과 무신 정권의 성립

 ① 무신 정변(1170)

   © 배경: 무신에 대한 차별이 있었고, 하급 군인들은 군인전을 제대로 지급받지 못하고 각종 공사에 동원되어 불만이 많았다.

   © 과정: 정중부, 이의방 등 무신들이 정변을 일으켜 문신들을 죽이고 의종을 폐위하여 무신 정권을 수립하였다.

 ② 무신 정권의 전개

초기의 무신 정권	• 무신들은 중방⁺을 중심으로 국정을 주도하였고, 토지·노비·사병을 늘려 세력을 키움 • 무신 사이에 권력 다툼이 자주 일어나 초기에 최고 권력자가 여러 차례 교체됨
최씨 무신 정권	• 최충헌: 교정도감을 설치하였고, 도방을 확대하여 군사적 기반을 강화함 • 최우: 정방을 설치하여 인사권을 장악하였고, 서방을 통해 문학적 소양과 행정 실무 능력을 갖춘 문신을 등용하였으며, 야별초를 조직하였음

★(2) 농민과 천민의 봉기⁺

배경	• 무신 정변으로 신분제가 동요하여 하층민에서 권력층이 된 자가 많음 • 무신들 간의 대립과 지배 체제 붕괴로 백성들에 대한 통제력이 약화됨 • 무신들의 농장 확대로 백성 수탈이 강화되었음
주요 봉기	• 망이·망소이의 난: 공주 명학소에서 '소'에 대한 차별에 반대하며 봉기 • 전주 관노의 난: 전주 관노비들이 지방관의 횡포에 반발하여 봉기 • 김사미·효심의 난: 신라 부흥 표방 • 만적의 난: 최충헌의 사노비인 만적이 개경에서 봉기를 계획하였으나 실패함 • 최광수의 난: 고구려 부흥 표방 • 이연년의 난: 백제 부흥 표방

+ 중방

원래 상장군과 대장군으로 구성된 군사 회의 기구였는데, 무신 정변 이후에는 최충헌이 집권하기 전까지 무신 정권의 최고 권력 기구가 되었다.

+ 무신 정권 시기 하층민의 봉기

4 몽골의 침략과 고려 후기의 정치 변동

1. 몽골의 침략과 대몽 항쟁

(1) 몽골의 침략

 ① 배경: 고려에 왔던 몽골 사신 저고여가 살해되자, 몽골은 이를 구실로 고려를 침입하였다(1231).

 ② 과정: 최씨 무신 정권은 수도를 강화도로 옮겼고 귀주성 전투(박서), 처인성 전투(김윤후가 적장 살리타 사살), 충주성 전투 등에서 몽골군을 물리쳤다.

 ③ 결과: 최씨 무신 정권이 무너진 이후, 몽골과 강화를 맺고 개경으로 환도하였다(1270).

(2) 삼별초⁺의 항쟁: 몽골과의 강화를 거부하고 강화도, 진도(배중손 주도), 제주도(김통정 주도)로 근거지를 옮기며 저항하였으나, 고려와 몽골의 연합군에 의해 진압되었다.

+ 삼별초

최우의 사병 집단인 야별초가 좌별초와 우별초로 분리되고, 여기에 더해 몽골군에게 포로로 잡혔다가 돌아온 자들로 신의군을 조직하여 편성된 부대이다. 이후 대몽 항쟁의 핵심 부대가 되었다.

2. 원 간섭기의 고려 사회

(1) 원의 간섭

① 왕실의 호칭 격하: '충○왕', '폐하 → 전하' 등 용어가 격하되었다.

② 관제 격하: 2성 6부는 1부 4사 체제로 개편되었고, 중추원은 밀직사로 명칭이 변경되었다.

③ 만호부 설치: 고려의 국방 및 치안 간섭 기구인 만호부를 설치하였다.

④ 다루가치 파견: 감찰관인 다루가치를 파견하여 내정을 간섭하였다.

⑤ 정동행성 설치: 원이 일본 원정을 위해 설치한 정동행성이 원정 실패 뒤에도 그대로 남아 내정 간섭 기구가 되었다.

(2) 원의 수탈

① 영토 상실: 원은 화주에 쌍성총관부, 서경에 동녕부, 제주도에 탐라총관부를 설치하여 고려의 영토 일부를 지배하였다.

② 공녀 징발: 결혼도감을 통해 공녀를 징발하였다.

③ 자원 수탈: 인삼, 약재, 매 등의 특산물을 징발하였다.

(3) 권문세족의 성장

① 원의 세력을 배경으로 성장한 권문세족이 새로운 지배층을 이루었다.

② 음서를 통해 관직에 진출하였고, 도평의사사를 장악하여 국정을 좌우하였다.

③ 대농장을 차지하고, 농민을 핍박하여 노비로 삼는 등 사회 모순을 심화시켰다.

☆ 3. 공민왕의 개혁 정치

(1) 배경: 14세기 중엽 원이 쇠퇴하였다.

(2) 내용: 원의 간섭에서 벗어나 왕권을 강화하고자 하였다.

반원 자주 정책	왕권 강화 정책
• 기철 등 친원 세력 숙청 • 정동행성 이문소 폐지 • 쌍성총관부를 공격해 철령 이북 수복 • 몽골식 풍습(몽골풍) 금지 • 관제 복구(2성 6부제 복구)	• 정방 폐지, 신진 사대부 적극 등용 • 신돈을 전민변정도감의 판사로 삼아 토지 제도 및 노비 제도 개혁 • 유학 교육 강화(성균관 정비) • 과거제를 정비하여 인재 배출

(3) 결과: 홍건적과 왜구의 침입, 권문세족의 반발을 겪으며 결국 개혁이 중단되었다.

4. 신진 사대부의 성장

(1) 신진 사대부의 등장

① 성리학을 사상적 배경으로 받아들였고, 과거를 통해 중앙 관료로 진출하였다.

② 공민왕 때 개혁 정책을 뒷받침하는 세력으로 성장하였다.

③ 신분상 지방 향리의 자제가 많았고, 경제적으로는 지방의 중소 지주였다.

④ 권문세족의 친원적 · 친불교적 성향에 대해 반대하였다.

(2) 신진 사대부의 분열

급진 개혁파 신진 사대부	• 정도전, 조준 등이 왕조 교체를 주장 • 이성계와 연결되어 조선 건국에 기여(1392)
온건 개혁파 신진 사대부	정몽주 등이 고려 왕조의 유지와 점진적인 개혁을 주장

＋ 공민왕의 영토 수복

＋ 정방 폐지

무신 정권 이후 인사권을 장악하여 신진 사대부의 등장을 억제하던 정방을 폐지하고 문관의 인사권을 이부로 환원하였다.

＋ 성리학 수용

성리학은 우주의 원리 문제와 인간의 심성을 탐구하는 철학적 유학으로, 충렬왕 때 안향이 처음 고려에 소개하였다. 신진 사대부들은 권문세족을 비판하면서, 현실 사회의 모순을 개혁하기 위한 사상으로 성리학을 적극 수용하였다.

🔍 꼼꼼 단어 돋보기

● 공녀

공물로 바친 여자를 의미함. 원이 처녀를 공녀로 요구하자 고려에서 조혼의 풍습이 유행하였음

04 고려의 사회와 사상

이번 단원에서는 먼저 고려의 신분 제도와 여성의 지위를 학습합니다. 이후 삼국사기·삼국유사 등 역사서, 불교 통합 운동(의천의 천태종, 지눌의 조계종), 인쇄술(대장경, 직지심체요절)·석탑·불상·건축물·청자 등 고려의 예술 문화를 공부합니다.

1 고려의 사회

☆ 1. 고려의 신분 제도[+]

(1) 양인

① 양반

ㄱ 구성: 문반과 무반으로 구성되어 문반은 정부의 문신직을 담당하였고, 무반은 2군 6위의 장군직 등에 복무하였다.

ㄴ 특징

• 국가로부터 과전(토지)과 녹봉 등을 지급받았다.

• 몇몇 가문이 여러 대에 걸쳐 고위 관료를 배출하면서 문벌로 성장하였고, 사회의 지배 계층으로 여러 특권을 누렸다.

② 중간 계층(중류층)

ㄱ 구성: 중앙 관청의 말단 행정을 담당한 서리, 지방 행정을 담당한 향리, 궁중 실무를 담당한 남반, 하급 장교인 군반 등이 있었다.

ㄴ 특징

• 직역을 세습하고 국가로부터 토지를 지급받았다.

• 지배층에 속했지만 귀족과 달리 높은 관직으로 진출하기는 어려웠다.

③ 평민　　고려의 백정은 일반 농민을 가리키는 말이고, 조선의 백정은 짐승을 도축하는 천민을 가리키는 말이니 주의하세요.

ㄱ 구성: 농업과 상공업에 종사하는 사람들로, 대다수는 백정으로 불렸던 농민이었다.

ㄴ 향·부곡·소의 거주민

• 신분상 양인이었지만, 일반 군현민보다 더 많은 세금을 부담하고 국자감 입학과 과거 응시가 불가능했으며, 거주지 이전에도 제한을 받았다.

• 향·부곡의 주민은 주로 농업에 종사하였고, 소의 주민은 수공업과 광업 등에 종사하였다.

(2) 천민

① 구성: 천민의 대다수는 노비였다.

② 노비

ㄱ 재산으로 간주되어 매매·상속·증여가 가능하였다.

ㄴ 부모 중 한 명이 노비이면 그 자녀도 노비가 되었으며, 소유권은 어머니쪽 소유주에게 귀속되었다.

ㄷ 국가 기관이 소유한 공노비와 개인이나 사원이 소유한 사노비로 구분되었다.

공노비	입역 노비(관청 소속, 급료 받음), 외거 노비[+](규정된 액수 납부)
사노비	솔거 노비(주인집 거주), 외거 노비(주인과 떨어져 독립 생활)

(3) 고려 사회의 신분 변동: 제한적이나마 신분 상승의 가능성이 열려 있었다.

[+] 고려의 신분 구조

	양반	문무 관료
양인	중간 계층	남반, 서리, 환관, 향리, 하급 장교
	평민	농민, 상인, 수공업자, 향·부곡·소민
천인	천민	공노비, 사노비

[+] 외거 노비

신분적으로는 주인에게 예속되어 있었으나, 경제적으로는 양인 백정과 비슷하게 독립된 경제생활을 영위할 수 있었다. 그러므로 외거 노비 가운데에는 신분의 제약을 딛고, 지위를 높이거나 재산을 늘린 사람도 있었다.

2. 고려의 사회 모습

(1) 사회 시책

① 농민 생활 안정 정책: 농번기 잡역 금지, 재해 시 조세 면제, 고리대에 대한 법정 이자 규정 등이 있었다.

② 사회 제도

의창	평상시 곡물을 비치하였다가 흉년에 빈민을 구제함
☆상평창	개경과 서경, 지방의 12목에 설치하여 물가의 안정을 꾀함
동·서 대비원	환자 진료 및 빈민 구휼을 담당
혜민국	백성의 질병 치료를 담당
제위보	기금을 마련하여 이자로 빈민을 구제

(2) 향도

① 불교 신앙 공동체 조직으로 매향+ 활동을 하며 불상·탑·사원 등을 만들 때 대규모의 노동력과 비용을 제공하였다.

② 후기에는 마을의 공동 노역, 마을 제사 등 마을 공동체 생활을 주도하였다.

(3) 여성의 지위와 가족 제도

① 재산은 자녀 모두 똑같이 상속받았다.

② 남녀 차별을 두지 않고 태어난 순서대로 호적에 기재하였으며, 여성도 호주가 될 수 있었다.

③ 사위가 처가의 호적에 입적하거나 처가살이를 하는 경우도 많았다.

④ 사위와 외손자에게까지 음서의 혜택이 주어졌다.

⑤ 여성의 재가가 비교적 자유로웠으며, 재가한 여성의 자녀라도 사회적 진출에 차별받지 않았다.

2 고려의 종교와 사상

1. 유학의 발달과 역사서의 편찬

(1) 유학 교육 기관

① 관학: 유학 교육 기관으로 개경에 국자감+을, 지방에 향교를 설립하였다.

② 사학: 고려 중기에는 최충의 9재 학당(문헌공도) 등 사학 12도가 융성하였다.

☆(2) 주요 역사서

초기	7대 실록: 현재 전해지지 않음, 편년체+
중기	『삼국사기』(김부식): 신라 계승 의식, 현존하는 우리나라에서 가장 오래된 역사서, 유교적 합리주의 사관, 기전체+
후기	• 『동명왕편』(이규보): 동명왕(주몽)의 업적을 칭송한 영웅 서사시, 고구려 계승 의식 • 『삼국유사』(일연): 우리 고유의 문화와 불교 내용, 다양한 설화 수록, 단군의 건국 이야기 수록 • 『해동고승전』(각훈): 우리나라의 고승에 관한 전기 • 『제왕운기』(이승휴): 단군의 건국 이야기 수록, 자주적 사관
말기	『사략』(이제현): 정통과 대의명분을 강조하는 성리학적 사관

+ **매향**

불교 신앙의 의례로, 향나무를 오랫동안 땅에 묻어 침향을 만드는 활동이다. 침향은 불교에서 으뜸가는 향으로 취급하는데, 이를 통해 미륵을 만나 구원받고자 하는 염원이 담겨 있다.

+ **국자감**

유학부(국자학, 태학, 사문학)와 기술학부(율학, 서학, 산학)로 구성되어 있었으며 입학 자격은 신분에 따라 결정되었다.

+ **편년체**

역사 서술 방식의 하나로, 사건들을 연월일별 순서대로 서술하는 방법이다.

+ **기전체**

역사 서술 방식의 하나로, 우리나라와 중국의 역대 왕조에서 정사를 편찬할 때 사용하였다. 본기(황제), 세가(제후), 열전(인물), 지(관등, 수취 제도 등), 표(연표) 등으로 구성된다.

📖 **꼼꼼 단어 돋보기**

● **관학**

나라에서 인재를 양성하기 위하여 세운 학교

● **사학**

개인이 설립한 사설 교육 기관

2. 불교의 발달

(1) 숭불 정책
① 불교 정책: 건국 초기부터 국가의 지원을 받으며 발전하였다.
  ㉠ 태조: 불교를 중시하면서 개경 주변에 여러 사찰을 세웠으며, 훈요 10조에서 연등회와 팔관회를 중시하라고 당부하였다.
  ㉡ 광종: 승과를 실시하였고, 신망이 높은 승려를 국사와 왕사로 삼았다.
② 대장경의 조판: 부처의 힘으로 외세의 침략을 물리치고자 초조대장경(거란의 침입), 팔만대장경(몽골의 침입)을 조판하였다.

☆(2) 불교 통합 운동
① 배경: 고려의 중앙 집권 체제가 정비되면서 화엄종, 법상종 등 왕실과 귀족의 지원을 받은 교종이 융성하였으며, 이후 각 종파의 분열이 심화되었다.
② 전개: 고려 전기 의천과 무신 집권기 지눌을 중심으로 교종과 선종을 통합하려는 움직임이 나타났다.

의천	• 해동 천태종 개창: 화엄종을 중심으로 교종을 통합하고, 천태종을 개창하여 교종 입장에서 선종을 통합함 • 통합 원리: 원효의 화쟁 사상을 중시하였고, 교관겸수✚를 강조함 • 분열: 의천이 죽은 뒤 교단은 다시 분열되었고, 특히 문벌과 결탁된 교종 종파를 중심으로 각종 폐단이 나타남
지눌	• 결사 운동: 좌선 등 심성의 도야를 강조하고, 수선사 결사 운동을 전개함 • 통합 원리: 무신 정권의 후원을 받아 선종(조계종)을 중심으로 교종을 통합하는 새로운 불교 이론을 정립함 • 돈오점수✚를 주장하면서 그 실천 수행 방법으로 정혜쌍수✚를 내세움
혜심	• 유불 일치설을 주장하여 심성의 도야를 강조 • 성리학 수용의 사상적 토대를 마련
요세	백련사 결사를 결성하고 염불을 중심으로 수행에 정진하는 운동을 전개

(3) 원 간섭기 불교계의 변화
① 불교 사원이 권문세족과 밀착하면서 사원의 농장 확대 및 고리대 등 사회적 폐단이 심화되었다.
② 신진 사대부가 불교의 폐단을 비판하였다.

3. 도교와 풍수지리설

(1) 도교
① 불로장생과 현세의 복을 추구하는 신앙이다.
② 도교 행사인 초제를 거행하였다.
③ 불교적 요소와 도참사상, 민간 신앙 등을 흡수하였으나 일관된 교리 체계와 교단을 성립하지 못하였다.

(2) 풍수지리설
① 땅의 형세나 모양이 국가의 운명이나 개인의 삶에 영향을 준다는 이론이다.
② 신라 말에는 송악 길지설이 대두하여 고려 건국과 후삼국 통일을 뒷받침하였다.
③ 서경 길지설은 북진 정책과 묘청의 서경 천도 운동의 근거가 되었다.
④ 고려 중기 이후에는 남경 길지설이 대두하여, 한양을 남경으로 승격시키고 궁궐을 지어 왕이 머물기도 하였다.

✚ **교관겸수**
교와 관을 같이 수행해야 한다는 의미이다. 교는 불교의 이론적인 교리 체계로 교종이 중시하였고, 관은 실천적인 수행법으로 선종이 중시하였다.

✚ **돈오점수**
마음이 곧 부처임을 단번에 깨우치되(돈오), 깨달은 후에 꾸준히 수행(점수)해야 온전한 경지에 이를 수 있다고 주장하였다.

✚ **정혜쌍수**
마음을 한 곳에 집중하는 선정(禪定)과 사물을 있는 그대로 판단하여 일체의 분열을 없애는 지혜를 함께 닦아야 한다는 주장이다.

🔍 **꼼꼼 단어 돋보기**

● **초제**
국가의 안녕과 왕실의 번창을 기원하는 국가적인 도교 행사

● **남경**
고려 시대에 설치한 4경 중 지금의 서울에 해당하는 행정 구역

3 고려의 문화유산

1. 인쇄술의 발달

목판 인쇄술	초초대장경, 팔만대장경을 간행
금속 활자 인쇄술	• 『상정고금예문』: 세계 최초로 금속 활자를 이용하여 인쇄한 책으로, 현재는 전해지지 않음 • 『직지심체요절』: 현존하는 세계에서 가장 오래된 금속 활자본으로, 청주 흥덕사에서 인쇄됨

✚ 직지심체요절

고려 말 백운화상(경한 스님)이 부처의 설법 등에서 선의 요체에 관한 내용을 뽑아 엮은 책으로, 1377년(우왕 3) 청주 흥덕사에서 금속 활자로 발간되었다. 상하 2권 중 현존하는 것은 하권 1책으로, 현재 프랑스 국립 도서관에 소장되어 있다.

2. 불교 예술의 발달

(1) 건축

① 고려 전기에는 주심포 양식이 유행하였다.
　　예 안동 봉정사 극락전(현존하는 가장 오래된 목조 건물), 영주 부석사 무량수전, 예산 수덕사 대웅전

② 고려 후기에는 다포 양식이 등장하였다. 예 사리원 성불사 응진전

△ 안동 봉정사 극락전　　△ 영주 부석사 무량수전　　△ 사리원 성불사 응진전

(2) 석탑

① 송의 영향으로 다각 다층탑이 발달하였다. 예 평창 월정사 8각 9층 석탑

② 원의 영향을 받은 탑이 유행하였다. 예 개성 경천사지 10층 석탑

✚ 평창 월정사 8각 9층 석탑

(3) 불상

① 거대하며 지역 특색이 잘 드러나지만 조형미는 다소 떨어진다.
　　예 논산 관촉사 석조 미륵보살 입상, 안동 이천동 마애 여래 입상

② 신라 양식을 계승하였다. 예 영주 부석사 소조 아미타 여래 좌상

✚ 개성 경천사지 10층 석탑

△ 논산 관촉사 석조　　△ 안동 이천동　　△ 영주 부석사
미륵보살 입상　　마애 여래 입상　　소조 아미타 여래 좌상

3. 귀족 문화의 발달

(1) 고려청자

① 11세기: 신라의 전통 위에 송의 기술이 더해지면서 순수 청자가 발달하였다.

② 12세기: 고려의 독특한 기술인 상감법이 개발되어 상감 청자를 만들었다.

③ 원 간섭기~조선 초: 소박한 분청사기가 제작되었다.

(2) 공예: 은입사 기법과 나전 칠기 공예가 발달하였다.

✚ 청자 상감 운학무늬 매병

05 조선의 정치 운영과 세계관의 변화

이번 단원에서는 태조 이성계·태종·세종·세조·성종의 업적, 조선의 각종 제도(중앙, 지방, 과거 등)를 공부합니다. 이후 사화, 붕당 정치, 탕평 정치를 학습합니다. 또한 조선의 대외 관계와 세계관의 변화에 대해 검토합니다.

1 조선의 건국과 통치 체제의 정비

1. 조선의 건국
(1) **14세기 후반 동아시아의 상황**: 주원장이 명을 건국(1368)하면서 동아시아는 명을 중심으로 재편되었다.

(2) **조선의 건국** 조선의 건국 과정은 자주 나오는 주제이므로 순서대로 기억해야 해요.

> **신진 사대부의 성장**: 고려 말 신진 사대부는 권문세족을 비판하면서 이성계 등 신흥 무인 세력과 결탁하였다.

> **요동 정벌 추진**: 명은 원이 지배했던 철령 이북의 땅을 직속령으로 삼겠다고 통보해 왔다(철령위 사건). 이에 반발한 우왕과 최영은 요동 정벌을 단행하였다.

> **위화도 회군(1388)**: 요동 정벌에 반대한 이성계는 위화도에서 군대를 돌려 우왕과 최영을 몰아내고 권력을 장악하였다.

> **신진 사대부의 분화**: 위화도 회군 이후 신진 사대부는 개혁 방향을 둘러싸고 급진 개혁파(정도전, 조준)와 온건 개혁파(이색, 정몽주)로 분화되었다.

> **과전법 실시(1391)**: 급진 개혁파는 이성계와 결합하여 권문세족의 토지를 신진 사대부에게 재분배하는 과전법을 실시하였다.

> **조선 건국(1392)**: 급진 개혁파는 정몽주 등 온건 개혁파를 제거하고, 이성계를 왕으로 추대하여 조선을 건국하였다.

> ✚ **온건 개혁파 신진 사대부**
> 이색, 정몽주 등 다수의 신진 사대부는 급진적 개혁에 반대하고 고려 왕조를 유지하려 하였다.

☆ 2. 국가 기틀의 확립
(1) **태조(이성계)**
① 조선 건국: 국호를 '조선'으로 정하고, 한양으로 천도하였다.
② 정도전의 정치
　㉠ 재상 중심의 정치를 주장하였다.
　㉡ 『불씨잡변』을 통해 불교의 폐단을 비판하고 성리학 중심의 통치 이념을 강조하였다.

> ✚ **조선의 도읍, 한양**
> 한양(서울)은 나라의 중앙에 위치해 전국을 다스리기 쉽고, 한강을 끼고 있어 교통이 편리하며 물자가 풍부하였다. 또한 주변이 산으로 둘러싸여 있어 외적을 막는 데에도 유리하였다. 한양에는 경복궁을 비롯한 궁궐과 종묘, 사직, 관청, 시전, 학교 등이 세워졌다.

(2) **태종(이방원):** 국왕 중심의 집권 체제 수립

① 의정부의 권한을 축소하고 *6조 직계제를 실시하여 왕권을 강화하였다.

② 사병을 혁파하여 군사권을 왕에게 집중하였다.

③ 문화부 낭사를 사간원으로 독립시켜 대신들을 견제하게 하였다.

④ 양전 사업과 호패법을 실시하여 국가 재정을 확충하였다.

(3) **세종:** 왕도 정치의 실현

① 집현전을 설치하여 정책과 학문을 연구하였고, 경연을 활성화하였다.

② *의정부 서사제를 실시하여 왕권과 신권의 조화를 추구하였다.

③ 훈민정음을 창제하였다.

④ 『삼강행실도』 등 편찬 사업을 추진하였다.

(4) **세조(수양 대군):** 왕권 강화 추구

① 계유정난으로 정권을 장악하였고, 이후 단종에게서 왕위를 찬탈하였다.

② 6조 직계제를 실시하여 왕권을 강화하였다.

③ 집현전을 폐지하고 경연을 중단하였다.

④ 『경국대전』을 편찬하기 시작하였다.

(5) **성종:** 성리학적 통치 질서 완성

① 홍문관을 설치하고 경연을 활성화하였다.

② 『경국대전』을 완성하여 유교 중심의 통치 체제를 마련하였다.

3. 통치 체제의 정비

(1) **중앙 정치 제도:** 유교 정치 이념에 따라 통치 체제를 정비하였다.

의정부		최고 합좌 기구로, 재상(영의정·좌의정·우의정)들이 정책을 심의·결정하여 국정을 총괄함	
6조		이조·호조·예조·병조·형조·공조로 이루어져 있으며, 행정 업무를 담당함	
승정원		왕명 출납을 맡은 왕의 비서 기관	
의금부		국가의 큰 죄인을 다스리는 기관	
3사	사헌부	관리 감찰 및 풍속 교정을 담당(수장: 대사헌)	언론 기능 담당
	사간원	왕에 대한 간쟁을 담당(수장: 대사간)	
	홍문관	왕의 정치 자문 기관이며, 경연을 주관(수장: 대제학)	
춘추관		역사서의 편찬과 보관을 담당	
성균관		최고 교육 기관	
한성부		수도 행정 및 치안을 담당	

(2) **지방 행정 제도**

① 특징

㉠ 전국을 8도로 나누고, 그 아래 부·목·군·현을 두었다.

㉡ *면리제를 두어 국가의 통치력이 일반 백성에게 직접 미치게 하였다.

㉢ 특수 행정 구역인 향·부곡·소를 폐지하였다.

㉣ 모든 군현에 수령을 파견하였다.

㉤ 향리 세력의 권한을 축소하여 수령의 업무를 보좌하게 하였다.

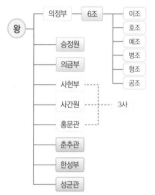

✚ 조선의 중앙 정치 기구

✚ **3사**

사헌부, 사간원, 홍문관을 3사라 하며, 사헌부와 사간원을 양사라고 하였다. 사헌부와 사간원은 간쟁, 봉박, 서경(5품 이하 관리를 임명할 때 인물의 경력과 신분 등을 조사하여 그 가부를 승인)의 권한을 가졌다.

🔍 **꼼꼼 단어 돋보기**

● **6조 직계제**

6조가 의정부를 거치지 않고 국가의 업무를 왕에게 직접 보고하게 하는 제도

● **의정부 서사제**

6조에서 보고하는 일을 의정부에서 논의한 후 국왕에게 올리는 제도

● **면리제**

군현을 면과 리로 세분하는 조선 시대 지방 행정 제도

② 유향소와 경재소⁺

유향소	• 지방 유력 사족으로 구성된 향촌 자치 기구 • 수령의 업무를 보좌하고 수령과 향리의 비리를 감찰하였으며, 백성을 교화하고 풍속을 교정하는 역할을 함
경재소	• 정부와 유향소의 연락을 담당함 • 한양에 설치하였으며, 해당 지방 출신의 중앙 고관을 책임자로 임명

✚ 유향소와 경재소

유향소를 두어 향촌 자치를 허용하는 한편, 경재소를 통하여 지방 세력을 견제하였다.

(3) 군사 제도

① 군역⁺

㉠ 16~60세의 모든 양인 남자는 군역의 의무가 있었다.

㉡ 현역 군인인 정군과 정군의 비용을 부담하는 보인(봉족)으로 편성되었다.

② 군사 조직

중앙군	궁궐과 한성을 방어하는 5위로 편성
지방군	육군과 수군으로 나뉘어 병마절도사와 수군절도사의 지휘를 받음
잡색군	서리, 신량역천, 노비 등이 소속된 일종의 예비군으로 유사시에 향토 방위를 담당함

✚ 군역의 의무

현직 관리와 학생, 향리 등은 군역이 면제되었고, 종친과 고위 관리의 자제는 고급 특수군에 편재되었다.

(4) 교통·통신 제도

① 봉수제: 국경 지역에서 일어난 위급 상황을 중앙에 신속하게 알렸다.

② 역참제: 물자 수송과 통신을 위해 전국에 역참을 설치하였다.

③ 조운 제도: 조세로 걷은 곡식을 강과 바닷길을 통해 서울로 운반하였다.

(5) 관리 등용 제도

과거⁺	• 문관을 뽑는 문과, 무관을 뽑는 무과, 기술관을 뽑는 잡과⁺가 있었음 • 관리를 관직에 임명할 때에는 부정을 막기 위해 상피제를 시행함
천거	고위 관리가 추천한 인물을 관직에 등용하는 것으로, 대개 기존 관리들을 대상으로 실시
음서	고려 시대에 비해 대상자가 크게 줄었으며, 과거에 합격하지 않으면 고위 관리로 승진하기 어려웠음

✚ 과거 시험 실시

• 식년시: 3년마다 열리는 정기 시험
• 특별 시험: 증광시(왕실의 경사가 있을 때), 알성시(성균관 유생 대상) 등

✚ 잡과

특수 기술관을 선발하는 시험으로 역과(외국어), 율과(법률), 의과(의술), 음양과(천문학)·지리학의 4종목이 있었다.

(6) 교육 제도

유학 교육 기관	중앙에 성균관과 4부 학당, 지방에 향교를 설치함
기술 교육	외국어, 천문학, 의학, 법학 등 기술 교육은 해당 관청에서 담당함

✚ 훈구

세조가 왕위에 오르는 데 공을 세운 세력으로, 정치권력을 장악하였다.

2 사림의 성장과 정치 운영의 변화

1. 사림의 등장

(1) **사림**: 고려 말 온건 개혁파 신진 사대부의 후예로 지방 중소 지주 출신이며, 왕도 정치와 향촌 자치를 강조하였다.

(2) **사림의 정치적 성장**

① 성종이 훈구⁺세력을 견제하기 위해 김종직을 비롯한 사림을 등용하였다.

② 사림은 3사의 언관직을 차지하고 훈구 세력의 비리를 비판하였다.

🔍 꼼꼼 단어 돋보기

● 신량역천

고려·조선 시대에 신분은 양인이지만 그 역이 고되어 사회적으로 천시되던 사회 계층

● 상피제

자신의 출신 지역에 지방관으로 부임하지 못하게 하는 제도

2. 사화의 발생

(1) 사화의 전개: 훈구 세력과 사림 세력의 대립으로 많은 사림이 화를 입었다.

무오사화 (1498)	연산군과 훈구 세력은 김종직이 쓴「조의제문」을 트집 잡아 김일손 등 사림 세력을 몰아냄
갑자사화 (1504)	연산군이 자신의 친어머니 폐위와 관련된 인물을 제거하면서 훈구 세력과 사림 세력이 피해를 입음
기묘사화 (1519)	• 중종이 훈구 세력을 견제하기 위해 조광조 등 사림 세력을 등용함 • 조광조의 급진적인 개혁에 반발한 훈구 세력이 조광조 등 사림 세력을 제거함
을사사화 (1545)	명종의 외척(소윤파)인 윤원형이 인종의 외척(대윤파)인 윤임 일파를 제거하면서 사림 세력까지 피해를 입음

(2) 사화의 결과: 사화로 피해를 입은 사림 세력은 서원과 향약을 기반으로 향촌 사회에서 꾸준히 세력을 확대하였다.

3. 서원과 향약

(1) 서원
① 주세붕이 세운 백운동 서원이 시초이며 성리학 연구, 선현 제사, 후진 양성의 기능을 하였다.
② 사림의 여론 형성을 주도하며 붕당의 근거지 역할을 하였다.

(2) 향약
① 전통적 향촌 규약에 유교 윤리를 가미한 향촌의 자치 규약이다.
② 성리학적 사회 질서 확립에 기여하였고, 향촌에 대한 사림의 통제력을 강화시켰다.
③ 4대 덕목(덕업상권, 과실상규, 예속상교, 환난상휼)이 있었다.

4. 붕당 정치

(1) 붕당의 형성 배경
① 선조 즉위 이후 향촌의 사림 세력이 중앙 정계로 진출하여 정국을 주도하였다.
② 명종 때 나타난 외척 정치의 잔재 청산 문제로 사림 세력이 분열하였다.
③ 왕실의 외척이면서 기성 사림의 신망을 받던 심의겸과 당시 명망이 높고 신진 사림의 지지를 받던 김효원이 이조 전랑직을 두고 대립하였다.

(2) 붕당의 형성

동인	신진 사림의 지지(김효원) → 이황, 조식, 서경덕 학문 계승자가 참여
서인	기성 사림의 지지(심의겸) → 이이, 성혼 문인들이 가담

(3) 붕당 정치의 전개: 붕당 상호 간의 비판과 견제를 통해 정치를 이끌어 갔다.

선조	정철의 건저의 사건 등으로 동인이 북인과 남인으로 나뉨
광해군	북인이 정권을 장악함
인조~효종	인조반정 이후 서인이 정권을 장악하고 남인의 정치 참여를 허용함

➕ 조의제문
김종직이 항우가 죽인 초의 의제를 추모하여 지은 글이다. 훈구 세력은 김종직이 이 글을 통해 세조를 비판하였다고 주장하며 무오사화를 일으켰다.

➕ 조광조의 개혁
경연 강화, 언론 활동 활성화, 위훈 삭제, 소격서 폐지, 현량과 실시, 『소학』 보급, 공납 제도 개선 등이 있다.

➕ 향약의 4대 덕목
• 덕업상권: 좋은 일은 서로 권한다.
• 과실상규: 잘못한 일은 서로 꾸짖는다.
• 예속상교: 올바른 예속은 서로 나눈다.
• 환난상휼: 재난과 어려움은 서로 돕는다.

➕ 외척 정치의 잔재 청산 문제
심의겸 등 기성 사림은 외척 정치의 잔재 청산에 소극적이었고, 김효원 등 신진 사림은 적극적인 청산을 주장하였다.

➕ 붕당 정치
정치와 학문적 입장에 따라 모인 사람들이 공론을 내세우고 이를 바탕으로 국정을 이끌어 가는 정치 형태이다.

5. 붕당 정치의 변질

(1) 예송: 현종 때 효종의 왕위 계승에 대한 정통성과 관련하여 서인과 남인 간에 두 차례의 예송이 발생하였다. 이로 인해 붕당 간의 대립과 갈등이 심화되었다.

1차 예송 (기해예송)	• 효종이 죽은 후 자의 대비의 상복 입는 기간을 둘러싸고 논쟁이 일어남 • 1년설을 주장한 서인이 승리하였음
2차 예송 (갑인예송)	• 효종비가 죽은 후 자의 대비의 상복 입는 기간을 둘러싸고 논쟁이 일어남 • 1년설을 주장한 남인이 승리하였음

(2) 숙종 때의 환국

① 전개: 숙종이 집권 붕당을 교체하여 정국이 급격하게 바뀌었다.

경신환국 (1680)	서인 집권	• 내용: 집권 남인인 허적이 왕실 천막을 개인적으로 사용한 것과 허적의 아들인 허견의 역모 사건이 원인이 됨 • 결과: 서인이 집권하였고, 서인은 남인에 대한 처벌 수위를 두고 강경파인 노론과 온건파인 소론으로 분열됨
기사환국 (1689)	남인 집권	서인이 희빈 장씨의 아들(경종)을 세자로 책봉하는 것에 반대하였다가 축출되었음
갑술환국 (1694)	서인 집권	인현 왕후의 복위 과정에서 남인이 축출당하고 서인이 권력을 장악함

② 결과: 특정 붕당이 정권을 독점하는 일당 전제화 경향이 나타났다.

★ 6. 탕평 정치

(1) 영조의 탕평 정치

① 탕평파 중심의 정국 운영
  ㉠ 탕평파를 중심으로 정국을 운영하였다.
  ㉡ 붕당의 근거지로 변질된 서원을 대폭 정리하였다.
  ㉢ 이조 전랑의 권한을 약화시켰다.

② 개혁 추진
  ㉠ 균역법을 시행하여 백성의 군역 부담을 2필에서 1필로 줄였다.
  ㉡ 가혹한 형벌을 폐지하고 삼심제를 실시하였으며, 신문고 제도를 부활시켰다.

③ 편찬 사업: 『속대전』, 『속오례의』, 『동국문헌비고』 등을 간행하였다.

(2) 정조의 탕평 정치

① 적극적인 탕평 정책 추진: 외척과 환관 세력을 제거하고 노론·소론·남인을 골고루 등용하였다.

② 개혁 추진
  ㉠ 규장각(왕의 정책 자문 기구)을 설치하고, 장용영(왕의 친위 부대)을 창설하였다.
  ㉡ 젊은 관료들을 재교육하는 초계문신제를 시행하였다.
  ㉢ 수원에 화성을 건설하였다.
  ㉣ 서얼 출신 학자들을 규장각 검서관에 기용하고, 노비에 대한 차별을 완화하였다.
  ㉤ 통공 정책(신해통공)을 실시하여 자유로운 상업을 허용하였다.

③ 편찬 사업: 『대전통편』, 『탁지지』, 『무예도보통지』 등을 편찬하였다.

🔍 **꼼꼼 단어 돋보기**

● 초계문신제

신진 인물이나 중하급 관리들 가운데 능력 있는 사람들을 선발하여 재교육시키는 제도

7. 세도 정치

배경	정조 사후 소수의 유력 가문이 정권을 장악
전개	순조(안동 김씨) → 헌종(풍양 조씨) → 철종(안동 김씨)의 3대 60여 년간
권력 구조	• 왕실 외척을 중심으로 소수 정치 집단이 권력을 독점 • 비변사의 기능이 강화되어 의정부와 6조가 유명무실화되고 왕권이 약화됨
폐단	• 상인·부농을 수탈하고, 지방 수령의 자리를 매매함 • 삼정의 문란, 수령과 향리의 부정으로 농민의 부담이 가중됨

➕ 비변사

16세기 초 왜구와 여진의 침입에 대비하여 국방 문제를 담당하는 임시 기구로 설치되었다. 16세기 중엽 을묘왜변을 계기로 상설 기구가 되었으며 임진왜란을 거치면서 기능이 확대되어 국정 전반을 총괄하게 되었다.

3 조선의 대외 관계

1. 조선 전기의 대외 관계

(1) 조선 외교의 기본 원칙: 사대교린
  ① 사대: 명을 큰 나라로 섬긴다.
  ② 교린: 여진, 일본 등과는 대등하게 교류한다.

(2) 명과의 관계
  ① 건국 직후: 태조와 정도전이 요동 정벌을 추진하면서 명과 한때 불편한 관계가 유지되기도 하였다.
  ② 태종 즉위 이후
    ㉠ 태종 때 관계가 개선되어 명과 사대 외교가 체결되었다.
    ㉡ 왕권의 안정과 국제적 지위 확보를 위한 자주적인 실리 외교였다.
    ㉢ 선진 문물을 흡수하기 위한 문화 외교인 동시에 일종의 공무역이었다.

(3) 여진과의 관계
  ① 회유책
    ㉠ 여진족의 귀순을 장려하여 관직·토지·주택을 지급하였다.
    ㉡ 경성·경원에 무역소를 설치하고 무역을 허락하였다.
  ② 강경책
    ㉠ 세종 때 최윤덕과 김종서가 4군 6진을 개척하여 압록강과 두만강을 경계로 하는 오늘날과 같은 국경선을 확정하였다.
    ㉡ 여진을 몰아내고 새롭게 차지한 지역에는 남부 지방의 주민들을 이주시켜 살게 하였다(사민 정책).
    ㉢ 토착민을 토관으로 임명하여 민심을 수습하였다(토관 제도).

(4) 일본과의 관계
  ① 강경책: 세종 때 이종무가 왜구의 본거지인 쓰시마섬(대마도)을 정벌하였다.
  ② 회유책: 세종 때 3포(부산포, 염포, 제포)를 개항하고 계해약조를 체결하여 제한된 무역을 허용하였다.

(5) 동남아시아와의 교류
  ① 조선 초에는 류큐, 시암(태국), 자와(인도네시아) 등 동남아시아의 여러 나라와 교류하였다.
  ② 조공 혹은 진상의 형식으로 각종 토산품을 가져와서 옷감, 문방구 등을 가져갔다.

➕ 4군 6진 개척

📖 꼼꼼 단어 돋보기

● 삼정
국가의 주요 재정 수입원인 전정(토지세), 군정(군포), 환곡을 의미

● 염포
현재의 울산

● 제포
현재의 창원

● 류큐
일본 오키나와현에 있던 옛 왕국으로, 중국과 우리나라의 영향을 받아 독특한 문화를 이루었음

2. 왜란의 전개와 결과

(1) 왜란의 배경

① 조선: 조선이 3포에 거주하던 일본인에 대한 무역 통제를 강화하자, 삼포 왜란(1510)과 을묘왜변(1555) 등 왜인의 소란이 자주 일어났다.

② 일본: 도요토미 히데요시가 전국 시대의 혼란을 수습한 후, 지방 영주의 불만을 무마하고 대륙 진출의 야욕을 이루기 위해 조선 침략을 준비하였다.

☆(2) 왜란의 전개 과정[+]

① 전쟁 발발: 일본의 조선 침략(임진왜란, 1592)으로 부산진·동래성·한성 등이 연이어 함락되자, 선조는 의주까지 피란하여 명에 원군을 요청하였다.

② 수군의 활약: 이순신이 이끄는 수군이 옥포·당포·한산도 등에서 승리하여 남해의 제해권을 장악하였고, 이로써 전라도 곡창 지대를 지키게 되어 일본군의 수륙 병진 정책을 좌절시켰다.

③ 의병의 활동: 전직 관리, 유학자, 승려 등이 이끈 의병[+]은 익숙한 지형과 그에 맞는 전술을 활용하여 적은 병력으로 일본군을 격퇴하였다.

④ 전쟁의 장기화: 전쟁이 장기화되면서 정부는 중앙군인 훈련도감과 지방군인 속오군을 설치해 관군을 재정비하였다. 또한 명의 지원군이 참전하고 조·명 연합군이 반격에 나서면서 일본군은 명에 휴전을 제의하였다.

⑤ 정유재란: 3년에 걸친 휴전 회담이 결렬되자 일본군은 다시 조선을 침입(정유재란, 1597)하였다.

⑥ 전쟁 종결: 명량에서 이순신이 이끄는 조선 수군에 패하는 등 전세가 불리해진 일본군은 도요토미 히데요시가 죽자 본국으로 철수하였다.

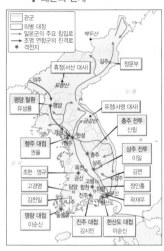

+ 왜란의 전개

(3) 왜란의 영향

☆조선	• 인구 감소, 국토 황폐화, 양안과 호적의 소실로 국가 재정이 궁핍[+]해짐 • 경복궁, 불국사, 사고 등의 문화재가 소실됨
일본	• 에도 막부가 수립됨 • 조선에서 데려간 기술자를 통해 인쇄술, 도자기 문화, 성리학 등이 발전함
중국	명의 국력이 약해졌고, 여진족이 급성장하여 후금(청)이 건국됨

(4) 통신사의 파견

배경	일본은 조선의 선진 문화를 받아들이고, 쇼군이 바뀔 때마다 그 권위를 국제적으로 인정받기 위하여 조선에 사절의 파견을 요청함
역할	외교 사절뿐만 아니라 조선의 선진 문화를 일본에 전파하는 역할을 함

3. 호란의 발발과 영향

(1) 광해군의 정치와 인조반정[+]

① 광해군의 정치

㉠ 중립 외교: 후금의 위협에 맞서 명이 조선에 군사를 요청하자, 광해군은 명과 후금 사이에서 중립 외교를 전개하였다.

㉡ 전후 복구 사업: 토지와 인구 조사, 대동법, 『동의보감』 보급 등을 실시하였다.

② 인조반정(1623): 서인이 주도한 인조반정으로 광해군과 북인이 몰락하였다.

+ 임진왜란의 주요 의병장

경상도 의령의 곽재우, 충청도 옥천·금산의 승려 영규와 조헌, 전라도의 김천일, 김덕령, 고경명, 묘향산의 휴정(서산 대사), 금강산 일대의 유정(사명당, 송운 대사), 함경도 경성·길주의 정문부 등이 의병장으로 활약하였다.

+ 왜란 후 국가 재정의 궁핍

정부에서는 납속책을 실시하고, 공명첩을 대량으로 발행하여 재정 문제를 해결하고자 하였다. 그 결과 양반 중심의 신분제 사회가 동요하기 시작하였다.

+ 인조반정의 배경

광해군은 불안정한 왕위를 지키기 위하여 영창 대군을 살해하고 인목 대비를 유폐하여 도덕적으로 비난을 받았다.

(2) 호란의 전개 과정

① 정묘호란(1627)

  ㉠ 배경: 정권을 잡은 서인이 *친명배금 정책을 추진하였다.

  ㉡ 전개: 이괄의 난으로 조선이 혼란한 틈을 타 후금이 조선을 침략하였다.

  ㉢ 결과: 정봉수 등이 활약하였으나, 결국 조선은 후금과 화친을 맺었다.

② 병자호란(1636)⁺

  ㉠ 배경: 후금이 국호를 청으로 바꾸고 조선에 군신 관계를 요구하자, 조선에서는 화의를 맺자는 주화론과 무력으로 대응하자는 주전론이 대립하였다.

  ㉡ 전개: 조선이 청의 요구를 거부하자 청이 조선을 침략하였고, 인조는 남한산성으로 피란하여 항전하였다.

  ㉢ 결과: 청의 군신 관계 요구를 받아들여 삼전도에서 굴욕적인 강화를 하였고(삼전도의 굴욕), 소현 세자·봉림 대군 등이 인질로 압송되었다.

✚ 병자호란의 전개

☆(3) 북벌 운동과 북학론

① 인조의 뒤를 이어 즉위한 효종(봉림 대군)은 오랑캐에 당한 치욕을 씻고 명에 대한 의리를 지키자며 북벌 운동을 추진하였다.

② 효종은 청과의 전쟁을 주장한 송시열, 이완 등을 중용하고 군사력을 강화하였으나 북벌은 실현되지 못하였다.

③ 18세기 후반에는 청의 선진 문물을 수용해야 한다는 북학론이 제기되었다.

▌4▐ 조선의 세계관 변화

1. 성리학의 절대화와 비판적 흐름

(1) **성리학의 절대화 경향:** 송시열을 비롯한 노론은 양 난 이후 지배 체제를 강화하기 위해 성리학적 질서를 절대적 가치로 내세웠다.

(2) **성리학 비판:** 탈성리학적 경향이 나타났으나 *사문난적으로 몰렸다.

① 윤휴: 서경덕의 영향으로 유교 경전에 대해 독자적인 해석을 하였다.

② 박세당: 양명학과 노장 사상을 기반으로 주자의 학설을 비판하였다.

(3) **양명학의 수용**

① 확산: 17세기 후반 소론학자들이 본격적으로 수용하였다.

② 특징: 성리학의 비현실성을 비판하고 지행합일(지행일치)을 강조하였다.

③ 체계화: 정제두가 강화학파를 형성하였다.

2. 실학의 등장

(1) **등장 배경**

① 조선 후기의 사회·경제적 변화로 여러 문제가 발생하였으나, 성리학은 이론과 형식에만 치우쳐 문제를 해결하지 못하였다.

② 일부 학자들이 실용적이고 실증적인 방법으로 학문을 연구하는 과정에서 실학이 등장하였다.

(2) **발전**

① 청에서 전해진 고증학과 서양 과학 기술을 받아들이며 발전하였다.

② 실용적·실증적인 논리를 내세우며 농업과 상공업 중심의 개혁론으로 확대되었다.

🔍 **꼼꼼 단어 돋보기**

● **친명배금 정책**

명과 친교를 맺고, 여진족이 세운 후금을 배척하는 외교 정책

● **사문난적**

유교 윤리를 어지럽히거나 유교 윤리에 어긋나는 행동을 하는 사람들을 가리키는 말

(3) 농업 중심의 개혁론(경세치용 학파, 중농학파)

① 특징: 자영농 육성을 목적으로 토지 제도의 개혁에 관심을 두었다.

② 유형원

ㄱ 균전론: 관리, 선비, 농민 등에게 토지를 차등 분배할 것을 주장하였다.

ㄴ 『반계수록』을 저술하였다.

☆③ 이익

ㄱ 한전론: 매매를 금지한 영업전을 설정함으로써 최소한의 농민 생활을 보장하고, 그 밖의 토지는 매매를 허용하여 점진적으로 토지 소유를 균등하게 하고자 하였다.

ㄴ 나라를 좀먹는 여섯 가지 폐단(좀)을 지적하였다.

ㄷ 『성호사설』을 저술하였다.

④ 정약용

ㄱ 여전론과 그 차선책으로서 정전제를 주장하였다.

ㄴ 실학을 집대성하였다고 평가받는다.

ㄷ 『경세유표』와 『목민심서』에서 통치자는 백성을 위해 존재해야 하며, 권력은 백성으로부터 나온 것이라고 주장하였다.

ㄹ 수원 화성 건축에 거중기를 사용하였고, 주교(배다리)를 설치하였다.

📄 자료 스크랩 정약용의 여전론

산천의 지형을 기준하여 구역을 나누고, 경계선 안의 모든 지역을 1여로 한다. (중략) 1여에 여장을 두고 토지는 공동 소유, 공동 경작하며 오직 여장의 명령에 따른다. 여민이 농사짓는 경우 여장은 매일 개인의 노동량을 기록하고 가을이면 모든 수확물을 여장의 집에 가져온 다음 분배한다. 이때 조세, 여장의 봉급을 제한 후 나머지는 노동량에 따라 분배한다. – 『여유당전서』 –

(4) 상공업 중심의 개혁론(이용후생 학파, 북학파, 중상학파)

① 특징: 상공업 진흥과 기술 혁신 및 청 문물의 적극적 수용을 주장하였다.

② 유수원

ㄱ 상공업을 진흥하기 위해서는 상업을 천시하는 생각을 버리고, 사·농·공·상의 직업적 평등화와 전문화가 이루어져야 한다고 주장하였다.

ㄴ 『우서』를 저술하였다.

③ 홍대용

ㄱ 『임하경륜』을 저술하여 기술 혁신과 문벌제도의 철폐를 주장하였다.

ㄴ 『의산문답』에서 지전설을 주장하여 성리학적 세계관을 비판하였다.

④ 박지원

ㄱ 『열하일기』를 저술하였고, 수레와 선박의 이용 및 화폐 유통의 필요성을 주장하였다.

ㄴ 『양반전』 등의 한문 소설에서 놀고먹으면서 체면만 차리는 양반들을 풍자하였다.

☆ㄷ 『과농소초』를 저술하여 농업 기술의 발전 및 상업적 농업을 장려하였다.

☆⑤ 박제가

ㄱ 청 문물의 적극적인 수용, 수레와 선박의 이용 확대를 주장하였다.

ㄴ 『북학의』를 저술하여 소비와 생산의 관계를 우물물에 비유해 소비를 강조하였다.

➕ 이익이 주장한 여섯 가지 폐단

이익은 양반 문벌제도, 노비 제도, 과거 제도, 사치와 미신 숭배, 승려, 게으름을 나라를 좀먹는 여섯 가지 폐단이라 불렀다.

➕ 여전론

한 마을을 단위로 토지를 공동으로 소유하고 공동으로 경작하며 노동량에 따라 그 수확량을 분배하는 일종의 공동 농장 제도였다.

➕ 정전제

전국의 토지를 국유화하여 정전(井田)을 편성한 후 그중 1/9을 공전으로 만들어 조세를 충당하고, 나머지는 농민에게 분배하는 토지 제도였다.

🔍 꼼꼼 단어 돋보기

● 지전설
지구가 스스로 돈다는 학설

비유하건대 재물은 대체로 샘과 같은 것이다. 퍼내면 차고, 버려두면 말라 버린다. 그러므로 비단옷을 입지 않아서 나라에 비단 짜는 사람이 없게 되면 여공이 쇠퇴하고, 쭈그러진 그릇을 싫어하지 않고 기교를 숭상하지 않아서 공장(수공업자)이 기술을 익히지 않으면 기예가 망하게 되며 농사가 황폐해진다. 사농공상의 사민이 모두 곤궁하여 서로 구제할 수 없게 된다.   – 『북학의』 –

(5) 실학의 의의와 한계

① 의의: 19세기 후반 개화사상가에게 영향을 주었다.

② 한계: 개혁안이 국가 정책에 직접 반영되지 못하였다.

(6) 국학 연구의 확대

① 역사 연구

이름	역사서	특징
안정복	『동사강목』	우리 역사의 독자적 정통론을 내세웠으며, 고증 사학의 토대를 마련함
이종휘	『동사』	고구려 역사 연구를 심화함
유득공	『발해고』	발해 역사 연구를 심화하였고, '남북국'이라는 용어를 최초로 사용함
한치윤	『해동역사』	• 고조선부터 고려까지의 역사를 실증적으로 정리함 • 중국 및 일본의 자료 500여 권을 인용하여 민족사 인식의 폭을 확대함

② 지리지와 지도 제작

㉠ 지리지: 한백겸의 『동국지리지』(역사 지리지), 이중환의 『택리지』(각 지역의 환경·풍속·인심을 서술한 인문 지리지) 등이 편찬되었다.

㉡ 지도: 정상기의 「동국지도」(최초로 100리 척 사용), 김정호의 「대동여지도⁺」가 제작되었다.

③ 국어 연구: 우리말 음운에 대한 신경준의 『훈민정음운해』와 유희의 『언문지』가 저술되었다.

✚ 김정호의 대동여지도
산맥, 하천, 포구, 도로망 등을 자세히 표현하였고 주요 시설물 표시에 기호를 사용하였다. 도로는 10리마다 점을 찍어 표시하였고, 목판으로 제작되었다는 점이 특징이다. 또한 전국을 22첩으로 나누어 평상시에는 필요한 지역만 책처럼 휴대할 수 있었다.

양반 신분제 사회와 상품 화폐 경제

이번 단원에서는 먼저 조선 신분 제도의 특징을 학습하고 경제사에서는 조선 후기 수취 제도의 변화와 농업, 상업, 수공업, 광업의 발전 양상을 학습합니다. 마지막으로 천주교, 동학, 홍경래의 난, 임술 농민 봉기의 특징을 검토합니다.

1 신분 질서의 변동

1. 조선의 신분 제도

(1) 신분 제도의 특징: 조선 초에는 법제상 양천제(양인 · 천인)가 원칙이었으나, 실질적으로는 반상제(양반 · 중인 · 상민 · 천민)가 일반화되었다.

(2) 신분제의 구성

양반	• 정치적으로는 관료층, 경제적으로는 지주에 해당 • 문반과 무반을 아울러 부르는 명칭이었으나, 점차 신분과 가문을 의미하게 되었음 • 국역 면제 등의 특권을 누림
중인	• 양반과 상민의 중간 신분을 뜻함 • 기술관 · 서리 · 향리 등이 속하며, 이들은 직역이 세습되었음 • 서얼은 재산 상속에 심한 차별을 받았으며, 문과 응시가 법적으로 금지되었음
상민	• 평민 · 양민으로도 불렸으며, 농민 · 수공업자 · 상인이 해당함 • 농민: 생산 활동에 종사하며 조세 · 공납 · 역의 부담을 짐. 이들은 법제상 과거를 볼 수 있었지만 생업에 종사하면서 관료로 진출하는 것은 거의 불가능하였음 • 수공업자: 관영 수공업이나 민영 수공업에 종사함 • 상인: 국가의 통제 아래 상업 활동을 함 • 신량역천이라 불리며 천역을 담당하는 계층도 있었음
천민	• 대다수가 노비였고, 백정 · 광대 · 무당 등도 여기에 해당함 • 노비: 재산으로 취급되어 매매 · 상속 · 증여의 대상이 되었으며, 부모 중 한쪽이 노비이면 그 자녀도 노비가 되는 법(일천즉천법)이 일반적으로 시행되었음 • 공노비: 관청에 속한 노비이며, 일정 기간 동안 관청에서 일하였음 • 사노비: 주인과 함께 살면서 노동력을 제공하는 솔거 노비와 독립된 생활을 하면서 신공을 바치는 외거 노비로 구분

➕ 외거 노비

외거 노비의 경우 재산을 소유할 수 있었기 때문에 일반 농민과 비슷한 삶을 살았다.

➕ 공명첩

이름을 적는 곳이 비어 있는 관직 임명장이다. 왜란 이후 조선 정부는 재정 문제를 해결하기 위해 공명첩을 판매하였다.

2. 조선 후기의 사회 변동

(1) 신분 제도의 변화

① 양반층의 분화

ㄱ 붕당 정치의 변질로 일부 양반에게만 권력이 집중되었다.

ㄴ 권반(중앙 권력 장악), 향반, 잔반으로 분화되었다.

② 상민의 신분 상승

ㄱ 농업 생산력의 증대와 상품 화폐 경제의 발달에 힘입어 부농층, 상업 자본가, 독립 수공업자 등 부를 축적한 새로운 계층이 나타났다.

ㄴ 부유한 상민들이 공명첩을 사거나 족보 구매 또는 위조로 양반 신분을 획득하면서, 양반의 수는 급증하고 상민의 수는 크게 줄어들었다.

> **🔍 꼼꼼 단어 돋보기**
>
> **● 서얼**
>
> 양반의 양인 첩에게서 태어난 서자와 천민 첩에게서 태어난 얼자를 합쳐 부르는 말
>
> **● 신량역천**
>
> 신분은 양인이지만, 사회적으로 천시되는 역을 맡았던 사람
>
> **● 향반과 잔반**
>
> 향반은 향촌 내에서 겨우 행세할 수 있을 정도의 군소 양반을 지칭하고, 잔반은 상민과 다름없을 정도로 몰락한 양반을 가리킴

③ 중인의 신분 상승 운동

서얼	• 여러 차례 집단 상소 운동을 벌여 청요직[+] 진출을 요청함 • 정조 때 유득공, 이덕무, 박제가 등이 규장각 검서관에 등용됨
기술직 중인	• 경제력과 전문성을 발판으로 19세기 중엽 철종 때 대규모 소청 운동을 벌였으나 실패함 • 역관의 경우 외래문화 수용을 주도하여 새로운 사회를 추구하였고, 이후 통상 개화론자로 성장하기도 함

④ 노비 제도의 해체

    ㉠ 노비의 신분 상승: 군공과 납속 등을 통해 신분을 상승시키기도 하고, 신분적 속박에서 벗어나기 위해 도망을 가는 경우도 많았다.

    ㉡ 노비종모법 시행: 영조 때 노비종모법을 시행하여 노비의 신분 상승 기회를 넓혀 주었다.

    ㉢ 공노비 해방: 순조 때 6만 6,000여 명의 공노비가 해방되었다(1801).

    ㉣ 노비 제도 폐지: 1894년 갑오개혁 때 노비 제도가 법적으로 폐지되었다.

(2) 가족 제도와 여성의 지위 변화

① 가족 제도의 변화

16세기 이전	재산의 남녀 균분 상속 및 제사의 분담 실시가 이루어짐
17세기 이후	• 부계 중심의 가족 제도가 확립되면서 재산 상속과 제사는 장자를 중심으로 이루어졌고, 다른 아들들과 딸은 점차 재산 상속과 제사에 대한 권리를 잃어감 • 친영 제도가 정착되었으며, 아들이 없는 경우 양자를 들이는 것이 일반화됨

② 여성의 지위 변화

    ㉠ 성리학적 윤리가 강조되면서 여성의 지위가 점차 낮아졌다.

    ㉡ 여성의 이혼과 재혼이 어려워졌으며, 여성의 정절을 중시해서 정부가 열녀를 표창하는 제도가 시행되었다.

(3) 향촌 질서의 변화

① 배경: 신향의 대두

    ㉠ 조선 후기에 양반의 수가 증가하고 몰락 양반이 늘어나면서 향촌 사회에서 양반의 권위가 점차 약화되었다.

    ㉡ 향촌에서 양반의 권위가 약화되자, 경제력을 갖춘 일부 부농층이 사족 중심의 향촌 질서에 도전하였다.

    ㉢ 부농층은 수령과 결탁해 지방 양반들의 모임인 향회에 참여하고, 향임직[+]에도 진출하여 자신들의 영향력을 확대하였다.

② 과정: 향전의 발생

    ㉠ 부농층(신향)은 경제력을 바탕으로 양반 신분을 획득하고 관권과 결탁하여 지방 사족(구향)에게 대항하였다.

    ㉡ 수령이 부농층을 지원하여 지방 사족을 견제하였다.

③ 결과: 관 주도의 향촌 지배 체제 강화

    ㉠ 수령과 향리의 권한이 강화되었다.

    ㉡ 향회가 수령의 세금 부과에 대한 자문 기관으로 위상이 약화되었다.

+ 청요직

홍문관, 사간원, 사헌부 등의 관직을 말하며 조선 시대 관리들이 선망하는 자리였다. 이 청요직을 거쳐야만 판서나 정승으로 진출하는 데 유리하였다.

+ 부농층과 관권의 결탁

정부는 재정 위기를 타개하고자 부농층을 적극 활용하였다. 이에 부농층은 사족이 담당하던 정부의 부세 제도 운영에도 적극 참여하였다.

+ 향임직

향청(유향소)에서 일을 보는 직책이다. 조선 후기에는 향임직을 둘러싸고 사족(구향)과 부농층(신향) 사이에 갈등이 발생하였다. 이것을 향전이라고 한다.

🔍 꼼꼼 단어 돋보기

● 노비종모법

아버지가 천인이라도 어머니가 양인이면 그 자녀가 양인이 되는 법

● 친영 제도

여성이 혼인 후 곧바로 남자 집에서 생활하는 혼인 형태

② 상품 화폐 경제의 발달

1. 조선 전기 수취 제도

(1) 전세(토지세)
① 토지 소유자에게 수확량의 1/10을 거두었다.
② 세종 때에는 토지의 비옥도와 풍흉에 따라 4~20두까지 차등 과세하였다.

(2) 공납
① 집집마다 토산물을 부과하는 것으로, 중앙에서 각 군현에 필요한 공물을 부과하면 군현에서 각 가구에 부과하였다.
② 16세기 이후 납부의 어려움으로 대납, 방납의 폐단이 발생하였다.

(3) 역
① 16세 이상 양인 남자에게 부과하였으며, 군역과 요역(토목 공사에 동원되어 노동력 제공)으로 구분되었다.
② 다른 사람을 사서 역을 대신하는 대립, 포를 받고 군역을 면제해 주는 방군수포가 성행하였다.

2. 조선 후기 수취 제도의 개편

(1) 영정법 실시: 전세의 정액화
① 배경: 세종 때 제정한 수취 제도(전분6등법과 연분9등법)가 지나치게 복잡해 15세기 말부터는 1결당 4~6두씩 징수하는 관행이 나타났다.
② 내용: 풍흉에 관계없이 토지 1결당 쌀 4~6두만 거두었다(인조).
③ 결과
　㉠ 전세율은 낮아졌지만 여러 명목의 부가세가 늘어나 농민 부담은 더욱 증가하였다.
　㉡ 자신의 토지가 없는 농민에게는 도움이 되지 못하였다.

☆(2) 대동법 실시: 공납의 전세화
① 배경: 방납의 폐단으로 농민 부담이 증가하였고, 국가 재정이 악화되었다.
② 내용
　㉠ 현물 대신 토지 1결당 쌀 12두 또는 삼베, 무명, 동전 등으로 거두었다.
　㉡ 광해군 때 경기도에서 처음 시작되어 숙종 때 전국적으로 시행되었다.
③ 결과
　㉠ 금납화가 확대되어 금속 화폐의 전국적 유통이 가능해졌다.
　㉡ 공인(관수품 조달 상인)이 등장하였고, 이들은 도고(독점적 도매상인)로 성장하였다.
　㉢ 수공업과 상품 화폐 경제가 발달하였다.

(3) 균역법 실시: 군포 부담의 감소
① 배경: 군역 대신 포를 내는 경향이 증가하였는데, 군역의 폐단으로 농민들의 부담이 증가하였다.
② 내용: 정부는 매년 2필씩 납부하게 하던 군포를 1필로 줄였다(영조).
③ 결과
　㉠ 토지에 결작(1결당 2두)을 부과하였다.
　㉡ 어장세·염세·선박세 등의 잡세를 국가 재정으로 보충하였다.
　㉢ 일부 부유한 상민에게 선무군관포를 징수하였다.

+ 조선 전기 토지 제도의 변천

과전법(1391): 전·현직 관리를 대상으로 관리의 지위에 따라 경기 지방에 한하여 수조권을 부과한 것이다. 신진 사대부의 경제 기반을 확보하고 농민 생활의 안정을 목적으로 실시되었다.

↓

직전법(1466): 세조 때 과전으로 지급할 토지가 부족하게 되자, 현직 관리에게만 수조권을 지급하는 것으로 바꾸었다.

↓

관수 관급제(1470): 과전을 받은 관리가 과다하게 조세를 거두면서 농민의 불만이 증대되자, 국가에서 조세를 거두어 관리에게 나누어 주었다.

↓

직전법 폐지(1556): 수조권 지급이 소멸되었고 관리는 녹봉만 받게 되었다.

+ 대동법의 시행

+ 선무군관
영조 때 부유한 상민의 자제 중에서 선발한 무관직으로, 유사시에 소집되어 군사를 지휘하게 하고 평상시에는 매년 군포 1필을 납부하게 하였다.

🔍 꼼꼼 단어 돋보기

● 공납
지역 특산물을 현물로 나라에서 수취하는 제도

3. 조선 후기의 경제적 변화

(1) 농업의 발달

① 농민의 경제생활

논농사	• 모내기법(이앙법)이 전국적으로 확대됨 • 벼·보리의 이모작으로 단위 면적당 생산량이 증가하였고, 단위 농가의 경작 면적이 넓어지면서 광작 농업이 발달함
밭농사	견종법이 널리 확대되어 수확량이 증대됨
상품 작물의 재배	인삼, 면화, 담배, 채소 등의 상품 작물을 재배하여 소득을 늘리려 함

② 농민의 계층 분화: 광작의 유행으로 일부 농민은 부농층으로 성장하였지만, 다수의 농민은 경작지를 잃고 임노동자가 되거나 도시로 나가 영세 상인이 되었다.

③ 지대 납부 방식의 변화: •타조법이 일반적이었으나 일부 지방에서는 일정 액수를 납부하는 도조법이 등장하였다.

(2) 민영 수공업의 발달

① 상업 자본의 지배: 민간 수공업자는 작업장과 자본 규모가 작았기 때문에 원료의 구입과 제품의 판매에서 상업 자본의 지배를 받는 경우가 많았다.

② 선대제 수공업의 성행: 수공업자가 공인이나 사상에게 물품의 주문과 함께 자금과 원료를 미리 받아 제품을 생산하는 방식이 행해졌다.

③ 독립 수공업자의 등장: 18세기 후반 이후 스스로 물품을 생산하고 판매하는 독립 수공업자가 나타나 부를 축적하였다.

(3) 광업의 발달

① 설점수세제 실시: 조선은 개인의 광산 개발을 금지하였지만, 17세기 이후에는 정부가 개인에게 광산 채굴을 허용하고 세금을 받는 정책으로 전환하였다.

② 민영 광산의 증가
  ㉠ 민영 광업은 자본주인 물주가 시설과 자금을 대고 덕대가 전문적으로 경영하는 형태였다.
  ㉡ 광산 작업 과정은 분업에 토대를 둔 협업으로 진행되었다.
  ㉢ 몰래 광산을 개발하는 잠채도 유행하였다.

(4) 상업의 발달

☆ ① 공인과 사상의 성장

공인	• 대동법 실시 이후 등장하여 상업과 수공업 발달에 기여함 • 국가의 관수품을 조달하는 과정에서 수공업 생산을 촉진하였고, 장시를 활성화시키는 등 유통 경제 발전에 기여함 • 공인은 특정 물품에 대한 독점권을 확보하여 도고(독점적 도매상인)로 성장할 수 있었음
사상	• •종루, 배오개(이현), 칠패, 송파 등에서 •난전 상인이 성장하여 기존 시전 상인과 대립함 • 시전 상인은 •금난전권을 행사하며 사상을 억압함 • 육의전을 제외한 시전 상인들의 금난전권을 폐지하여 자유로운 상업 활동을 보장하는 신해통공(1791)으로 활동이 더욱 활발해짐 • 일부는 자본력을 키워 도고로 성장

🔍 꼼꼼 단어 돋보기

● 타조법
지주와 소작인이 수확량의 일정 비율(보통 절반씩)을 소작료로 내는 방식

● 도조법
수확량의 일정 액수를 정해 소작료로 내는 방식

● 종루, 배오개(이현), 칠패
종루는 종로 일대. 배오개(이현)는 동대문 부근. 칠패는 남대문 바깥 지역을 의미

● 난전
나라에 허가받지 않은 상인들이 운영하던 가게

● 금난전권
시전 상인들은 특정 품목에 대한 독점 판매권을 근거로 난전(사상)의 상행위를 금지할 수 있었음

② 대상인의 대두⁺

    ㉠ 송상(개성상인): 개성을 중심으로 인삼을 직접 재배 및 가공하여 전국에 판매하였으며, 전국에 송방이라는 지방 조직을 설치하고 내상·만상과 연계하여 외국과 교역하였다.

    ㉡ 경강상인: 한강을 근거지로 세곡 운반 등 곡물 도매상으로 발전하였고, 선박의 생산까지 담당하였다.

    ㉢ 만상, 내상: 의주의 만상은 대청 무역을 통해, 동래의 내상은 대일 무역을 통해 대상인으로 성장하였다.

③ 장시의 발달

    ㉠ 상품 교역량이 늘자 일부 장시는 상설 시장으로 발전하였고, 18세기 중엽에 이르러 전국으로 확대되었다.

    ㉡ 18세기 말에는 송파장, 강경장, 원산장 등이 몇 개의 군현을 연결하는 상업의 중심지로 성장하였다.

    ㉢ 보부상이 전국의 장시를 하나의 유통망으로 연결하는 역할을 하였다.

④ 포구 상업의 발달

    ㉠ 상거래가 주로 수로를 이용하여 이루어졌기 때문에 전국 각지의 포구는 점차 하나의 유통망으로 연결되었다.

    ㉡ 객주와 여각이 활동하며 운송업, 숙박업, 금융업 등에 종사하였다.

+ 조선 후기의 상업과 무역

(5) 대외 무역의 발달

청	• 청과는 국경 지대를 중심으로 국가가 공식 허용한 개시 무역과 사적으로 이루어지는 후시 무역이 이루어짐 • 은·인삼·무명 등을 청에 수출하였고, 비단·약재·문방구 등을 수입하였음
일본	• 부산포에 설치한 왜관에서 개시 무역과 후시 무역이 이루어짐 • 인삼·쌀·무명 등을 일본에 수출하였고, 은·구리·유황 등을 수입하였음

(6) 화폐의 유통

① **전국적 유통**: 숙종 때 발행된 상평통보가 전국적으로 유통되었다.

② **전황의 발생**: 지주나 대상인이 재산 축적과 고리대에 동전을 사용하면서 화폐 유통량이 부족해지는 현상(전황)이 나타났다.

3 사회 변혁의 움직임

1. 사회 불안의 심화와 예언 사상의 대두

(1) 사회 불안의 심화

① 조선 후기 신분제의 동요로 인해 농민의 정치적 의식이 성장하였다.

② 농촌 경제의 파탄으로 농민 봉기 등 농민의 적극적 저항이 자주 발생하여 사회 불안이 고조되었다.

(2) 예언 사상의 대두

① 각종 비기·도참설 등 예언 사상이 유행하였고, 특히 『정감록』은 민중의 가혹한 삶을 구원하고 새로운 세상을 열어 줄 진인(眞人)의 출현을 예고하였다.

② 미륵 신앙과 무격신앙이 유행하였다.

2. 천주교의 전래

(1) 전래와 수용
① 17세기경 베이징을 왕래하던 사신에 의해 서학으로 소개되었다.
② 18세기 후반 남인 실학자들이 신앙으로 받아들이기 시작하였다.

(2) 교리와 확산
① 모든 인간이 하느님 앞에서 평등하다는 평등사상과 죽음 이후의 세계가 있다고 믿는 내세 신앙의 교리를 바탕으로 확산되었다.
② 하층민과 부녀자에게 빠르게 전파되었다.

(3) 정부의 탄압
① 천주교 신자가 제사를 거부하고 조상의 신주를 없애는 사건이 발생하자, 천주교에 대한 탄압이 일어났다.
② 순조 때 노론 강경파가 많은 천주교 신자를 처형하였다(신유박해, 1801).
③ 황사영의 백서 사건[+] 등을 계기로 천주교가 서양 세력과 연결되었다는 인식이 확산되었다.

+ 황사영의 백서 사건

신유박해가 일어나자, 천주교 신자인 황사영이 서양인 주교에게 조선에 군대를 보내 천주교 신자들을 도와달라는 내용의 청원서를 보내려다 발각된 사건이다.

3. 동학의 창시

(1) 창시: 경주 출신의 몰락 양반인 최제우가 창시하였다(1860).

☆ (2) 이념

인내천	'사람이 곧 하늘이다.'라는 인내천 사상을 내세워 인간 평등을 강조
보국안민	외세의 침략을 비판
후천개벽	'지금 세상은 운이 다했고 새로운 세상이 열린다.'라는 후천개벽 사상은 당시 농민의 사회 변혁 운동에 큰 영향을 줌

(3) 정부의 탄압: 정부는 세상을 어지럽히고 백성을 속인다는 죄명을 씌워 최제우를 처형하고 동학을 탄압하였다.

(4) 확산: 2대 교주 최시형이 동학의 경전인 『동경대전』과 가사집인 『용담유사』를 편찬하여 교리를 정리하고, 교단 조직을 정비하였다.

☆ 4. 농민 봉기의 발생

(1) 홍경래의 난(1811)[+]
① 원인: 삼정이 문란하였고, 서북인(평안도 사람)에 대한 지역적 차별이 지속되었다.
② 전개: 몰락 양반인 홍경래가 주도하였고, 신흥 상공업자·영세 농민·광산 노동자 등이 합세하여 한때 청천강 이북을 점령하였다.
③ 결과: 정주성에서 패하면서 5개월 만에 관군에 진압되었다.

(2) 임술 농민 봉기(1862)
① 원인: 세도 정치로 인한 사회 모순과 삼정의 문란으로 인한 폐해가 극심하였다.
② 전개: 몰락 양반 유계춘의 주도로 진주에서 시작되어 전국적으로 확대되었다.
③ 결과: 정부에서는 암행어사를 파견하고 삼정이정청을 설치하였으나, 성과를 거두지 못하였다.

+ 홍경래의 난

이론 쏙! 핵심 딱!

쏙딱 TEST

I

정답과 해설 **2쪽**

전근대 한국사의 이해

01 고대 국가의 지배 체제

02 고대 사회의 종교와 사상

03 고려의 통치 체제와 국제 질서의 변동

04 고려의 사회와 사상

05 조선의 정치 운영과 세계관의 변화

06 양반 신분제 사회와 상품 화폐 경제

📢 선생님이 알려 주는 **출제 경향**

선사 시대의 유물, 고조선과 초기 국가의 풍습, 각 시대별 주요 왕들의 업적, 조선 시대의 붕당, 왜란과 호란, 탕평 정치 등이 빈출 주제입니다. 또한 영정법·대동법·균역법 등 조선 후기 수취 제도, 홍경래의 난과 임술 농민 봉기도 자주 출제되니 꼭 정리해 두세요.

주제 1 선사 문화의 전개

01 구석기 시대의 유물로 옳은 것은? 2018년 1회

①
가락바퀴

②
주먹도끼

③
빗살무늬 토기

④
비파형 동검

02 ㉠ 시기에 처음으로 제작되었던 유물은? 2020년 1회

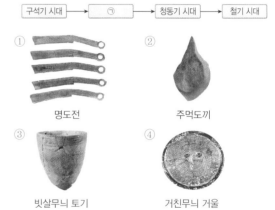

| 구석기 시대 | → | ㉠ | → | 청동기 시대 | → | 철기 시대 |

① 명도전   ② 주먹도끼

③ 빗살무늬 토기   ④ 거친무늬 거울

03 다음 내용에 해당하는 유물은? 2019년 1회

- 청동기 시대 군장의 막강한 권력과 경제력을 상징한다.
- 만주와 한반도에 널리 분포한다.

①
고인돌

②
가락바퀴

③
주먹도끼

④
빗살무늬 토기

04 (가)에 해당하는 나라는?

> (가) 에는 백성들에게 금하는 법 8조가 있다. 사람을 죽인 자는 즉시 죽이고, 남에게 상처를 입힌 자는 곡식으로 갚는다. 도둑질한 자는 그 집의 노비로 삼는다.

① 가야
② 동예
③ 옥저
④ 고조선

주목

05 다음 설명에 해당하는 나라는?

> • 왕 밑에 마가, 우가, 저가, 구가 등이 있었다.
> • 매년 12월에 영고라는 제천 행사를 열었다.
> • 형이 죽으면 동생이 형수를 아내로 삼았다.
> • 남의 물건을 훔친 자는 물건값의 12배로 갚게 하였다.

① 옥저
② 동예
③ 고구려
④ 부여

06 다음에서 설명하는 국가는?   2018년 2회

> 졸본을 수도로 세운 나라로 건국 시조를 조상신으로 섬겼으며, 10월에는 동맹이라는 제천 행사를 열었다.

① 옥저
② 동예
③ 백제
④ 고구려

07 (가)에 들어갈 나라는?   2018년 1회

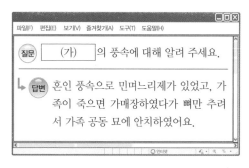

질문: (가) 의 풍속에 대해 알려 주세요.

답변: 혼인 풍속으로 민며느리제가 있었고, 가족이 죽으면 가매장하였다가 뼈만 추려서 가족 공동 묘에 안치하였어요.

① 부여
② 삼한
③ 옥저
④ 고구려

08 다음 설명에 해당하는 나라는?   2019년 2회

> • 10월에 무천이라는 제천 행사를 열었다.
> • 다른 부족의 경계를 침범할 경우에는 가축이나 노비로 변상하였다.

① 동예
② 부여
③ 삼한
④ 고구려

09 다음에서 ㉠에 들어갈 내용으로 가장 적절한 것은?   2021년 1회

> 〈삼한의 사회 모습〉
> • 신지, 읍차 등의 군장 세력이 성장함.
> • ㉠ .
> • 5월과 10월에 계절제를 지냄.

① 진대법을 실시함
② 성리학이 발달함
③ 상감 청자를 제작함
④ 천군이 제사를 주관함

빠른 정답 체크

01 ②   02 ③   03 ①   04 ④   05 ④   06 ④   07 ③

08 ①   09 ④

10 고구려의 건국과 발전에 대한 설명으로 옳은 것은?

① 태조왕은 옥저를 정복하였다.
② 고국천왕은 고씨의 왕위 독점을 확립하였다.
③ 장수왕은 신라에 침입한 왜군을 격퇴하였다.
④ 광개토 대왕은 졸본에서 국내성으로 수도를 옮겼다.

주목
11 다음 설명에 해당하는 고구려의 왕은?

> • 고구려가 전성기를 맞이함.
> • 5만의 군사를 신라에 보내어 왜군을 물리침.
> • 요동 지방을 포함한 만주 대부분의 땅을 차지함.

① 장수왕   ② 소수림왕
③ 고국천왕   ④ 광개토 대왕

12 지도는 5세기의 상황이다. 이 시기에 해당하는 사건으로 옳은 것은?   2017년 2회

① 신문왕의 녹읍 폐지
② 고이왕의 율령 반포
③ 장수왕의 평양 천도
④ 공민왕의 쌍성총관부 탈환

13 다음 유물을 통해 알 수 있는 사실로 적절한 것은?   2016년 2회

칠지도

① 백제가 일본과 교류하였다.
② 고구려가 요동을 방어하였다.
③ 가야는 낙랑군과 교역하였다.
④ 신라가 한강 유역을 장악하였다.

14 (가)에 해당하는 것은?   2018년 1회

> 백제의 무령왕은 지방에 (가) 을/를 설치하고 왕족을 파견하여 지방에 대한 통제를 강화함으로써 중흥의 발판을 마련하였다.

① 9주   ② 5소경
③ 사출도   ④ 22담로

15 (가)에 들어갈 백제의 왕은?   2016년 1회

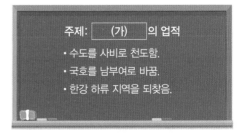

① 성왕   ② 신문왕
③ 장수왕   ④ 광개토 대왕

16 다음에 해당하는 신라 왕의 정책으로 옳은 것은?

> • 마립간에서 왕으로 왕호를 바꾸었다.
> • 국호를 한자식 표현인 신라로 바꾸었다.

① 우산국을 정벌하여 영토로 편입하였다.
② 김씨의 독점적 왕위 세습이 이루어졌다.
③ 이차돈의 순교를 계기로 불교를 공인하였다.
④ 고령의 대가야를 정복하여 낙동강 유역을 확보하였다.

19 다음 내용과 관련 있는 역사적인 사건은?

> • 수 양제의 113만 대군이 고구려에 침입함.
> • 을지문덕의 유도 작전으로 대승을 거둠.

① 행주 대첩　　　　② 귀주 대첩
③ 살수 대첩　　　　④ 한산도 대첩

20 다음에서 설명하는 인물은?　　　　2018년 1회

> • 정변을 일으켜 보장왕을 왕으로 세움.
> • 스스로 대막리지에 올라 정권을 장악함.
> • 당과 신라에 대한 강경한 외교 정책을 펼침.

① 계백　　　　② 김춘추
③ 양만춘　　　　④ 연개소문

17 다음과 같은 업적을 남긴 신라의 왕은?

> • 대가야 통합
> • 한강 유역 차지
> • 4개의 순수비 건립

① 내물왕　　　　② 의자왕
③ 장수왕　　　　④ 진흥왕

21 (가)~(다) 시기에 전개된 사실로 옳은 것은?

	(가)		(나)		(다)	
안시성 싸움		백제 멸망		고구려 멸망		삼국 통일

① (가) – 신라와 고구려가 동맹을 맺었다.
② (가) – 백제가 황산벌에서 승리를 거두었다.
③ (나) – 왜가 백제의 부흥 운동을 도왔다.
④ (다) – 신라가 당과 동맹을 맺었다.

18 다음 설명에 해당하는 나라는?　　　　2015년 1회

> • 낙동강 하류에 위치한 변한의 소국에서 시작하였다.
> • 철기 기술과 해상 교통을 이용하여 왜와 교류하였다.

① 가야　　　　② 발해
③ 백제　　　　④ 고구려

빠른 정답 체크

10 ①　　11 ④　　12 ③　　13 ①　　14 ④　　15 ①　　16 ①
17 ④　　18 ①　　19 ③　　20 ④　　21 ③

22 다음 내용에 해당하는 인물은?

> • 삼국 통일 과정에서 중심적인 역할을 함.
> • 진골 출신이며, 김유신의 도움으로 왕위에 오름.

① 김대문   ② 김춘추
③ 최치원   ④ 김부식

23 신문왕이 실시한 다음 정책의 목적은?   2014년 2회

> • 관료전 지급, 녹읍 폐지
> • 집사부 시중의 권한 강화
> • 국학을 설립하여 유학 교육 실시

① 요동 정벌
② 왕권의 강화
③ 일본으로 문화 전파
④ 발해와의 교류 확대

24 다음 설명에 해당하는 정치 세력은?   2015년 1회

> **〈신라 말 새로운 세력의 성장〉**
> • 중앙 정부의 통제력 약화
> • 지방에서 독립적인 지배권 행사
> • 6두품과 함께 새로운 사회 건설 모색

① 호족
② 문벌 귀족
③ 권문세족
④ 신진 사대부

25 다음 설명에 해당하는 나라는?

> 대조영이 고구려 유민과 말갈족을 이끌고 동모산 근처에서 건국하였으며, 9세기 선왕 때에 당으로부터 '해동성국'이라 불리었다.

① 동예   ② 발해
③ 마한   ④ 부여

26 발해에 대한 설명으로 옳은 것을 〈보기〉에서 고른 것은?   2016년 1회

> **보기**
> ㉠ 무천이라는 제천 행사를 열었다.
> ㉡ 고구려 계승 의식을 가지고 있었다.
> ㉢ 당으로부터 '해동성국'이라 불리었다.
> ㉣ 화랑도를 국가적인 조직으로 개편하였다.

① ㉠, ㉡   ② ㉠, ㉣
③ ㉡, ㉢   ④ ㉢, ㉣

27 발해의 중앙 정치 제도에 대한 설명으로 옳은 것은?

① 교육 기관으로 국학이 설치되었다.
② 당의 3성 6부제를 근간으로 하였다.
③ 국가 중대사는 정사암 회의에서 결정하였다.
④ 기밀 사무를 관장하는 집사부가 존재하였다.

28 (가)에 들어갈 문화유산으로 옳은 것은?   2018년 2회

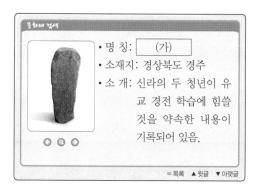

문화재 검색

- 명 칭: (가)
- 소재지: 경상북도 경주
- 소 개: 신라의 두 청년이 유교 경전 학습에 힘쓸 것을 약속한 내용이 기록되어 있음.

≡목록   ▲윗글   ▼아랫글

① 척화비
② 대각 국사비
③ 임신서기석
④ 사택지적비

주목

29 다음 자료의 밑줄 친 '그'에 대한 설명으로 옳은 것은?

그는 이것을 가지고 많은 촌락에서 노래하고 춤추며 교화하고 읊으면서 돌아다녔다. 이에 가난하고 몽매한 무리들까지도 모두 부처의 이름을 알게 되었고, '나무 아미타불'을 부르게 되었다. 그의 교화가 그만큼 컸던 것이다.
— 『삼국유사』 —

① 법흥왕 때 순교하였다.
② 풍수지리설을 도입하였다.
③ 다른 종파들과의 사상적 대립을 완화하였다.
④ 인도를 여행하고 왕오천축국전을 저술하였다.

30 다음의 사상과 가장 관련이 없는 것은?

신라 말에 유행한 사상으로, 산이나 하천의 모양 등이 인간 생활에 영향을 끼친다고 보았다.

① 도읍을 정할 때 중시되었다.
② 신라 말 도선이 도입하였다.
③ 호족의 정신적 기반이 되었다.
④ 부처의 덕을 기리고 왕실의 안녕을 기원하였다.

31 다음 지도와 같은 형세를 이루었을 때의 역사적 사실로 옳은 것은?

① (가)는 (나)에 의해 멸망하였다.
② (나)는 왕건이 궁예를 몰아내고 세웠다.
③ (다)의 건국자는 신라 왕족 출신이었다.
④ (라)는 (나)의 공격으로 멸망하였다.

32 다음에서 설명하는 인물은?   2018년 2회

- 고려를 건국하고 후삼국을 통일하였다.
- 훈요 10조를 후손에게 남겼다.

① 왕건
② 묘청
③ 김부식
④ 이자겸

33 (가)에 들어갈 정책으로 옳은 것은?   2017년 1회

고려 태조는 고구려의 수도였던 평양을 재건하여 서경이라 부르고 __(가)__ 의 기지로 삼았다. 그 결과 태조 말에는 청천강에서 영흥에 이르는 지역까지 영토를 확장할 수 있었다.

① 북진 정책
② 사민 정책
③ 민생 안정책
④ 호족 통합 정책

빠른 정답 체크

22 ②	23 ②	24 ①	25 ②	26 ③	27 ②	28 ③
29 ③	30 ④	31 ②	32 ①	33 ①		

주목

34 다음 중 고려 광종이 실시한 정책은?

① 집현전 설치 　　② 과거제 실시
③ 후삼국 통일 　　④ 천리장성 축조

35 다음의 건의를 받아들여 성종이 시행한 정책은?

> 불교를 믿는 것은 자신을 다스리는 근본이며, 유교를 행하는 것은 나라를 다스리는 근본을 구하는 것입니다. 자신을 다스리는 것은 내세에 복을 구하는 일이며, 나라를 다스리는 것은 오늘의 급한 일입니다.
> – 최승로의 '시무 28조' 중에서 –

① 사성 정책 　　② 혼인 정책
③ 노비안검법 　　④ 지방관 파견

36 (가), (나)에 들어갈 인물로 옳은 것은?　　2018년 1회

> ┌─(가)─┐ 은/는 시무 28조를 올려 유교 사상에 입각한 개혁을 건의하였다. ┌─(나)─┐ 은 이를 받아들여 주요 지역에 지방관을 파견하는 등 통치 체제를 정비하였다.

　　(가)　(나)　　　　(가)　(나)
① 최충　성종　　② 최충　광종
③ 최승로　성종　　④ 최승로　광종

37 고려의 중앙 정치 기구에 대한 설명으로 옳은 것은?

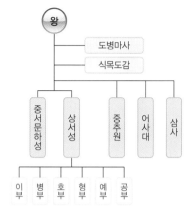

고려의 중앙 정치 기구

① 중서문하성은 임시 회의 기구였다.
② 상서성은 최고의 관청으로 국정을 총괄하였다.
③ 중추원은 군사 기밀과 왕명 출납을 담당하였다.
④ 당의 제도를 모방해 도병마사와 식목도감을 두었다.

38 고려의 과거 제도에 대한 설명으로 옳지 <u>않은</u> 것은?

① 승려를 뽑는 승과가 실시되었다.
② 무관을 뽑는 무과가 자주 실시되었다.
③ 광종이 왕권을 강화하기 위해 시행하였다.
④ 법률, 회계 등 기술관을 뽑는 잡과가 실시되었다.

39 다음에서 설명하는 제도는?　　2018년 1회

> • 과거를 치르지 않고도 관직에 나아갈 수 있는 제도
> • 고려에서는 왕실과 공신의 후손 및 5품 이상 고위 관리의 자손을 대상으로 함.

① 음서 　　② 잡과
③ 전시과 　　④ 독서삼품과

40 다음은 서희와 거란 장수 소손녕 간의 담판 내용 중 일부이다. 이 담판의 결과로 고려가 획득한 지역은?

2019년 1회

> ┊
> • 소손녕: 고려는 옛 신라 땅에서 나왔고 고구려의 옛 땅은 거란의 영토인데 고려가 차지하고 있다.
> • 서희: 우리 고려는 고구려 후예이다. 압록강 근처도 우리 땅인데 현재 여진이 차지하고 있어 거란과 국교를 맺지 못하고 있다. 여진을 쫓아내고 길을 통하면 거란과 국교를 맺을 수 있다.
> ┊
> － 『고려사』 －

① 처인성　　　　　② 강동 6주
③ 4군 6진　　　　④ 동북 9성

41 다음 사건 이후에 일어난 일은?

> 거란군이 귀주를 지날 때, 강감찬 등이 동쪽 교외에서 맞아 싸웠다. …… 고려군이 용기백배하여 맹렬하게 공격하니, 거란군이 북으로 도망치기 시작하였다. …… 거란군의 시신이 들판에 널렸고, 사로잡은 포로와 획득한 말, 낙타, 갑옷, 무기는 헤아릴 수 없이 많았다. 살아서 돌아간 자가 겨우 수천 명이었으니, 거란의 패배가 이토록 심한 적이 없었다.

① 후삼국을 통일하였다.
② 살수 대첩이 일어났다.
③ 강동 6주를 확보하였다.
④ 천리장성을 축조하였다.

42 다음 설명과 관련 있는 군대는?

> • 윤관의 건의로 편성되었다.
> • 신기군·신보군·항마군으로 구성되었다.

① 삼별초　　　　　② 별무반
③ 훈련도감　　　　④ 9서당 10정

43 ㉠에 해당하는 인물은?

2019년 1회

> [㉠]은/는 서경으로 천도할 것을 건의하고, 왕을 황제로 칭하고 금을 정벌할 것을 주장하였다.

① 묘청　　　　　② 복신
③ 장보고　　　　④ 정중부

44 다음 사건이 일어난 시기를 연표에서 옳게 고른 것은?

> 왕이 보현원 가까이 왔을 때, 이고와 이의방이 앞서 가서 왕명을 핑계로 순검군을 집결시켰다. 왕이 막 문을 들어서고 신하들이 물러나려 하는 찰나에, 이고 등은 왕을 따르던 문관 및 높고 낮은 신하와 환관들을 모조리 살해하였다. …… 정중부 등은 왕을 궁궐로 도로 데리고 왔다.

	(가)	(나)	(다)	(라)	
고려 건국		귀주 대첩	동북 9성 축조	몽골의 침입	

① (가)　　　　　② (나)
③ (다)　　　　　④ (라)

45 자료를 통해 알 수 있는 무신 정권기의 사건은?

2016년 1회

> "왕후장상이 어찌 처음부터 씨가 따로 있으랴. …… 최충헌과 주인들을 죽이고 노비 문서를 불태워 이 땅의 천민을 없애면 우리도 왕후장상이 될 수 있다."라고 말하였다.
> － 『고려사』 －

① 만적의 난　　　　② 홍경래의 난
③ 동학 농민 운동　④ 임술 농민 봉기

빠른 정답 체크

34 ②	35 ④	36 ③	37 ③	38 ②	39 ①	40 ②
41 ④	42 ②	43 ①	44 ③	45 ①		

46 다음 중 ㉠에 들어갈 내용으로 옳은 것은?

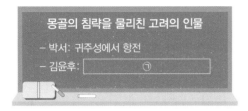

몽골의 침략을 물리친 고려의 인물

— 박서: 귀주성에서 항전
— 김윤후: ㉠

① 강화도로 천도
② 강동 6주 획득
③ 귀주 대첩 승리
④ 처인성에서 항전

47 다음과 같이 이동하며 대몽 항쟁을 전개한 군대에 대한 설명으로 옳은 것은?

① 개경 환도에 반대하며 항쟁하였다.
② 거란의 침입에 대비하여 조직되었다.
③ 정종 때 특별 부대인 광군으로 조직되었다.
④ 고려 정부의 지원으로 장기간의 저항이 가능하였다.

48 (가)에 들어갈 말로 적절한 것은?　　2018년 2회

고려 말 권문세족은 불법으로 대농장을 차지하고 농민을 노비로 삼았어.

그래서 공민왕은 신돈을 등용하여 (가) 을/를 설치하고 권문세족을 견제했어.

① 의정부
② 도병마사
③ 교정도감
④ 전민변정도감

49 ㉠의 신분에 해당하는 사람으로 옳지 않은 것은?

　　㉠ 은/는 고려 때 새롭게 등장한 신분 계층으로, 주로 지배 기구의 말단 행정 실무를 담당하였다.

① 서리
② 향리
③ 노비
④ 남반

50 고려 시대의 가족 제도에 대한 설명으로 옳은 것을 〈보기〉에서 고른 것은?

보기

㉠ 태어난 순서대로 호적에 기재하였다.
㉡ 사위와 외손자에게까지 음서의 혜택이 주어졌다.
㉢ 재산은 제사를 담당하는 큰아들을 우대하여 분배되었다.
㉣ 사위가 처가의 호적에 입적하는 것을 법으로 금지하였다.

① ㉠, ㉡
② ㉠, ㉣
③ ㉡, ㉢
④ ㉢, ㉣

주목

51 삼국사기에 대한 설명으로 옳지 않은 것은?

① 유교적 합리주의 사관을 토대로 서술되었다.
② 우리나라에서 현존하는 가장 오래된 역사서이다.
③ 인종 때 묘청과 대립하였던 김부식이 편찬하였다.
④ 고대의 설화, 야사, 단군의 건국 이야기를 수록하였다.

52 다음 설명에 해당하는 역사서는?　　2016년 2회

> 고려 후기의 승려 일연이 불교사를 중심으로 지방의 기록과 민간 설화까지 포함하여 저술한 것이다. 단군을 우리 민족의 시조로 기록함으로써 통합된 민족의식을 표출하였다.

① 고려사　　　　　② 동사강목
③ 삼국유사　　　　④ 조선왕조실록

55 다음에서 설명하는 유물은?　　2017년 1회

> 국보 제32호로 해인사에 보관 중이며, 고려 고종 때 부처의 힘으로 몽골을 물리치려는 염원에서 만들어졌다. 2007년에 유네스코 세계 기록 유산으로 등재되었다.

① 삼국사기　　　　② 왕오천축국전
③ 조선왕조실록　　④ 팔만대장경판

53 다음 설명에 해당하는 승려는?　　2015년 1회

> • 고려 전기에 해동 천태종을 창시하였다.
> • 수행 방법으로 '교관겸수'를 제시하였다.
> • 왕자 출신으로 교종의 입장에서 선종을 포섭하였다.

① 담징　　　　　② 도선
③ 의천　　　　　④ 혜초

56 (가)에 들어갈 내용으로 옳은 것은?　　2018년 1회

이 책은 청주 흥덕사에서 간행된 　(가)　(으)로, 현존하는 세계에서 가장 오래된 금속 활자본입니다.

① 삼국유사　　　　② 삼강행실도
③ 팔만대장경　　　④ 직지심체요절

54 다음과 같이 주장한 고려 시대 승려의 활동이 <u>아닌</u> 것은?

> 깨닫는 것(悟)과 수련하는 것(修)은 분리될 수 없으며, 정(定)과 혜(慧) 또한 같이 닦아야 한다.

① 선종을 중심으로 교종을 포용하였다.
② 정혜쌍수의 바탕이 되는 돈오점수를 강조하였다.
③ 불교계의 타락을 비판하며 결사 운동을 전개하였다.
④ 국청사를 중심으로 교관겸수를 통합 원리로 삼았다.

빠른 정답 체크

46 ④	47 ①	48 ④	49 ③	50 ①	51 ④	52 ③
53 ③	54 ④	55 ④	56 ④			

57 다음에서 설명하는 사건은?   2018년 2회

> 요동 정벌에 반대하던 이성계가 압록강 유역에서 군대를 되돌려 최영을 제거하고 정치권력을 장악한 사건

① 홍건적 격퇴   ② 위화도 회군
③ 대마도 정벌   ④ 4군 6진 개척

58 조선 태종이 실시한 정책을 〈보기〉에서 고른 것은?
2019년 2회

> **보기**
> ㉠ 호패법 실시   ㉡ 훈민정음 창제
> ㉢ 척화비 건립   ㉣ 6조 직계제 채택

① ㉠, ㉡   ② ㉠, ㉣
③ ㉡, ㉢   ④ ㉢, ㉣

59 조선 세종의 업적으로 옳은 것을 〈보기〉에서 고른 것은?

> **보기**
> ㉠ 집현전 설치   ㉡ 대동법 실시
> ㉢ 수원 화성 건설   ㉣ 훈민정음 창제

① ㉠, ㉡   ② ㉠, ㉣
③ ㉡, ㉢   ④ ㉢, ㉣

60 다음 설명에 해당하는 것은?   2017년 2회

> 조선 세조 때 편찬을 시작하여 성종 때 완성된 조선의 기본 법전으로 이·호·예·병·형·공전의 6전으로 구성되었다. 이 법전의 완성으로 조선의 기본 통치 방향과 유교적 통치 체제를 확립하였다.

① 택리지   ② 경국대전
③ 동사강목   ④ 삼강행실도

61 조선의 중앙 정치 기구에 대한 설명으로 옳지 <u>않은</u> 것은?

조선의 중앙 정치 기구

① ㉠은 왕명 출납을 담당하였다.
② ㉡은 반역죄를 조사하는 곳이다.
③ ㉢은 관리의 비리를 감찰하는 기구이다.
④ ㉢, ㉣, ㉤은 3사로 언론 기능을 담당하였다.

62 조선 시대 지방 행정 제도에 대한 설명으로 옳지 <u>않은</u> 것은?   2016년 2회

① 전국을 8도로 나누었다.
② 지방의 요충지에 5소경을 두었다.
③ 모든 군현에 지방관을 파견하였다.
④ 향·부곡·소를 일반 군현으로 승격시켰다.

63 다음 사건들의 공통적인 성격으로 옳은 것은?

> • 무오사화   • 기묘사화

① 지역 차별에 대한 지방 세력의 반발이었다.
② 붕당 간에 정권을 차지하기 위한 다툼이었다.
③ 왕위 계승권을 둘러싼 외척 간의 갈등이었다.
④ 사림 세력이 훈구 세력으로부터 받은 정치적 탄압
    이었다.

64 다음 내용과 관련된 조선의 정치·사회 세력은?

> • 네 차례에 걸친 사화
> • 서원 운영과 향약 조직
> • 이조 전랑의 임명 문제
> • 동인과 서인의 분열

① 서얼   ② 진골
③ 사림   ④ 향리

65 조선 시대 붕당의 출현에 대한 설명으로 옳은 것은?

① 훈구 세력이 분화되어 붕당이 출현하였다.
② 동인에는 주로 이이의 문인들이 가담하였다.
③ 이황의 학문을 계승한 사림들이 서인을 형성하였다.
④ 이조 전랑의 임명 문제로 사림 간 갈등이 심화되
    어 출현하였다.

주목

66 다음 설명에 해당하는 사건은?

> 효종과 효종비가 죽었을 때 효종의 계모인 자의 대
> 비가 상복을 몇 년 입어야 하는지에 대한 예법 논쟁이
> 다. 1차에서는 서인이 승리하였고, 2차에서는 남인이
> 승리하였다.

① 예송   ② 북벌
③ 환국   ④ 호란

67 ㉠에 들어갈 사건은?

> ㉠
>
> • 인물: 인현 왕후, 희빈 장씨, 서인, 남인 등
> • 내용: 국정을 주도하는 붕당과 이를 견제하는 붕당
>   이 교체되면서 정국이 급격하게 바뀌는 현상

① 반정   ② 예송
③ 왜란   ④ 환국

주목

68 다음과 같은 정책들을 실시한 조선의 왕은?

> • 탕평책 실시   • 규장각 설치
> • 장용영 설치   • 수원 화성 건설

① 영조   ② 정조
③ 숙종   ④ 선조

빠른 정답 체크

57 ②	58 ②	59 ②	60 ②	61 ③	62 ②	63 ④
64 ③	65 ④	66 ①	67 ④	68 ②		

69 교사의 질문에 대한 학생의 대답으로 옳은 것은?

정조는 왕권 강화와 민생 안정을 위해 다양한 개혁을 실시하였어요. 정조의 정책으로는 무엇이 있을까요?

……

교사   학생

① 비변사를 폐지하였습니다.
② 당백전을 발행하였습니다.
③ 탕평비를 건립하였습니다.
④ 규장각을 설치하였습니다.

70 조선 후기 세도 정치 시기의 상황으로 옳은 것은?

① 국가 재정의 근간인 삼정이 매우 문란해졌다.
② 권문세족이 대농장을 소유하고 농민을 핍박하였다.
③ 왕권이 약화되어 지방에서 호족 세력이 성장하였다.
④ 홍건적과 왜구의 침입으로 많은 농민이 몰락하였다.

주제 14 조선의 대외 관계

주목
71 다음 설명에 해당하는 전쟁은?

• 일본의 도요토미 히데요시가 전국 시대를 통일한 뒤 조선을 침략하여 벌어진 전쟁이다.
• 이순신이 이끄는 수군과 자발적으로 일어난 의병이 활약한 전쟁이다.

① 임진왜란   ② 병자호란
③ 을묘왜변   ④ 정묘호란

72 다음에서 설명하는 광해군의 외교 정책은?

광해군은 명이 쇠퇴하고 후금이 성장하던 시기에 명과 후금 사이에서 신중한 외교 정책을 펼쳤다. 이를 통해 전쟁은 피하고 실리를 추구하고자 하였다.

① 남진 정책   ② 사대 외교
③ 중립 외교   ④ 친명배금 정책

주목
73 다음 설명에 해당하는 사건은?

• 원인: 인조 때 청의 군신 관계 요구 거부
• 전개: 1636년 청의 침공 → 남한산성에서 항전
• 결과: 청의 요구를 받아들여 강화 체결

① 삼포왜란   ② 임진왜란
③ 정유재란   ④ 병자호란

74 조선 후기 실학에 대한 설명으로 옳은 것을 〈보기〉에서 고른 것은?

> **보기**
> ㉠ 대표적인 학자로 정약용, 박제가 등이 있다.
> ㉡ '사람이 곧 하늘'이라는 인내천 사상을 내세웠다.
> ㉢ 토지 제도의 개혁, 상공업 진흥 등을 주장하였다.
> ㉣ 산천 숭배나 신선 사상과 결합하여 불로장생을 추구하였다.

① ㉠, ㉡   ② ㉠, ㉢
③ ㉡, ㉣   ④ ㉢, ㉣

75 다음 실학자들이 주장한 사회 개혁의 공통점은?

2019년 1회

> • 유형원 – 균전론
> • 이익 – 한전론
> • 정약용 – 여전론

① 신분제의 폐지
② 토지 제도의 개혁
③ 상업 활동의 자유
④ 화폐 사용의 활성화

76 다음 설명에 해당하는 지도는?

> • 김정호가 제작하였다.
> • 10리마다 눈금을 표시하였다.
> • 총 22첩의 목판으로 제작되었다.

① 택리지
② 동국지도
③ 대동여지도
④ 혼일강리역대국도지도

주목

77 다음 설명에 해당하는 조선의 신분은?

> 역관, 의관 같은 기술관이나 중앙 관청의 서리, 지방의 향리 등이 포함된다. 주로 전문 기술이나 행정 실무를 담당하였다.

① 상민   ② 양반
③ 중인   ④ 천민

78 다음에서 설명하는 상인이 등장한 배경은? *2018년 1회*

> • 조선 후기 공납제의 개편으로 국가에 필요한 물품을 조달하던 상인
> • 대규모로 물품을 구매하여 상품 화폐 경제 발전을 촉진함

① 대동법 시행   ② 균역법 시행
③ 영정법 시행   ④ 금난전권 폐지

79 다음 설명에 해당하는 사건은? *2019년 2회*

> • 배경: 세도 정권의 수탈과 평안도 지역에 대한 차별
> • 전개: 빈농, 광산 노동자, 소상인 등이 봉기하여 청천강 이북 지역 대부분을 장악함
> • 결과: 정주성에서 관군에게 진압됨

① 만적의 난   ② 홍경래의 난
③ 이자겸의 난   ④ 원종과 애노의 난

빠른 정답 체크

69 ④	70 ①	71 ①	72 ③	73 ④	74 ②	75 ②
76 ③	77 ③	78 ①	79 ②			

단원을 끝내는
엔드노트

01 고대 국가의 지배 체제

1 선사 문화의 전개

구석기 시대	신석기 시대	청동기 시대	철기 시대
• 뗀석기(주먹도끼) 사용 • 이동 생활	• 농경 시작 • 간석기·빗살무늬 토기 사용	• 계급 발생 • 비파형 동검·반달 돌칼 사용 • 고인돌 제작	• 세형 동검 사용 • 명도전·붓 출토 • 부여·고구려·옥저·동예·삼한 등장

2 고조선과 여러 나라

고조선	청동기 문화 바탕 건국, 제정일치 사회(단군왕검이 지배), 기원전 3세기경 왕위의 부자 상속, 왕 아래 관직 설치, 8조법 존재
부여	연맹 왕국, 여러 가들이 사출도 통치, 형사취수혼, 순장
고구려	연맹 왕국, 국가 중대사는 제가 회의를 통해 결정, 서옥제, 형사취수혼
옥저	왕이 없고 읍군·삼로가 부족 지배, 민며느리제, 가족 공동 무덤
동예	왕이 없고 읍군·삼로가 부족 지배, 족외혼, 책화
삼한	신지·읍차가 부족 지배, 제정 분리 사회(천군과 소도 존재), 벼농사 발달, 철 생산

3 삼국의 발전

고구려	• **소수림왕**: 불교 수용, 태학 설립, 율령 반포 • **광개토 대왕**: 영토 확장, 신라 내물왕의 요청으로 왜군 격퇴 • **장수왕**: 남진 정책(평양 천도), 백제 한성 점령(한강 유역 차지)
백제	• **근초고왕**: 고구려 평양성 공격(고국원왕 전사), 고흥의 『서기』 편찬 • **무령왕**: 지방 22담로에 왕족 파견 • **성왕**: 사비 천도, '남부여'로 국호 변경, 한강 유역 일시 회복
신라	• **지증왕**: '신라' 국호, '왕'의 호칭 사용, 우산국 정복, 우경의 시작 • **법흥왕**: 율령 반포와 공복 제정, 불교 공인(이차돈의 순교), 금관가야 병합 • **진흥왕**: 한강 유역 장악, 대가야 정복, 화랑도를 국가적 조직으로 개편, 단양 신라 적성비와 4개의 순수비 설치

4 남북국 시대

삼국 통일	나·당 동맹 → 백제 멸망(660) → 고구려 멸망(668) → 나·당 전쟁(매소성 전투, 기벌포 전투) → 삼국 통일(676)
통일 신라	• **문무왕**: 삼국 통일 달성 • **신문왕**: 김흠돌의 난 진압(왕권 전제화), 중앙 정치 기구와 지방 행정 제도(9주 5소경) 완성, 관료전 지급, 녹읍 폐지, 국학 설치
발해	• **무왕**: 돌궐 및 일본과의 외교, 당과 적대 관계(당의 산둥 지방 공격) • **문왕**: 당과 친선 관계 수립(당의 제도를 받아들여 중앙 제도 정비), 신라와 상설 교통로 개설(신라도) • **선왕**: 대부분의 말갈족을 복속시키고 요동 지방으로 진출, 5경 15부 62주의 지방 통치 체제 정비, 전성기에 중국으로부터 '해동성국'이라 불림

02 고려의 통치 체제와 국제 질서의 변동

고려의 건국과 발전

태조	• 호족 통제(사심관 제도, 기인 제도), 호족 회유(결혼 정책, 사성 정책) • **북진 정책**: 서경 중시, 청천강 ~ 영흥만까지의 영토 확보 • **민생 안정 정책**: '취민유도'를 원칙으로 백성의 조세 부담을 덜어 줌 • **훈요 10조**: 후대 왕들에게 정책의 기본 방향 제시
광종	• **왕권 강화 정책**: 노비안검법과 과거제 실시 • 공복 제정, 독자적 연호 사용(광덕, 준풍)
성종	• 최승로의 시무 28조 수용 → 유교 이념에 따른 통치 제도의 정비 • 2성 6부 제도 마련, 12목에 지방관 파견 • **유학 교육 장려**: 국자감 정비, 지방에 경학박사 파견

03 조선의 정치 운영과 세계관의 변화

1 조선의 건국과 발전

태조	• **조선 건국**: 한양 천도, 경복궁 건설 • **정도전의 활약**: 조선 건국 주도, 『불씨잡변』 등 저술
태종	6조 직계제 실시, 사병 혁파, 문하부 낭사를 사간원으로 독립, 양전 사업과 호패법 실시
세종	• 집현전 설치, 경연 활성화, 의정부 서사제 실시 • 4군 6진 개척, 쓰시마섬 정벌, 3포 개항 • 훈민정음 창제 및 반포, 『삼강행실도』 편찬
세조	• 계유정난으로 정권 장악 → 단종을 폐하고 즉위 • 6조 직계제 실시, 집현전 폐지, 경연 중단, 직전법 실시, 『경국대전』 편찬 시작
성종	홍문관 설치, 『경국대전』 완성 및 반포

2 영조와 정조의 주요 정책

영조	• 탕평파 중심의 정국 운영, 이조 전랑의 권한 약화 • 균역법 시행, 사형수에 대한 삼심제 실시, 『속대전』·『동국문헌비고』 등 편찬
정조	• 각 붕당의 주장이 옳은지 그른지를 명백히 가리는 적극적인 탕평책 추진 • 규장각·장용영 설치, 초계문신제 시행, 수원 화성 축조, 『대전통편』·『무예도보통지』 등 편찬

단원을 닫으며

선사 시대의 유물은 시대별로 암기하셨나요? 각 시대별 주요 왕들의 업적(고구려 광개토 대왕과 장수왕, 백제 무령왕과 성왕, 신라 법흥왕과 진흥왕, 고려 태조와 광종, 조선 세종과 정조 등)과 통치 체제는 자주 출제되니 꼭 다시 검토하시길 바랍니다.

에너지
에듀윌이
너를
지지할게

ENERGY

어떠한 일도 갑자기 이루어지지 않는다.
한 알의 과일, 한 송이의 꽃도 그렇게 되지 않는다.

나무의 열매조차 금방 맺히지 않는데,
하물며 인생의 열매를 노력도 하지 않고
조급하게 기다리는 것은 잘못이다.

– 에픽테토스(Epictetus)

근대 국민 국가 수립 운동

CHECK POINT

01 서구 열강의 접근과 조선의 대응

서양 세력의 침략, 흥선 대원군의 개혁 정치, 통상 수교 거부 정책, 병인양요, 신미양요

02 동아시아의 변화와 근대적 개혁의 추진

강화도 조약, 서구 열강과의 조약 체결, 개화 정책, 위정척사 운동, 임오군란, 갑신정변

03 근대 국민 국가 수립을 위한 노력

동학 농민 운동, 갑오개혁, 을미개혁, 독립 협회, 대한 제국

04 일본의 침략 확대와 국권 수호 운동

일제의 국권 침탈, 항일 의병 운동, 애국 계몽 운동, 간도, 독도

05 개항 이후 경제와 사회 · 문화적 변화

열강의 경제 침략, 경제적 구국 운동, 근대 시설 · 교육 · 언론, 국학 연구, 문학 · 예술 · 종교의 변화

서구 열강의 접근과 조선의 대응

이번 단원에서는 1863년 고종이 즉위한 후 권력을 장악한 흥선 대원군의 국내적 정책(왕권 강화 정책, 민생 안정 정책)과 통상 수교 거부 정책을 강화하게 된 여러 사건(병인양요, 신미양요 등)을 공부합니다.

1 열강의 동아시아 침략

1. 제국주의

(1) **의미**: 19세기 후반 서구 열강이 정치·경제·군사적인 힘을 이용하여 다른 나라를 침략해 식민지로 삼았던 대외 팽창 정책이다.

(2) **등장 배경**: 자본주의 국가들은 상품 판매 시장과 원료 공급지 확보, 잉여 자본 투자를 위한 해외 시장이 필요하였고, 이 과정에서 배타적 민족주의가 등장하였다.

(3) **특징**
① 사회 진화론과 백인 우월주의를 바탕으로 약소국 지배를 합리화하였다.
② 19세기 이후 군사력을 앞세워 아시아·아프리카 지역을 식민지로 만들어 나갔다.

> **＋ 사회 진화론**
> 약육강식과 적자생존의 법칙을 인간 사회에 적용한 이론이다.

2. 청과 일본의 개항

(1) **청의 개항**

제1차 아편 전쟁 (1840~1842)	• 전개: 청이 아편을 몰수하자 영국이 무력 도발을 감행함 • 결과: 전쟁에서 패한 청은 영국과 난징 조약을 체결하여 상하이 등 5개 항구를 개항하고 홍콩을 영국에 넘겨주었으며, 영사 재판권과 최혜국 대우를 인정하였음
제2차 아편 전쟁 (1856~1860)	• 전개: 청과의 무역이 호전되지 않자, 영국은 프랑스와 연합하여 다시 청을 공격함 • 결과: 청은 톈진 조약과 베이징 조약을 맺어 항구를 추가로 개항하고 외국 공사의 베이징 주재를 허용함

(2) **일본의 개항**
① 개항: 미국 페리 제독이 군함을 앞세워 에도 막부에 개항을 요구하였다.

미·일 화친 조약(1854)	2개 항구를 개항하고 최혜국 대우를 인정함
미·일 수호 통상 조약(1858)	개항장을 늘리고 영사 재판권을 인정함

② 메이지 유신(1868): 지방의 개혁적인 하급 무사들이 중심이 되어 국왕 중심의 새로운 개혁을 추진하였다.

3. 19세기 조선의 정세

국내	• 세도 정치로 왕권이 약화됨 • 삼정의 문란으로 곳곳에서 농민 봉기가 발생함 • 고종의 부친인 흥선 대원군이 섭정에 올라 정권을 잡음(1863)
국외	이양선이 출몰하였고 서구 열강이 통상을 요구함

> **🔍 꼼꼼 단어 돋보기**
>
> **● 영사 재판권**
> 영사가 주재국에서 자국민의 재판을 본국 법에 따라 행하는 권리
>
> **● 최혜국 대우**
> 통상 조약이나 항해 조약을 체결한 나라가 상대국에 대하여 가장 유리한 혜택을 받는 나라와 동등한 대우를 하는 일

2 흥선 대원군의 개혁 정치

⭐1. 통치 체제의 정비

비변사 폐지	비변사를 사실상 폐지하고, 의정부(정치)와 삼군부(군사)의 기능을 부활시킴
인재 등용	세도 가문인 안동 김씨 세력을 축출하고, 당색에 상관없이 능력에 따라 인재를 등용함
법전 편찬	법전인 『대전회통』과 『육전조례』를 편찬하여 통치 질서를 재확립함
경복궁 중건	• 목적: 왕실의 권위를 높이기 위해 임진왜란 때 소실된 경복궁을 중건함 • 방법: 공사비를 마련하기 위해 당백전을 발행하고 원납전을 강제로 징수하였으며, 백성의 노동력을 강제로 동원하였음 • 결과: 양반과 백성들의 불만이 증가함

＋ 당백전

명목 가치가 상평통보의 100배에 해당하는 화폐이지만, 실질 가치는 5~6배 정도에 불과하였다.

> **📄 자료 스크랩**　　**흥선 대원군의 인사 정책**
>
> 흥선 대원군이 집권한 후 어느 회의 석상에서 여러 대신에게 말하기를 "나는 천리를 끌어다 지척을 삼겠으며, 태산을 깎아 내려 평지를 만들고, 또한 남대문을 3층으로 높이려 하는데, 여러 공들은 어떠시오?"라고 하였다. …… 천리 지척으로 삼겠다는 말은 종친을 높인다는 뜻이요, 태산 평지라 함은 노론을 억압하겠다는 뜻이요, 남대문 3층이라 함은 남인을 천거하겠다는 말이다.　　　　　　　　　 – 황현, 『매천야록』 –

2. 민생 안정과 재정 확충

(1) 서원 철폐

① 내용: 사액 서원 47개를 제외한 600여 곳의 서원을 모두 철폐하였다.

② 목적: 서원 소유의 토지와 노비를 몰수하여 국가 재정을 확충하고 지방 유생의 농민 수탈을 막고자 하였다.

③ 결과: 백성들은 환영하였으나 양반 유생들은 반발하였다.

> **📄 자료 스크랩**　　**흥선 대원군의 서원 철폐**
>
> 대원군이 명령을 내려 나라 안의 서원을 죄다 허물고 서원 유생들을 쫓아내도록 하였다. …… 조정에서는 어떤 변이라도 있을까 하여 대원군에게 "선현의 제사를 받드는 것은 선비의 기풍을 기르는 것이므로 이 명령만은 거두기를 청합니다."라고 간언하였다. 대원군이 크게 노하여 "진실로 백성에게 해되는 것이 있으면 비록 공자가 다시 살아난다 하더라도 나는 용서치 않겠다. 하물며 서원은 우리나라 선현께 제사하는 곳인데 지금은 도둑의 소굴이 되지 않았더냐."라고 말하였다.　　　　　 – 박제형, 『근세조선정감』 –

(2) 삼정의 개혁

구분	내용	결과
전정	양전 사업을 실시하여 토지 대장에서 누락된 토지(은결)를 찾아내는 등 전정을 바로잡고자 하였음	재정 수입의 증가
군정	군역 제도를 개혁하여 평민에게만 받던 군포를 양반에게도 징수하는 호포제를 실시하였음	조세 납부층의 증가
환곡	• 국가에서 운영하던 환곡 제도를 폐지하고, 마을 단위로 사창제를 실시하였음 • 마을에서 덕망과 경제적 여건을 갖춘 사람을 뽑아 사창의 운영을 맡김	농민의 부담 감소

🔍 꼼꼼 단어 돋보기

● 원납전

'원해서 납부하는 돈'이라는 의미이지만 경복궁 공사를 위해 강제로 걷은 기부금이었음

3 통상 수교 거부 정책과 양요

☆ 1. 병인양요

(1) 병인박해(1866. 1.)

① 배경: 흥선 대원군이 러시아를 견제하기 위하여 국내에 있던 프 랑스 선교사들을 통해 프랑스와의 교섭을 시도하였다.

② 전개: 프랑스와의 교섭에 실패하자 흥선 대원군이 프랑스 선교사 와 천주교 신자들을 처형하였다.

(2) 병인양요(1866. 9.)⁺

① 배경: 병인박해를 구실로 프랑스 함대가 강화도를 침략하여 조선 정부에 통상을 요구하였다.

② 전개: 한성근 부대(문수산성)와 양헌수 부대(정족산성)의 활약으로 프랑스군을 격 퇴하였다.

③ 결과

　㉠ 퇴각하던 프랑스군이 ●외규장각 도서(조선 왕조 의궤)를 약탈하였다.

　㉡ 흥선 대원군의 통상 수교 거부 정책과 천주교 신자에 대한 박해가 강화되었다.

2. 오페르트 도굴 사건(1868)

(1) 과정: 독일 상인 오페르트가 통상을 요구하다 거절당하자, 흥선 대원군의 아버지 남연군의 묘를 도굴하려다 실패하였다.

(2) 결과: 서양인에 대한 조선인의 반감이 확산되었고, 흥선 대원군의 통상 수교 거부 의지가 강화되었다.

3. 신미양요

(1) 제너럴셔먼호 사건(1866. 8.)

① 전개: 미국 상선 제너럴셔먼호가 대동강을 거슬러 올라와 평양에 이르러 통상을 요구하였다.

② 결과: 평양 관민들이 박규수의 지휘 아래 제너럴셔먼호를 불태워 침몰시켰다.

(2) 신미양요(1871)⁺

① 배경: 미국은 제너럴셔먼호 사건을 구실로 배상금 지불과 통상을 요구하였고, 흥 선 대원군이 이를 거부하자 강화도를 침공하였다.

② 전개: 광성보 등지에서 격전이 벌어졌고, 어재연 장군이 활약하였으나 전사하였 다. 이때 어재연 장군의 수(帥)자 기가 약탈당하였다.

③ 결과: 흥선 대원군이 서양과의 통상 수교를 거부하는 정책⁺을 널리 알리기 위해 전 국에 척화비를 세웠다.

쏙쏙 이해 더하기 | **척화비**

洋夷侵犯 非戰則和 主和賣國
서양 오랑캐가 침범하였는데, 싸우지 않는 것은 화친하는 것이요,
화친을 주장하는 것은 곧 나라를 파는 것이다.

+ 통상 수교 거부 정책의 한계

서양 세력의 침략을 일시적으로 저지 하였으나 급변하는 국제 정세에 대처 가 미흡하였고 조선의 근대화를 지연 시켰다.

🔍 꼼꼼 단어 돋보기

● **양요**

서양 세력이 일으킨 난리

● **외규장각**

왕실 관련 서적을 보관할 목적 으로 강화도에 설치한 도서관

동아시아의 변화와 근대적 개혁의 추진

이번 단원에서는 우리나라 최초의 근대적 조약인 강화도 조약과 서구 국가 중 최초로 체결된 조·미 수호 통상 조약을 학습합니다. 또한 조선 정부의 개화 정책과 시기별 위정척사 운동의 흐름을 정리한 후 임오군란, 갑신정변, 거문도 사건 등을 공부합니다.

1 개항과 불평등 조약 체제

1. 강화도 조약의 체결과 문호 개방

(1) 배경

① 개국 통상론 대두: 북학론을 계승한 박규수, 오경석, 유홍기 등이 부국강병을 위해 문호를 개방하고 통상을 하자고 주장하였다.

② 개화파 형성: 김옥균, 박영효, 김홍집 등을 중심으로 개화파가 형성되었다.

③ 일본의 정한론 대두: 메이지 유신 이후 일본에서는 정한론이 대두되었다.

④ 조선의 대외 정책 변화: 고종이 직접 정치에 나서면서 통상 수교 거부 정책이 완화되었다.

(2) 체결 과정

① 일본이 운요호를 보내 개항을 요구하였다.

② 일본이 운요호 사건을 구실로 군사를 동원하여 조약 체결을 강요하였다.

③ 강화도 조약(조·일 수호 조규, 1876)을 체결하였다.

(3) 주요 내용

① 제1관에서 조선을 자주국으로 규정하여, 청의 종주권을 부인함으로써 일본의 조선 진출을 유리하게 하였다.

② 제4관에서 세 개의 항구를 개항하여 일본의 경제적(부산)·정치적(인천)·군사적(원산) 침략 의도를 드러냈다.

③ 제7관에서는 해안 측량권, 제10관에서는 영사 재판권을 규정하였다. 이는 조선 주권에 대한 침해였다.

> **＋ 운요호 사건(1875)**
>
> 일본의 운요호가 허락도 없이 강화도로 다가오자 강화 수비대는 위협 포격을 가하였다. 일본은 이 과정에서 조선 수비대가 일본 국기를 모독했다고 억지를 부리며 군대를 영종도에 상륙시켜 살인과 약탈을 저질렀다. 이듬해 일본은 대규모 군함과 병력을 파견하여 조선에 문호 개방을 강요하였다.

🗐 자료 스크랩　강화도 조약

제1관 조선은 자주국이며, 일본과 평등한 권리를 가진다.
제4관 조선은 부산 외에 두 곳을 개항하고, 일본인이 왕래 통상함을 허가한다.
제7관 조선은 일본의 항해자가 자유로이 해안을 측량하도록 허가한다.
제10관 일본 인민이 조선이 지정한 항구에서 죄를 범했을 경우 모두 일본 관원이 심판한다.

(4) 부속 조약 체결

조·일 수호 조규 부록	• 개항장에 일본인 거류지를 설정 • 개항장에서 일본 화폐의 사용을 허용
조·일 무역 규칙	• 일본 상품에 대한 무관세를 허용 • 양곡의 무제한 유출 허용

🔍 꼼꼼 단어 돋보기

● 정한론
1870년대를 전후하여 일본 정계에서 일어났던 조선 정복에 관한 주장

(5) 성격: 조선이 외국과 맺은 최초의 근대적 조약이자 조선에 불리한 불평등 조약이었다.

2. 서구 열강과의 조약 체결

☆ (1) 조·미 수호 통상 조약(1882)

① 배경: 1880년 김홍집이 수신사로 일본에 다녀오면서 가져온 『조선책략』이 유포되자, 많은 개화 지식인들이 미국과의 수교 필요성을 제기하였다.

② 핵심 내용: 거중 조정, 최혜국 대우, 영사 재판권, 관세 자주권

③ 성격: 조선이 서양 국가와 맺은 최초의 근대적 조약이자 불평등 조약이었다.

> **📄 자료 스크랩**　　『조선책략』
>
> 조선의 땅은 실로 아시아의 요충을 차지하고 있어 형세가 반드시 다투게 마련이며, 조선이 위태로우면 동아시아의 형세도 날로 위급해질 것이다. 따라서 러시아가 영토를 넓히려고 한다면 반드시 조선으로부터 시작할 것이다. …… 그렇다면 오늘날 조선의 책략은 러시아를 막는 일보다 더 급한 것이 없을 것이다. 러시아를 막는 책략은 무엇인가? 중국과 친하고 일본과 맺고 미국과 연결함으로써 자강을 도모할 따름이다.

(2) 서양과의 수교

① 1883년: 영국, 독일과 수교하였다.

② 1884년: 러시아와는 청의 알선 없이 직접 수교하였다.

③ 1886년: 프랑스와 수교하였고, 이후 천주교 신앙의 자유 및 포교의 자유를 인정하였다.

2 개화사상의 형성과 개화 정책의 추진

1. 개화사상의 형성

(1) 초기 개화사상가

① 박규수, 오경석, 유홍기 등이 개화사상을 형성하였다.

② 『해국도지』, 『영환지략』 등의 서적을 통해 서양의 기술과 문물, 국제 정세를 폭넓게 이해하였다.

(2) 개화사상의 발전: 박규수의 영향을 받은 김옥균, 서광범, 박영효 등은 일본의 발전된 모습을 직접 접하면서 개화의 필요성을 절감하였다.

✚ 보빙사

☆ 2. 정부의 개화 정책

(1) 외교 사절단의 파견

수신사	• 강화도 조약 체결 직후 일본에 파견 • 1차 수신사 김기수(1876), 2차 수신사 김홍집(『조선책략』 도입, 1880)
조사 시찰단 (1881)	• 정부가 개화 정책에 필요한 정보를 수집하기 위하여 일본에 비밀리에 파견 • 박정양, 어윤중 등이 일본 문물을 시찰하고 귀국하였음
영선사 (1881)	• 김윤식 등을 청에 파견하여 근대식 무기 제조 기술과 군사 훈련법 습득 • 기기창 설치에 중요한 영향을 미침
보빙사✚ (1883)	• 조·미 수호 통상 조약 체결(1882) 이후 미국 공사 부임에 대한 답례로 파견 • 민영익, 홍영식, 서광범, 유길준 등이 미국으로 파견되어 최초로 서양 문명을 견문하고 귀국하였음

(2) 개화 정책의 추진

① 정치 제도 개편: 개화 정책을 총괄하는 통리기무아문을 설치(1880)하고, 그 아래 실무를 담당하는 12사를 설치하였다.

② 군사 제도 개편: 5군영을 무위영과 장어영의 2영으로 통합하여 개편하고, 신식 군대인 별기군을 신설(1881)하였다.

3 개화 정책에 대한 반발

1. 위정척사 운동

(1) 내용: 보수 유생이 중심이 되어 서양 문물의 수용을 거부하고, 성리학적 질서 수호를 주장하였다.

(2) 전개

1860년대	통상 반대 운동	기정진, 이항로 등은 ●척화주전론을 주장하며 흥선 대원군의 통상 수교 거부 정책을 사상적으로 뒷받침함
1870년대	개항 반대 운동	강화도 조약 체결이 추진되자 최익현 등이 ●왜양일체론을 주장함
1880년대	개화 반대 운동	『조선책략』이 유포되자, 이만손 등은 '영남 만인소'를 올려 정부의 개화 정책과 서양과의 수교에 반대함

(3) 의의: 반외세·반침략 운동으로, 항일 의병 운동으로 계승되었다.

(4) 한계: 양반 중심의 성리학적 질서를 고수하였다.

2. 임오군란(1882)

(1) 배경

① 정부의 개화 정책과 일본의 경제 침탈에 대한 구식 군인과 하층민의 불만이 증가하였다.

② 곡물이 일본으로 유출되면서 하층민의 생활이 어려워졌다.

③ 별기군 설치 후 발생한 구식 군대에 대한 차별이 직접적인 계기가 되었다.

(2) 전개

① **구식 군인들의 봉기:** 구식 군인들이 민겸호 등 정부 고관들을 제거하였으며, 일본인 별기군 교관을 살해하고 일본 공사관을 습격하였다.

② **흥선 대원군 재집권:** 흥선 대원군이 재집권하여 통리기무아문과 별기군 폐지, 5군영 부활 등 과거 체제로의 복귀를 시도하였다.

③ **청의 개입:** 민씨 세력의 요청으로 청군이 파견되어 봉기가 진압되었고, 흥선 대원군은 청으로 압송되었다.

☆(3) 결과

청	• 조선에 군대를 주둔시키고, 마건상과 묄렌도르프 등을 고문으로 파견하여 조선의 내정과 외교에 간섭함 • 청 상인의 특권(내지 통상권)을 명시한 조·청 상민 수륙 무역 장정이 체결됨
일본	제물포 조약 체결로 일본에 배상금을 지불하고, 일본 공사관의 경비병 주둔을 인정함

✚ 구식 군인들의 봉기

13개월 만에 급료로 지급된 쌀에 겨와 모래가 섞여 있자 분노한 구식 군인들이 폭동을 일으켰다.

🔍 꼼꼼 단어 돋보기

● 척화주전론

서양의 통상 요구를 배척하고 서양 침략 세력을 물리치자는 주장

● 왜양일체론

일본과 서양은 한 무리이므로 서양은 물론 일본에도 문호를 개방해서는 안 된다는 주장

4 갑신정변과 그 이후의 정세

1. 개화파의 분화⁺

온건 개화파	• 청의 양무운동을 본받아 점진적인 개혁(동도서기론)을 지향함 • 민씨 정권과 결탁하여 반일·친청 정책을 추구 • 대표적 인물: 김홍집, 어윤중, 김윤식 등
급진 개화파	• 일본의 메이지 유신을 본받아 급진적인 개혁을 추진하고자 함 • 청의 내정 간섭과 정부의 사대 정책 비판 • 대표적 인물: 김옥균, 박영효, 홍영식, 서광범 등

+ **개화파의 분화**
임오군란 이후 청의 내정 간섭이 심해지자 개화 정책의 추진 방법과 청·일 양국에 대한 인식을 둘러싸고 온건 개화파와 급진 개화파로 분화되었다.

☆ 2. 갑신정변(1884)

(1) 배경
① 급진 개화파가 일본으로부터 차관 도입에 실패하여 입지가 축소되었다.
② 청·프 전쟁(1884)으로 조선 내 주둔하던 청군 일부가 철수하자, 이 틈을 타 급진 개화파가 일본 공사의 재정 및 군사적 지원을 약속받고 정변을 계획하였다.

(2) 전개
① 김옥균 등 급진 개화파가 우정총국 개국 축하연에서 정변을 일으켰다.
② 온건 개화파 인사들을 제거하고 개화당 정부를 수립한 뒤, 개혁을 위해 개혁 정강⁺을 발표하였다.
③ 청군의 개입으로 3일 만에 실패로 끝났으며 김옥균, 박영효, 서광범, 서재필 등은 일본으로 망명하였다.

(3) 개혁 정강의 주요 내용

정치	경제	사회
• 청에 대한 사대 관계 청산 • 내각 제도 수립	• 재정의 일원화 • 조세 제도 개혁	문벌을 폐지하여 인민 평등권 확립

+ **개혁 정강의 주요 내용**
• 청에 잡혀간 흥선 대원군을 곧 돌아오도록 하고, 종래 청에 대하여 행하던 조공의 허례를 폐지한다.
• 문벌을 폐지하고 인민 평등의 권리를 세워, 능력에 따라 관리를 임명한다.
• 혜상공국을 혁파한다.
• 모든 재정은 호조에서 관할한다.
• 대신과 참찬은 의정부에 모여 정령을 의결하고 반포한다.

(4) 결과
① 한성 조약(조선 – 일본) 체결: 일본에 배상금을 지불하고, 일본 공사관의 신축 비용을 부담하였다.
② 톈진 조약(청 – 일본) 체결: 청과 일본 양국은 동시에 조선에서 군대를 철수하고, 조선에 군대 파병 시 사전 고지할 것을 규정하였다.

(5) 의의와 한계
① 의의: 근대 국가를 지향하는 우리나라 최초의 정치 개혁 운동이었다.
② 한계: 일본에 지나치게 의존하였고, 소수 지식인이 중심이 된 위로부터의 개혁으로 민중의 지지 획득에 실패하였다.

3. 갑신정변 이후의 정세

(1) 거문도 사건(1885): 영국이 러시아의 남하 정책을 견제하려고 1885년 거문도를 불법 점령하였다. 이후 청의 중재로 영국이 1887년에 철수하였다.

(2) 한반도 중립화론 대두: 독일인 부들러와 유길준 등이 한반도 중립화론을 제기하였으나 실효를 거두지 못하였다.

근대 국민 국가 수립을 위한 노력

이번 단원에서는 동학 농민 운동, 갑오개혁, 을미개혁, 독립 협회의 활동, 대한 제국의 광무개혁 등 근대 국가를 만들기 위해 노력했던 역사를 학습하는 단원입니다.

1 동학 농민 운동

1. 동학 농민 운동의 배경

(1) **농민층의 동요**: 지방관의 수탈 심화, 곡물 가격 폭등, 삼정의 문란, 조세 부담 증가 등으로 인해 농민 봉기가 빈번하게 발생하였다.

(2) **동학의 확산**
① **동학의 교세 확장**: 제2대 교주 최시형이 교리를 정리하고 포접제를 정비하여 적극적으로 포교하였다.
② **교조 신원 운동**: 교조 최제우의 누명을 벗기고 포교의 자유를 얻고자 삼례 집회(1892), 복합 상소(1893), 보은 집회(1893) 등을 전개하였다.

☆ 2. 동학 농민 운동의 전개

(1) **고부 농민 봉기**: 전라도 고부 군수 조병갑의 탐학 → 전봉준의 주도로 농민들이 봉기를 일으켜 고부 관아를 점령하고 만석보 파괴 → 동학 농민군의 자진 해산, 조정에서 안핵사 이용태 파견

(2) **제1차 봉기(반봉건)**: 안핵사 이용태의 농민군 탄압 → 전봉준이 농민군을 모아 무장에서 봉기 → 창의문(보국안민·제폭구민)을 발표하고 백산에 집결 → 황토현 전투·황룡촌 전투에서 관군에게 승리 → 전주성 점령 → 정부가 청에 원군 요청, 청군 출병 → 톈진 조약을 근거로 일본군 출병 → 청군과 일본군이 개입하자 정부와 농민군 사이에 전주 화약 성립 → 농민군 해산 → 농민군이 전라도 일대에 집강소 설치, 탐관오리 처벌·조세 개혁·신분 차별 철폐 등 폐정 개혁 실천

(3) **제2차 봉기(반외세)**: 일본의 경복궁 점령, 내정 간섭 강화, 청·일 전쟁 발발 → 동학 농민군 재봉기 → 남접과 북접의 연합군 조직, 논산 집결 → 공주 우금치 전투에서 관군과 일본군에 패배 → 전봉준을 비롯한 동학 농민군 지도자들의 체포

3. 동학 농민 운동의 의의와 한계

의의	• 우리 역사상 최대 규모의 농민 운동이었음 • 안으로는 개혁 정치를 통해 봉건 지배 질서를 타파하고, 밖으로는 외세의 침략을 물리쳐 나라를 지키려 하였음 • 동학 농민군의 개혁 요구는 이후 갑오개혁에 영향을 줌 • 농민군 잔여 세력이 항일 의병 투쟁에 참여함
한계	근대 사회 건설을 위한 구체적인 방안을 제시하지 못하였음

+ 보은 집회
2만여 명의 신도들이 교조 신원 운동을 전개하다가 제폭구민, 척왜양창의 등의 구호를 외치며 정치 운동으로 발전하였다.

+ 동학 농민 운동의 전개

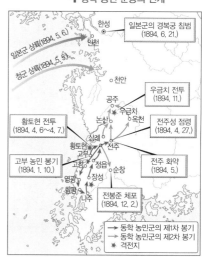

일본군 상륙(1894. 5. 6.)
청군 상륙(1894. 5. 5.)
한성
인천
일본군의 경복궁 침범(1894. 6. 21.)
천안
공주
우금치
논산
옥천
우금치 전투(1894. 11.)
황토현 전투(1894. 4. 6~4. 7.)
심례
황토현
전주
전주성 점령(1894. 4. 27.)
고부
고부 농민 봉기(1894. 1. 10.)
고창
정읍
순창
전주 화약(1894. 5.)
영광
장성
황룡
나주
전봉준 체포(1894. 12. 2.)

→ 동학 농민군의 제1차 봉기
→ 동학 농민군의 제2차 봉기
✳ 격전지

🔍 꼼꼼 단어 돋보기

● **포접제**
동학의 모임 장소인 접소에 책임자인 접주를 두고, 전국을 포와 접으로 나누어 관리한 동학의 교단 조직

1. 동학도는 정부와의 원한을 씻고 모든 행정에 협력한다.
2. 탐관오리는 그 죄목을 조사하여 엄하게 징벌한다.
3. 횡포한 부호를 엄하게 징벌한다.
4. 불량한 유림과 양반의 무리를 징벌한다.
5. 노비 문서를 불태워 없앤다.
6. 천인 차별을 개선하고, 백정이 쓰는 평량갓은 없앤다.
7. 젊어서 과부가 된 여성의 재가를 허용한다.
8. 무명잡세는 일체 폐지한다.
9. 관리 채용에는 지벌을 타파하고 인재를 등용한다.
10. 왜적과 통하는 자는 엄하게 징벌한다.
11. 공사채를 막론하고, 기왕의 것은 무효로 한다.
12. 토지는 균등히 나누어 경작하게 한다.

－『동학사』－

2 갑오개혁과 을미개혁

1. 제1차 갑오개혁

(1) 개혁의 추진

① 전주 화약 이후 조선 정부는 교정청을 설치하여 자주적 개혁을 추진하였다.
② 일본은 경복궁을 점령하고 민씨 정권을 축출한 후, 김홍집을 수반으로 하는 친일 내각을 조직하였다(제1차 김홍집 내각).
③ 일본이 청·일 전쟁을 일으키고, 조선 정부에 개혁을 강요하면서 군국기무처를 설치하였다.

✚ **군국기무처**
개혁의 안건을 의결하기 위해 만든 임시 회의 기구로 김홍집, 어윤중, 김윤식, 유길준 등으로 구성되었다.

☆(2) 개혁의 주요 내용

정치	• 청의 연호를 폐지하고 개국 기년을 사용함 • 왕실 사무(궁내부)와 정부 사무(의정부)를 분리함 • 6조를 8아문으로 개편하고, 과거 제도를 폐지하였으며, 경무청을 설치함
경제	• 탁지아문으로 재정을 일원화하였음 • 은 본위 화폐 제도 채택, 도량형 통일, 조세 금납화를 추진함
사회	• 노비제 등 신분제를 폐지함 • 조혼 금지, 과부의 재가 허용, 고문과 연좌제 폐지

2. 제2차 갑오개혁

(1) 개혁의 추진

① 청·일 전쟁에서 승기를 잡은 일본이 내정 간섭을 본격화하였다.
② 군국기무처를 폐지하고 김홍집·박영효 연립 내각을 구성하였다.
③ 고종이 국정 개혁의 기본 강령인 홍범 14조를 반포하였다.

(2) 개혁의 주요 내용

정치	• 의정부를 내각으로 개칭하고, 8아문을 7부로 개편함 • 지방 행정 제도를 8도에서 23부로 개편함 • 지방관의 군사권과 사법권을 배제함 • 재판소를 설치하여 사법권을 행정권으로부터 독립시킴
경제	조세 법정 주의, 근대적 예산 제도 시행
사회	• 교육 입국 조서를 반포하여 근대적 교육 제도를 마련함 • 한성 사범 학교 관제, 소학교 규칙, 외국어 학교 관제 등을 발표함

1. 청에 의존하는 생각을 버리고 자주독립의 기초를 세운다.
2. 왕실 전범을 제정하여 왕위 계승의 법칙과 종친과 외척과의 구별을 명확히 한다.
4. 왕실 사무와 국정 사무를 나누어 서로 혼합하지 않는다.
6. 납세는 법으로 정하고 함부로 세금을 거두지 않는다.
7. 조세의 징수와 경비 지출은 모두 탁지아문이 관할한다.
9. 왕실 비용 및 각 관부 비용은 1년 예산을 세워 재정의 기초를 확립한다.
10. 지방 관제를 속히 개정하여 지방 관리의 직권을 제한한다.
11. 총명한 젊은이들을 파견하여 외국의 학술, 기예를 견습시킨다.
12. 장교를 교육하고 징병제를 시행하여 군제의 근본을 확립한다.
13. 민법, 형법을 제정하여 인민의 생명과 재산을 보전한다.
14. 문벌을 가리지 않고 인재 등용의 길을 넓힌다.

3. 을미개혁

(1) 배경

① 청·일 전쟁에서 승리한 일본은 시모노세키 조약을 체결하여 막대한 전쟁 배상금과 청의 타이완(대만), 랴오둥반도(요동반도) 할양을 약속받았다.

② 삼국 간섭⁺으로 일본이 랴오둥반도를 청에게 돌려주자(1895), 조선에서 일본의 세력이 약화되고 러시아의 영향력이 확대되었다.

③ 고종이 러시아의 힘을 이용해 일본을 견제하고자 하였다.

④ 위기를 느낀 일본이 친러 정책을 주도하던 명성 황후를 시해하는 을미사변(1895)을 일으켰다.

✚ 삼국 간섭
러시아가 프랑스, 독일을 끌어들여 일본을 압박하였다.

(2) 개혁의 추진

① 을미사변 이후 일본은 조선에 대한 영향력을 되찾았다.

② 김홍집 내각(친일 내각)이 수립되어 급진적 개혁을 실시하였다.

(3) 개혁의 주요 내용

정치	• 건양 연호 사용 • 군제를 개혁하여 한성에 친위대, 지방에 진위대를 설치함
사회	• 종두법 시행, 단발령 실시, 태양력 사용 • 소학교를 설립하고 우편 사무를 재개함

(4) 개혁의 중단

① 을미사변과 단발령에 반발하여 1895년에 을미의병이 일어났다.

② 1896년에 아관 파천⁺이 단행되면서 김홍집 내각이 무너지고 개혁이 중단되었다.

✚ 아관 파천
을미사변 이후 신변의 위협을 느낀 고종이 러시아 공사관으로 거처를 옮긴 사건이다. 이후 친러 내각이 성립되었다.

4. 갑오·을미개혁의 의의와 한계

(1) 의의: 개화파의 개혁 의지와 동학 농민군의 사회 변혁 요구가 반영된 근대적 개혁이었다.

(2) 한계

① 대외적으로 일본의 조선 침략을 위해 강요된 측면이 있다.

② 개혁에 대한 민중의 지지를 얻지 못하였다.

③ 국방력 강화나 상공업 진흥과 같은 개혁에는 소홀하였다.

3 독립 협회와 대한 제국

1. 독립 협회

(1) 창립(1896)

① 배경: 아관 파천 이후 국가의 자주성이 손상되고 러시아를 비롯한 열강의 이권 침탈이 가속화되었다.

② 창립: 1896년 서재필이 정부의 지원을 받아 『독립신문』을 창간하였다. 이후 관료, 지식인 등과 함께 독립 협회를 창립하였다.

③ 구성: 근대 개혁 사상을 지닌 진보적 지식인들이 지도부를 이루었고, 학생·노동자·농민 등 다양한 사회 계층이 구성원을 이루었다.

☆(2) 주요 활동

① 국민 계몽 활동: 독립문과 독립관을 건립하고 기관지인 『대조선 독립 협회 회보』를 간행하였으며, 강연회와 토론회를 개최하였다.

② 만민 공동회의 개최

이권 수호 운동	• '구국 운동 상소문' 작성 • 러시아의 절영도 조차 요구 저지, 러시아의 군사 교관과 재정 고문 철수, 한·러 은행 폐쇄 등의 성과를 이룸
자유 민권 운동	• 신체의 자유, 언론·출판·집회·결사의 자유를 요구 • 국민 참정권 운동 전개
내정 개혁 활동	• 의회 설립 운동(입헌 군주제 지향) • 외국에 이권을 넘기고 민권을 제한하려 한 보수적 관료의 퇴진 건의

③ 관민 공동회 개최와 헌의 6조: 관민 공동회를 개최하여 헌의 6조를 결의하였고, 고종이 승인하면서 새로운 중추원 관제가 반포되었다.

자료 스크랩 　　헌의 6조

1. 외국인에게 의지하지 말고 관민이 협력하여 황제권을 공고히 할 것
2. 정부가 외국인과 체결하는 모든 조약은 정부 대신과 중추원 의장이 함께 날인하여 시행할 것
3. 재정은 탁지부에서 전담하여 맡고 예산과 결산은 인민에게 공포할 것
4. 중대한 범죄는 공개 재판하고 피고의 인권을 존중할 것
5. 칙임관은 정부에 그 뜻을 물어 과반수가 동의하면 임명할 것
6. 갑오개혁 이후 공포된 법령을 실천할 것

－『고종실록』－

(3) 해산(1898)

① 보수 세력이 독립 협회가 공화정을 실시하려 한다고 모함하였다.

② 고종이 황국 협회와 군대를 동원하여 독립 협회를 강제로 해산시켰다.

(4) 의의와 한계

의의	• 제국주의 열강의 침략으로부터 주권을 수호(자주 국권)하고 자유 민권을 신장시킴으로써 자강 개혁을 이루고자 하였음 • 민중 계몽을 통해 민중에 기초한 근대화 운동을 전개함으로써 갑신정변과 갑오개혁의 한계를 극복하고자 하였음
한계	외세 배격 운동은 주로 러시아를 대상으로 삼았고, 미국·영국·일본 등의 열강에 대해서는 우호적인 태도를 취해 침략성을 인식하지 못하였음

➕ 독립문
청에 대한 사대의 상징이었던 영은문을 헐은 자리에 독립문을 건립하였다.

➕ 만민 공동회
우리나라 최초의 근대적 민중 집회였으며, 이는 개화 세력과 민중의 결합을 의미하였다.

➕ 중추원 관제
관선 25명, 민선 25명의 의원으로 구성되며 법률 및 칙령의 개정 및 폐지, 의정부가 정부에 건의하는 사항이나 국민의 제안 등을 심사. 결정하는 권한을 가졌다.

꼼꼼 단어 돋보기

● 황국 협회
독립 협회의 활동에 대응하기 위하여 1898년 고종의 측근 세력이 보부상을 중심으로 조직한 단체

2. 대한 제국

(1) 대한 제국의 수립

① 배경: 아관 파천 이후 열강의 이권 침탈 등으로 국내의 여론이 악화되고 고종의 환궁을 독촉하는 목소리가 높아지자, 1897년 고종이 경운궁(덕수궁)으로 환궁하였다.

② 수립(1897): 고종은 환궁 이후 칭제 건원을 추진하여 연호를 '광무'라 하고, 국호를 '대한 제국'으로 고쳤다.

(2) 대한 제국의 근대화

① 대한국 국제 반포(1899): 고종은 독립 협회를 해산시키고 대한국 국제를 반포하여 자주독립과 전제 황권 강화를 표방하였다.

② 황제권 강화: 원수부를 설치하여 황제가 군사 지휘권을 장악하게 하였고, 궁내부 산하에 재정 기관인 내장원을 설치하였다.

자료 스크랩　　**대한국 국제**

제1조 대한국은 세계 만국이 공인한 자주독립 제국이다.
제2조 대한국의 정치는 만세불변의 전제 정치이다.
제3조 대한국 대황제는 무한한 군주권을 지니고 있다.
제5조 대한국 대황제는 육·해군을 통솔한다.
제6조 대한국 대황제는 법률을 제정하여 그 반포와 집행을 명하고 대사, 특사, 감형, 복권 등을 명한다.
제9조 대한국 대황제는 각 조약 체결국에 사신을 파견하고 선전·강화 및 관련 약조를 체결한다.

- 「고종실록」 -

---

(3) 광무개혁

① 내용: 구본신참을 원칙으로 점진적 개혁을 추진하였다.

경제	• 양지아문을 설치하여 양전 사업을 실시하고 소유권을 명시한 지계를 발급함 • 서양의 기술과 기계를 적극 도입하여 상공업을 진흥시키고자 함 • 근대적 산업 기술을 습득하기 위해 외국에 유학생을 파견하고 각종 실업 학교와 기술 교육 기관을 설립함
사회	• 철도와 전차를 부설하고, 전화를 가설함 • 우편 제도를 정비함
군사	• 서울의 친위대와 지방의 진위대를 증강하고 시위대를 신설함 • 무관 학교를 설립함

② 의의
　㉠ 자주독립과 근대화를 지향하였다.
　㉡ 상공업 분야의 성장이 이루어졌다.
　㉢ 근대적 토지 소유 제도를 확립하였다.

③ 한계
　㉠ 황제권 강화에 중점을 둔 나머지 민권 보장에 소홀하였다.
　㉡ 일본의 간섭으로 개혁이 대부분 중단되었다.

✚ 지계

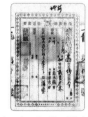

근대적 토지 소유권을 명확히 한 문서이다. 즉, 토지의 명분상 소유주와 실제 소유주를 일치시켜 세금을 부담하는 당사자를 국가에서 파악할 수 있었다.

꼼꼼 단어 돋보기

● 구본신참
옛 것을 근본으로 하고 새 것을 참조한다는 의미로, 점진적 개혁을 의미

일본의 침략 확대와 국권 수호 운동

이번 단원에서는 러·일 전쟁 이후 일본의 국권 침탈 과정을 학습합니다. 또한 항일 의병 운동과 애국 계몽 운동 등 일제에 저항했던 우리 민족의 역사를 공부하며, 간도와 독도의 역사도 학습합니다.

1 일본의 국권 침탈

1. 러·일 전쟁과 일제의 침략

(1) 러·일 전쟁(1904~1905)
① 삼국 간섭과 아관 파천으로 한반도에 대한 러시아의 영향력이 커지자, 일본이 영국의 지지(제1차 영·일 동맹) 속에 러시아와 전쟁을 시작하였다.
② 일본이 제물포와 뤼순의 러시아 함대를 기습 공격함으로써 러·일 전쟁이 일어났다.

(2) 한·일 의정서(1904. 2.)
① 러·일 전쟁 발발 직후 일본이 인천에 군대를 상륙하고 체결을 강요하였다.
② 일본이 전쟁 수행에 필요한 군사적 요충지를 임의로 사용할 수 있게 되었다.

(3) 제1차 한·일 협약(1904. 8.)
① 러·일 전쟁에서 유리해진 일본의 내정 간섭이 본격화되었다.
② 일본이 외교와 재정 분야에 고문을 파견하면서 고문 정치가 시작되었다.

＋ 고문 파견
외교 고문으로 스티븐스, 재정 고문으로 메가타를 파견하였다.

(4) 일본의 한국 지배에 대한 열강의 승인

가쓰라·태프트 밀약	미국은 필리핀, 일본은 한국에 대한 독점적 지배권을 인정받음
제2차 영·일 동맹	영국은 인도, 일본은 한국에 대한 지배권을 인정받음
포츠머스 조약	러·일 전쟁에서 일본이 승리한 후 체결된 조약으로, 러시아가 한국에 대한 일본의 배타적 권리를 인정함

2. 일제의 국권 침탈 과정

(1) 을사늑약(제2차 한·일 협약, 1905. 11.)
① 일본은 러·일 전쟁에서 승리한 후 을사늑약을 체결해 대한 제국의 외교권을 박탈하고 통감부를 설치(초대 통감: 이토 히로부미)해 한국을 보호국으로 만들었다.
② 각계각층에서 을사늑약 체결에 대한 반발이 일어났다.

상소, 언론	장지연이 『황성신문』에 '시일야방성대곡'을 사설로 게재함
항거	• 민영환, 조병세 등이 자결로써 저항함 • 나철·오기호 등은 자신회(을사5적 암살단)를 조직하였고, 최익현·신돌석 등은 의병 활동(을사의병)을 전개하였음
철시, 휴학	한성 상인들은 철시를, 학생들은 동맹 휴학을 함
고종의 반발	• 미국에 헐버트를 특사로 파견하여 대한 제국의 독립을 호소함 • 헤이그 특사: 만국 평화 회의에 특사를 파견하였으나 일본의 방해로 실패함

＋ 헤이그 특사 파견

고종은 을사늑약의 부당함을 알리기 위해 네덜란드 헤이그에서 열리는 만국 평화 회의에 이상설, 이준, 이위종을 특사로 파견하였다. 그러나 일본의 방해로 결국 성과를 거두지 못하였고, 일본은 이를 빌미로 고종을 강제 퇴위시켰다.

(2) 고종 강제 퇴위(1907. 7.): 일본은 헤이그 특사 파견 사건을 빌미로 고종을 강제 퇴위시키고 순종을 즉위시켰으며, 연호를 '융희'로 바꾸었다.

(3) **한·일 신협약(정미 7조약, 1907. 7.)**

　① 통감이 내정 전권을 장악하고, 정부 각 부의 차관이 일본인으로 임명되어 차관 정치가 시작되었다.

　② 한·일 신협약의 부속 비밀 각서에 따라 대한 제국의 군대를 강제 해산시켰다.

📂 자료 스크랩　　**한·일 신협약**

제1조 한국 정부는 시정 개선에 관하여 통감의 지도를 받을 것
제2조 한국 정부의 법령 제정 및 중요한 행정상의 처분은 미리 통감의 승인을 거칠 것
제5조 한국 정부는 통감이 추천한 일본인을 한국 관리로 임명할 것

---

(4) **기유각서(1909. 7.):** 일본이 한국의 사법권과 감옥 관련 사무를 박탈하였다.

(5) **한국 병합 조약(1910. 8.):** 대한 제국이 국권을 상실하고 일본의 식민지로 전락하였다.

2 국권 수호 운동

1. 항일 의병 운동

(1) 을미의병(1895)

계기	을미사변이 일어나고 단발령이 공포됨
주도 세력	• 유인석, 이소응 등 양반 유생이 주도 • 동학 농민군 잔여 세력이 참여
특징	• 고종이 단발령을 취소하고 의병 해산 권고 조칙을 내리자 의병은 대부분 해산하였음 • 해산 이후 일부 농민은 활빈당 등의 무장 결사를 조직하여 투쟁을 이어감

(2) 을사의병(1905)

계기	을사늑약이 체결됨
주도 세력	• 민종식, 최익현⁺등 양반 유생이 주도 • 신돌석 등 평민 출신 의병장도 있었음
특징	평민 출신 의병장 신돌석이 등장하여 이후 수많은 평민 의병장이 대두할 수 있는 계기가 되었음

✚ 최익현

을사의병 때 제자들과 봉기하여 정읍, 순창 일대를 장악하였다. 관군이 파견되자 같은 나라의 군대와 싸울 수 없다면서 체포되었다. 이후 쓰시마섬에 유배되어 순국하였다.

(3) 정미의병(1907)

계기	고종이 강제 퇴위되고 대한 제국의 군대가 해산됨
주도 세력	양반 유생, 농민, 노동자, 상인, 학생, 해산 군인 등 다양한 계층이 참여
특징	• 해산 군인의 참여로 전투력이 강화됨 • 13도 창의군을 결성하여 서울 진공 작전을 전개하였으나 실패함 • 각국 영사관에 의병 부대를 국제법상 교전 단체로 인정해 줄 것을 요구함 • 일본의 남한 대토벌 작전(1909)으로 의병 활동이 위축되었고, 일부 의병은 만주나 연해주 등 국외로 이동하여 항쟁을 전개함

2. 의열 투쟁

나철, 오기호	자신회를 조직하여 을사오적[+]처단 활동을 전개하였음
장인환, 전명운	미국 샌프란시스코에서 일본의 대한 제국 침탈을 찬양한 미국인 스티브스를 사살하였음(1908)
☆안중근	침략의 원흉인 이토 히로부미를 하얼빈에서 처단(1909)하고, 「동양 평화론」을 저술하여 일본의 침략을 비판하였음
이재명	이완용을 습격해 중상을 입혀 을사오적을 공포에 떨게 하였음

+ 을사오적

1905년 을사늑약을 체결할 당시 늑약에 찬성하여 서명한 한국 측 다섯 명의 대신. 즉 박제순(외부대신), 이지용(내부대신), 이근택(군부대신), 이완용(학부대신), 권중현(농상공부대신)을 일컫는다.

3. 애국 계몽 운동

(1) 주도 세력과 목표
① 독립 협회의 활동을 계승한 지식인들이 주도하였다.
② 교육, 언론 등 문화 진흥과 산업 발전을 통해 실력을 양성하고 국권을 회복하고자 하였다.

(2) 애국 계몽 운동 단체의 활동

보안회 (1904)	일본의 황무지 개간권 요구에 반대하는 운동을 전개하여 일본의 요구를 철회시킴
헌정 연구회 (1905)	• 의회 설립을 위한 입헌 정치 체제 수립을 목표로 활동함 • 일진회의 친일 행위를 비판함
대한 자강회 (1906)	• 헌정 연구회 계승, 전국에 지회 설치, 월보 간행, 강연회 개최 등을 통해 계몽 활동을 전개함 • 고종의 강제 퇴위 반대 운동을 전개하다 보안법에 의해 강제 해산됨
대한 협회 (1907)	• 대한 자강회 계승, 민권 운동 중심으로 활동 • 일진회와 연합을 꾀하는 등 친일적인 모습을 보이기도 함
☆신민회 (1907)	• 안창호, 양기탁 등이 중심이 되어 비밀 결사로 조직함 • 국권 회복과 공화정에 바탕을 둔 근대 국민 국가 건설을 목표로 함 • 대성 학교(평양), 오산 학교(정주)를 설립하여 민족주의 교육을 실시함 • 태극 서관, 자기 회사를 운영함 • 이회영, 이상룡 등이 남만주 삼원보에 독립운동 기지를 건설함 • 신흥 강습소를 설립하여 독립군을 양성함 • 일제가 날조한 105인 사건[+]으로 해체됨(1911)

+ 105인 사건

안중근의 사촌 동생인 안명근이 독립 자금을 모금하다가 적발되자, 일제는 이를 총독 암살 미수 사건으로 날조하고 신민회 회원 105명을 구속하였다.

(3) 의의와 한계
① 의의: 민족의식을 고취하고 국권 회복과 근대적 국민 국가 건설을 지향하였다.
② 한계: 일부 운동가들은 실력 양성만을 강조하고 의병 투쟁을 비판하기도 하였다.

3 간도와 독도

1. 간도

(1) 청과의 국경 분쟁과 백두산정계비 건립
① 간도는 고조선 이래 부여, 고구려, 발해 등 여러 국가의 영토로 우리 민족의 주요 활동 무대였다.
② 만주족이 청을 건국한 후 간도 지역이 그들 조상의 건국 발상지라 하여 봉금지로 정하고, 조선인과 중국인의 출입을 엄격하게 금지하였다.

③ 봉금지 지정 이후에도 조선인들이 간도 지역으로 들어가 산삼을 채취하거나 사냥을 하였고, 정착하는 사람들이 늘어나자 조선과 청 사이에 국경 분쟁이 일어났다.

④ 숙종 때 조선과 청 사이에 국경 분쟁을 해결하기 위해 백두산정계비를 세워(1712) 양국의 경계를 정했다.

(2) 간도 귀속 문제 발발

① 19세기 중엽 청의 봉금 정책이 해제되고, 조선 농민들의 간도 이주가 증가하면서 조선과 청 사이에 간도 귀속 문제가 발생하였다.

② 백두산정계비에 대한 해석의 차이가 존재하여 동쪽 경계로 기록된 토문강 위치에 대해 청은 두만강, 조선은 쑹화강 유역이라고 주장하였다.

③ 1903년에 이범윤을 간도 관리사로 파견하여 간도를 함경도에 편입시키고 주민을 직접 관할하게 하였다.

(3) 간도 협약 체결(1909)

① 을사늑약으로 대한 제국이 외교권을 상실한 상태에서 청과 일본 사이에 간도 협약이 체결되어 간도가 청의 영토로 귀속되었다.

② 일본은 청으로부터 남만주 철도 부설권 및 탄광 채굴권을 얻었다.

2. 독도

(1) 조선 시대 이전의 독도

① 신라 지증왕 때 이사부가 울릉도(우산국)를 흡수한 이래, 독도는 우리나라 고유 영토였다.

②『삼국사기』에 울릉도가 기록되어 있으며, 『고려사』에는 우산국 사람들이 고려에 토산품을 바쳤다는 기록이 있다.

(2) 조선 시대의 독도

①『동국문헌비고』, 『세종실록지리지』, 「팔도총도」 등에서 독도가 조선 영토임을 명확히 하였다.

② 조선 숙종 때 안용복이 일본에 건너가 울릉도와 독도가 조선의 영토임을 확인받고 돌아왔다.

③ 19세기 이후 공도 정책을 중단하고, 개척령을 발표하여 관리를 파견하고 주민을 이주시켰다.

④ 일본은 태정관 지령(1877)에서 울릉도·독도가 조선의 영토임을 분명히 하였다.

☆ (3) 대한 제국 이후의 독도

① 대한 제국 칙령 제41호: 1900년 대한 제국 정부는 울릉도를 군으로 승격시키고 독도를 관할하게 하여 독도가 우리의 영토임을 분명히 하였다.

② 일본의 독도 불법 편입(1905): 일본은 러·일 전쟁 중에 독도를 주인 없는 무인도로 규정하고, 일본 시마네현에 불법적으로 편입하였다.

(4) 독도의 현재

① 한국은 역사적·국제법적으로 독도를 실효적으로 지배하고 있다.

② 특히, 연합군 최고사령관 각서 제677호(1946년)에는 울릉도와 독도가 한국 영토로 규정되어 있다.

➕ 안용복

숙종 22년(1696) 울릉우산양도감세관이라 가칭하고, 일본 어선의 범경 사실을 일본에 항의하여 사과를 받고 돌아왔다. 다음 해 일본 막부는 대마도주를 통해 일본의 출어 금지를 통보해 왔다. 그러나 안용복은 공직을 사칭했다는 이유로 처벌받았다.

🔍 꼼꼼 단어 돋보기

● 공도 정책

외부 세력으로부터 섬을 보호할 힘이 없을 때 섬을 비워서 변방 주민을 보호하는 정책

개항 이후 경제와 사회·문화적 변화

이번 단원에서는 개항 이후 일본과 청의 경제적 침략의 모습, 화폐 정리 사업, 국채 보상 운동 등 당시의 경제적 변화를 학습합니다. 또한 근대 문물의 수용, 생활 모습의 변화 등을 공부합니다.

■ 개항 이후 열강의 경제 침략과 경제적 구국 운동

1. 개항 이후 열강의 경제적 침략 과정

(1) 개항 이후 일본 상인의 침투

① 강화도 조약 체결 이후 외국 상인들은 *거류지에서만 활동할 수 있었기 때문에 객주, 여각 등의 조선 상인이 중개 활동으로 이익을 얻었다.

② 강화도 조약 이후 조·일 수호 조규 부록과 조·일 무역 규칙이 잇달아 체결되어 일본 상인의 침투가 본격적으로 시작되었다.

(2) 임오군란 이후 청·일 상인의 경쟁 심화

① 조·청 상민 수륙 무역 장정의 체결로 청 상인의 내륙 진출이 허용되었다.

② 조·일 통상 장정의 체결로 수출입 상품에 대한 관세 부과, 양곡의 수출 제한(방곡령 선포의 근거 마련) 등의 개정이 이루어졌으나, 최혜국 대우 규정도 포함되었다.

③ 일본 등도 최혜국 대우를 근거로 내륙으로 진출하여 청·일 상인이 경쟁하였다.

(3) 청·일 전쟁 이후 일본의 무역 독점

① 일본이 청·일 전쟁에서 승리하면서 청 상인의 세력이 약화되었다.

② 일본이 조선 무역을 독점하였다.

(4) 아관 파천 이후 열강의 이권 침탈

① 열강들이 최혜국 대우를 내세우며 주로 교통과 통신 분야의 이권을 가져갔다.

② 러시아, 일본, 미국 등 열강이 경쟁적으로 광산 채굴권, 철도 부설권, 삼림 채벌권 등을 빼앗아 갔다.

(5) 러·일 전쟁 이후 일본의 토지 약탈

① 일본은 러·일 전쟁 이후 철도 부지와 군용지를 확보한다는 명목으로 대규모 토지를 수탈하였다.

② 1908년에는 동양 척식 주식회사를 세워 황무지, 관청이나 역에 딸린 토지 등을 대규모로 약탈하였다.

(6) 제1차 한·일 협약 이후 일본의 금융 장악(화폐 정리 사업)

목적	일본은 한국을 경제적으로 지배하기 위해 금융과 재정을 장악하고자 함
전개	재정 고문 메가타의 주도로 1905년 화폐 정리 사업을 단행하여 대한 제국의 화폐 발행권을 박탈함
내용	상평통보와 백동화를 일본 제일은행이 발행한 화폐로 바꾸도록 하였으며, 질이 나쁜 조선의 화폐는 교환해 주지 않았음
결과	일본 제일은행이 사실상 중앙은행이 되었으며, 국내 상공업자들과 농민은 큰 타격을 받음

✚ 일본 상인의 조선 진출

개항장에서 일본 상인은 일본 화폐를 사용할 수 있었고, 관세를 내지 않았으며, 곡식을 마음대로 수입하였다.

✚ 방곡령 선포

개항 직후부터 일본 상인이 곡물을 사들여 일본으로 가져가면서 곡물 가격이 크게 올랐고, 흉년으로 곡물이 크게 부족하였다. 그러자 함경도, 황해도, 충청도 등지의 지방관이 곡물의 유출을 막기 위해 방곡령을 선포하였다. 특히 함경도 관찰사 조병식은 개정된 조·일 통상 장정에 따라 1개월 전에 외교 담당 관청에 통고하고 방곡령을 실시하였다(1889). 그러나 일본은 통고를 늦게 받았다는 구실로 조선 정부에 압력을 가해 방곡령을 철회시키고 막대한 배상금까지 받아 냈다.

📖 **꼼꼼 단어 돋보기**

● **거류지**

개항장 10리 이내로, 외국인의 거주와 무역권을 인정한 지역

2. 경제적 구국 운동

(1) 상권 수호 운동

① 철시 투쟁: 개항 이후 시전 상인은 청·일 상인들의 철수를 요구하는 철시 투쟁을 벌였고, 황국 중앙 총상회를 조직하여 상권 수호 운동을 전개하였다.

② 상회사 설립: 개항장의 객주와 여각이 상회사를 설립하였다.

(2) 근대적 산업 자본 육성

① 해운, 철도, 상공업 분야에서 근대적 기업이 설립되었다.

② 금융 자본도 조선은행(최초의 민간 은행, 1896), 한성은행, 천일은행 등이 설립되었지만 일본의 화폐 정리 사업 이후 대부분 몰락하였다.

☆(3) 국채 보상 운동(1907)

① 목적: 일본의 차관 제공에 의한 경제적 예속화에 반대하였다.

② 전개: 김광제, 서상돈 등을 중심으로 대구에서 시작되어 국채를 갚기 위한 모금 운동을 전개하였다.

③ 지원: 『대한매일신보』 등 언론 기관들이 적극적으로 운동을 지원하였다.

④ 결과: 『대한매일신보』 사장 양기탁을 구속하는 등 통감부의 탄압으로 중단되었다.

> ✚ 상회사
> 개항장의 객주들은 객주 상회를 조직하여 개항장에서의 일본 상인의 불법 행위를 규탄·고발하는 등 스스로의 권익을 보호하기 위해 근대적 상인 단체를 구성하였는데, 평안도의 대동 상회와 서울의 장통 상회가 대표적이다.

📋 자료 스크랩   국채 보상 운동 취지서

국채 1,300만 원은 우리 대한의 존망에 관계있는 것이다. 이것을 갚으면 나라가 보존되고 이것을 갚지 못하면 나라가 망할 것은 필연적인 사실이나, 현재 국고에서는 이 국채를 갚아 버리기 어려운즉, 장차 삼천리강토는 우리나라와 백성의 것이 아닌 것으로 될 위험이 있다. 2천만 인이 3개월을 한정하여 담배를 끊고, 그 대금으로 1인마다 20전씩 징수하면 1,300만 원이 될 수 있다.   – 『대한매일신보』(1907. 2. 21.) –

❷ 근대 문물의 수용

☆1. 근대 시설의 도입

전신	일본~부산(1884), 인천~서울~의주(1885) 구간 설치
전화	경운궁에 최초 가설(1898)
전등	경복궁에 최초 설치(1887)
전차	서대문~청량리 구간 운행(1899)
우편	우정총국을 설치하였으나, 갑신정변으로 폐지(1884) → 을미개혁 때 우체사 설치(1895) → 만국 우편 연합 가입(1900)
철도	• 경인선(1899): 서울(한성)~인천(제물포), 최초의 철도 • 경부선(1905), 경의선(1906): 러·일 전쟁 중 일본이 가설
의료	• 지석영이 종두법을 도입하여 천연두 예방 • 광혜원(1885): 알렌의 건의로 설립, 최초의 서양식 병원, 이후 제중원으로 명칭 변경
☆기타	• 박문국(1883): 『한성순보』 발간 • 기기창(1883): 신식 무기 개발 • 전환국(1883): 근대식 화폐 주조

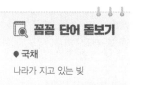

> 🔍 꼼꼼 단어 돋보기
>
> ● 국채
> 나라가 지고 있는 빚

2. 의식주 생활의 변화

의	• 서양식 의복을 입음 • 단발령이 실시되어 성인 남자의 머리가 짧아짐
식	• 커피, 빵 등의 서양 음식이 전래됨 • 중국 음식점이 생겨났으며, 일본 음식도 소개됨
주	독립문(프랑스 개선문 모방, 1897), 명동 성당(중세 고딕 양식, 1898), 덕수궁 석조전⁺ (르네상스 양식, 1910) 등 서양식 건축물을 건립함

+ 명동 성당

3 근대 의식의 확대

1. 근대 교육

(1) 1880년대 근대 교육의 시작

① 원산 학사(1883): 함경도 덕원(원산) 주민이 세운 최초의 근대식 사립 학교이다.

② 동문학(1883): 통역관을 양성하기 위해 정부가 설립한 외국어 교육 기관이다.

③ 육영 공원(1886): 헐버트 등 외국인 교사를 초빙하여 상류층 자제를 대상으로 영어 및 근대 학문을 교육하였다.

④ 개신교 선교사: 배재 학당, 이화 학당 등을 설립하였다.

+ 덕수궁 석조전

(2) 갑오개혁기 교육 입국 조서 반포

① 1895년에 고종이 발표한 교육에 관한 조칙이다.

② 교육은 국가 보존의 근본이며, 학교를 설립하고 인재를 기르는 것이 국가 중흥과 보존에 직결된다고 하였다.

(3) 을사늑약 전후 시기 사립 학교 설립

① 애국 계몽 운동 단체: 대성 학교, 오산 학교 등을 설립하였다.

② 일제의 탄압

㉠ 일제는 1908년 사립 학교령을 발표하여 사립 학교의 설립과 운영을 통제하였다.

㉡ 교과서 검정 제도를 실시하여 애국지사들이 편찬한 교과서 사용을 금지하였다.

2. 언론 활동

(1) 근대 신문의 발간

『한성순보』(1883)	우리나라 최초의 신문으로, 박문국에서 순 한문으로 발행
『독립신문』(1896)	우리나라 최초의 민간 발행 신문으로, 순 한글과 영문으로 발행
『제국신문』(1898)	부녀자와 서민층을 대상으로, 순 한글로 발간
『황성신문』(1898)	을사늑약 체결 후 장지연의 '시일야방성대곡' 게재
『대한매일신보』 (1904)	• 영국인 베델과 양기탁이 발행 • 비교적 활동이 자유로워 가장 강경한 항일 논조를 펼쳤고, 국채 보상 운동에 앞장섬 • 순한글, 국한문, 영문 세 종류로 발행

(2) 일제의 탄압: 일제는 1907년 신문지법을 제정하여 언론 활동을 크게 위축시켰다.

3. 국학의 발달

(1) 한국사 및 세계사 연구

① 민족 영웅 전기: 『을지문덕전』, 『강감찬전』, 『최도통전』(최영 장군), 『이순신전』 등 영웅의 전기가 편찬되었다.

② 외국의 독립과 흥망사: 『미국독립사』, 『월남망국사』, 『이태리건국삼걸전』 등을 통해 외국의 독립과 흥망사를 소개하였다.

③ 신채호: 「독사신론」을 통해 민족주의 사학의 기틀을 마련하였다.

(2) 국어 연구

① 국문 연구소(1907): 주시경 · 지석영 등이 우리말과 글을 연구하고 정리하였다.

② 문법서 발간: 주시경의 『국어문법』 등이 발간되었다.

4 문예와 종교의 새 경향

1. 문학과 예술의 변화

(1) 문학

신소설	• 언문일치 문장 사용, 봉건적인 윤리의 배격과 미신 타파 주장, 남녀평등 사상과 자주독립 의식 고취 등의 특징이 있음 • 대표적 작품: 이인직의 『혈의 누』, 이해조의 『자유종』, 안국선의 『금수회의록』 등
신체시	최남선이 「해에게서 소년에게」(최초의 신체시)를 발표
외국 문학	『성경』, 『이솝 우화』, 『로빈슨 표류기』 등이 번역되어 출간

(2) 예술

미술	서양 화풍이 도입되어 유화가 그려지기 시작
음악	서양식 곡에 우리말 가사를 붙여 부르는 창가(애국가, 독립가, 권학가)가 널리 퍼짐
연극	원각사(최초의 서양식 극장)가 건립되었고, 「은세계」· 「치악산」 등이 공연되었음

☆ 2. 종교의 변화

천도교	• 동학을 천도교로 개칭하고 교육 · 문화 사업에 힘씀 • 『만세보』를 발행하여 민족의식을 고취함
유교	박은식은 「유교 구신론」을 집필하여 민중 교화를 통해 지배층 중심의 유교를 민중 중심으로 전환하고자 함
불교	한용운은 「조선 불교 유신론」을 통해 조선 불교의 자주성을 회복하고, 미신적 요소를 없애는 등 철저한 개혁을 주장함
대종교	• 나철, 오기호 등이 단군 신앙을 바탕으로 대종교를 창시함 • 만주에서 중광단을 조직하여 무장 독립 투쟁에 앞장섬
개신교	알렌, 언더우드, 아펜젤러 등 개신교 선교사들이 교육과 의료 사업을 추진함
천주교	• 소학교, 고아원, 양로원 등을 설립함 • 『경향신문』을 발행함

✚ 『만세보』

손병희를 중심으로 발행된 천도교계 신문이었다.

이론 쏙! 핵심 딱!

쏙딱 TEST

II

정답과 해설 **9쪽**

근대 국민 국가 수립 운동

01 서구 열강의 접근과 조선의 대응

02 동아시아의 변화와 근대적 개혁의 추진

03 근대 국민 국가 수립을 위한 노력

04 일본의 침략 확대와 국권 수호 운동

05 개항 이후 경제와 사회·문화적 변화

📢 선생님이 알려 주는 **출제 경향**

흥선 대원군의 정책, 강화도 조약과 조·미 수호 통상 조약, 임오군란, 갑신정변, 동학 농민 운동의 전개, 갑오개혁과 을미개혁, 독립 협회의 활동, 광무개혁, 일제의 국권 침탈 과정, 독도 등은 빈출 주제이니 꼼꼼하게 학습하세요.

주제 1   서구 열강의 접근과 조선의 대응

주목
01 흥선 대원군의 정책으로 옳지 <u>않은</u> 것은?

① 서원을 정리하였다.
② 당백전을 발행하였다.
③ 서양과 통상 수교를 추진하였다.
④ 양반에게도 군포를 걷는 호포제를 실시하였다.

02 흥선 대원군의 정책을 〈보기〉에서 고른 것은? 2018년 1회

보기
ㄱ. 경복궁 중건   ㄴ. 호포제 시행
ㄷ. 대마도 정벌   ㄹ. 수원 화성 축조

① ㄱ, ㄴ   ② ㄱ, ㄹ
③ ㄴ, ㄷ   ④ ㄷ, ㄹ

03 다음 설명에 해당하는 역사적 사건은? 2016년 1회

• 프랑스군의 강화도 침략
• 조선군이 문수산성, 정족산성에서 항전
• 프랑스군이 외규장각 의궤 등 각종 문화재 약탈

① 을미사변   ② 병인양요
③ 아관 파천   ④ 간도 참변

04 다음 설명에 해당하는 사건은? 2019년 2회

• 제너럴셔먼호 사건을 구실로 1871년 미국의 군함이 강화도를 침략함
• 어재연 등이 이끄는 조선군이 미군과 결사 항전을 벌임

① 병인박해   ② 신미양요
③ 을미사변   ④ 임오군란

05 다음 강화도 조약의 내용에 대한 설명으로 옳은 것은?

2019년 1회

〈조약의 일부〉
제1관 조선은 자주국이며 일본과 똑같은 권리를 갖는다.
⋮
제10관 일본국 인민이 조선국이 지정한 항구에서 죄를 범하였을 경우 모두 일본국에 돌려보내 심리하여 판결한다.

① 세도 정치의 원인이 되었다.
② 척화비 건립의 배경이 되었다.
③ 금난전권 폐지의 계기가 되었다.
④ 치외 법권이 포함된 불평등 조약이었다.

06 다음 (가), (나)에 해당하는 나라를 바르게 짝 지은 것은?

오늘날 조선이 세워야 할 책략으로 　(가)　 을/를 막는 것보다 더 급한 일이 없다. 이를 막는 책략은 무엇인가? 중국과 친(親)하고, 일본과 맺고(結), 　(나)　 와/과 이어짐(聯)으로써 자강을 도모할 뿐이다. ― 황준헌, 『조선책략』 ―

	(가)	(나)		(가)	(나)
①	미국	영국	②	영국	미국
③	러시아	영국	④	러시아	미국

07 조·미 수호 통상 조약의 내용으로 옳지 <u>않은</u> 것은?

① 방곡령　　　　　② 거중 조정
③ 영사 재판권　　　④ 최혜국 대우

08 다음 설명에 해당하는 사절단은?

• 청에 파견되었다.
• 근대식 무기 제조 기술과 군사 훈련법을 습득하였다.

① 수신사　　　　　② 영선사
③ 보빙사　　　　　④ 조사 시찰단

09 ㉠에 해당하는 군대의 명칭은?

2020년 1회

개항 이후 정부는 개화 정책을 추진하면서 신식 군대인 　㉠　 을/를 창설하고, 구식 군대의 규모를 축소하였다. 이런 상황에서 구식 군인들은 밀린 급료로 받은 쌀에 겨와 모래가 섞여 있자 분노하여 봉기하였다.

① 별기군　　　　　② 삼별초
③ 화랑도　　　　　④ 한국 광복군

빠른 정답 체크

01 ③　　02 ①　　03 ②　　04 ②　　05 ④　　06 ④　　07 ①
08 ②　　09 ①

10 다음 내용을 배경으로 일어난 사건은?　　　2019년 1회

> • 개화 정책을 추진하면서 신식 군대인 별기군 창설
> • 신식 군인에 비해 열악한 대우를 받은 구식 군인의 불만

① 아관 파천　　　　② 을미사변
③ 임오군란　　　　④ 정미의병

11 (가)에 들어갈 사건으로 옳은 것은?　　　2018년 2회

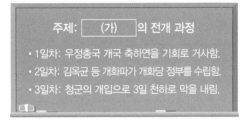

> **주제:** [　(가)　]**의 전개 과정**
> • 1일차: 우정총국 개국 축하연을 기회로 거사함.
> • 2일차: 김옥균 등 개화파가 개화당 정부를 수립함.
> • 3일차: 청군의 개입으로 3일 천하로 막을 내림.

① 갑신정변　　　　② 을미사변
③ 병인양요　　　　④ 임오군란

12 갑신정변에 대한 설명으로 옳지 <u>않은</u> 것은?

① 한성 조약을 체결하였다.
② 온건 개화파가 주도하였다.
③ 근대적 정치 개혁 운동이었다.
④ 이후 거문도 사건이 발생하였다.

13 (가)에 해당하는 사건은?

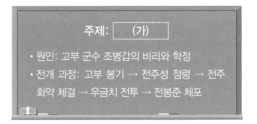

> **주제:** [　(가)　]
> • 원인: 고부 군수 조병갑의 비리와 학정
> • 전개 과정: 고부 봉기 → 전주성 점령 → 전주 화약 체결 → 우금치 전투 → 전봉준 체포

① 병인양요　　　　② 신미양요
③ 국채 보상 운동　　④ 동학 농민 운동

14 다음 인물이 주도한 사건은?　　　2017년 2회

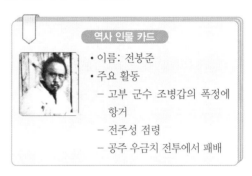

> **역사 인물 카드**
> • 이름: 전봉준
> • 주요 활동
> 　- 고부 군수 조병갑의 폭정에 항거
> 　- 전주성 점령
> 　- 공주 우금치 전투에서 패배

① 갑신정변　　　　② 을미사변
③ 정미의병　　　　④ 동학 농민 운동

15 ㉠에 해당하는 사건은?　　　2020년 1회

> 〈　[　㉠　]**의 역사적 의의** 〉
> 　양반 중심의 신분 질서를 개혁하려는 반봉건적 성격과 일본을 비롯한 외세의 침략을 물리치려는 반침략적 성격을 띠고 있다.

① 무신 정변　　　　② 나·당 전쟁
③ 동학 농민 운동　　④ 민립 대학 설립 운동

주목

16 다음 내용과 관련된 근대적 개혁은?

> • 과거제 폐지　　• 신분제 폐지
> • 과부의 재가 허용

① 갑오개혁　　　　② 임오군란
③ 을사늑약　　　　④ 시무 28조

주목

19 다음 설명에 해당하는 단체는?

> 서재필을 비롯한 개혁 인사들이 조직하였으며, 우리 나라 최초의 근대적 민중 집회인 만민 공동회를 열었다.

① 신민회　　　　　② 의열단
③ 황국 협회　　　　④ 독립 협회

20 (가)에 들어갈 내용으로 옳은 것은?　　**2017년 1회**

> 대한 제국 시기의 　(가)
> • 기본 방향: 구본신참을 바탕으로 점진적 개혁 추진
> • 개혁 내용: 원수부 설치, 양전 사업 실시, 지계 발급 등

① 갑신정변　　　　② 광무개혁
③ 을미개혁　　　　④ 아관 파천

17 제2차 갑오개혁의 내용으로 옳지 <u>않은</u> 것은?

① 신분제 폐지
② 재판소 설치
③ 8아문을 7부로 개편
④ 교육 입국 조서 반포

21 광무개혁에 대한 설명으로 옳지 <u>않은</u> 것은?

① 실업 학교와 기술 교육 기관을 설립하였다.
② 양전 사업을 실시하고 지계를 발급하였다.
③ 대한국 국제를 반포하여 황제권을 강화하였다.
④ 일본의 메이지 유신을 본뜬 제도 개혁을 추진하였다.

18 (가)에 들어갈 내용으로 옳은 것은?

> 주제: 　(가)　의 내용
> • 한성에 친위대, 지방에 진위대 설치
> • 단발령 실시, 종두법 시행, 태양력 사용

① 갑오개혁　　　　② 을미개혁
③ 광무개혁　　　　④ 아관 파천

빠른 정답 체크

10 ③　11 ①　12 ②　13 ④　14 ④　15 ③　16 ①
17 ①　18 ②　19 ④　20 ②　21 ④

22 일본이 강요한 조약의 내용을 시기 순으로 나열한 것은?

> ㉠ 비밀 각서를 통해 대한 제국의 군대를 해산하였다.
> ㉡ 통감부를 설치하여 대한 제국의 외교권을 완전히 장악하였다.
> ㉢ 재정 고문으로 일본인 메가타를, 외교 고문으로 미국인 스티븐스를 채용하였다.

① ㉡ – ㉠ – ㉢ 　　　② ㉡ – ㉢ – ㉠
③ ㉢ – ㉠ – ㉡ 　　　④ ㉢ – ㉡ – ㉠

주목
23 (가)에 해당하는 조약은?

> **탐구 활동**
>
> 탐구 주제: [　　(가)　　]
>
> 〈조사 내용〉
> • 일본이 대한 제국에 강요하여 체결함.
> • 일본이 대한 제국의 외교권을 빼앗고, 통감부를 설치함.
> • 고종은 이 조약의 부당함을 알리기 위해 헤이그에 특사를 파견함.

① 을사늑약 　　　② 한성 조약
③ 강화도 조약 　　　④ 제물포 조약

24 ㉠에 들어갈 내용으로 옳은 것은? 　2020년 1회

> 학습 주제 : 을사조약(을사늑약)의 결과
> – 통감부 설치
> – [　　㉠　　]
> – 초대 통감으로 이토 히로부미 부임

① 척화비 건립 　　　② 조선 통신사 파견
③ 관민 공동회 개최 　　　④ 대한 제국의 외교권 박탈

25 항일 의병 운동에 관한 설명으로 옳은 것은?

① 을사의병은 단발령에 반발하여 일어났다.
② 을사의병은 전직 관리인 민종식 등이 활동하였다.
③ 정미의병은 명성 황후 시해에 반발하여 일어났다.
④ 을미의병 때 해산 군인들이 합류하면서 의병 부대의 조직력이 강화되었다.

26 다음 신문 기사에 보도된 의병에 관한 설명으로 옳은 것은?

> 지금 해산병이 들고 일어났다고 한다. 원주를 중심으로 동으로 강릉, 남으로 제천 등 여러 군이 호응하여 6, 7백 리 지방에 창궐한 형세가 나날이 증가한다고 한다. 　　　　　　　－『대한신문』－

① 외교권 박탈을 계기로 일어났다.
② 단발령 시행에 분노하여 봉기하였다.
③ 러시아 공사관에 있는 고종의 환궁을 요구하였다.
④ 13도 창의군을 결성하여 서울 진공 작전을 추진하였다.

주목
27 (가)에 들어갈 내용으로 가장 적절한 것은? 　2016년 1회

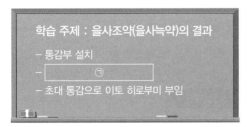

> **역사 인물 카드**
> • 이름: 안중근
> • 생몰: 1879년~1910년
> • 주요 활동
> 　– [　　(가)　　]
> 　– 동양 평화론 주장

① 일왕 폭살 시도
② 한국 광복군 창설
③ 조선어 학회 결성
④ 이토 히로부미 처단

28 (가)에 해당하는 내용은? 2016년 1회

제목: _____(가)_____

주요 단체
- 헌정 연구회: 입헌 정치 체제 수립 추구
- 대한 자강회: 고종 강제 퇴위 반대 운동
- 신민회: 국권 회복과 공화정 추구

① 갑신정변　　　　　② 임오군란
③ 애국 계몽 운동　　④ 항일 의병 전쟁

29 애국 계몽 운동 단체와 주요 활동을 연결한 것으로 옳지 <u>않은</u> 것은?

① 신민회 – 독립운동 기지 건설
② 대한 자강회 – 5적 암살단 조직
③ 헌정 연구회 – 일진회의 친일 행위 비판
④ 보안회 – 일본의 황무지 개간권 요구 반대

30 신민회에 대한 설명으로 옳은 것을 〈보기〉에서 고른 것은? 2017년 2회

보기
ⓐ 형평 운동 실시
ⓑ 105인 사건으로 해산
ⓒ 대성 학교, 오산 학교 설립
ⓓ 화폐 정리 사업 추진

① ㄱ, ㄴ　　　　② ㄱ, ㄹ
③ ㄴ, ㄷ　　　　④ ㄷ, ㄹ

---

31 ㉠에 해당하는 지역은? 2019년 1회

(㉠)는 고구려, 발해 등의 영토였다. 조선과 청은 모호한 영토 경계를 확정하기 위하여 백두산정계비를 세웠다. 1909년 일본은 (㉠)를 청의 영토로 인정한다는 협약을 맺었다.

① 간도　　　　② 독도
③ 거문도　　　④ 위화도

32 다음 질문에 대한 답으로 옳은 것은? 2020년 2회

역사 퀴즈

이곳은 조선 숙종 때 안용복의 활약과 대한 제국의 칙령 제41호에 의해 우리의 고유 영토임이 확인되었습니다. 이곳은 어디일까요?

① 간도　　　　② 독도
③ 강화도　　　④ 거문도

빠른 정답 체크

| 22 ④ | 23 ① | 24 ④ | 25 ② | 26 ④ | 27 ④ | 28 ③ |
| 29 ② | 30 ③ | 31 ① | 32 ② | | | |

33 개항 이후의 경제 상황에 대한 설명으로 가장 적절한 것은?

① 상품 작물이 재배되었다.
② 모내기법이 전국적으로 확산되었다.
③ 청·일 상인 간의 경쟁이 심화되었다.
④ 벽란도가 국제 무역항으로 번성하였다.

34 (가)에 해당하는 것은? 　　　　2018년 1회

조선 쌀이 일본으로 대량 유출되자 국내에서는 식량이 부족해지고 쌀값이 폭등하였다. 이에 일부 지방관들은 　(가)　을 선포하여 쌀의 유출을 금지하였다.

① 단발령　　　　　② 방곡령
③ 회사령　　　　　④ 토지 조사령

35 다음 두 사람의 대화를 통해 알 수 있는 것은?

더 이상 백동화를 쓰지 못한다지.

메가타가 주도했다더군.

① 갑신정변이 일어났다.
② 을사늑약이 체결되었다.
③ 강화도 조약이 체결되었다.
④ 화폐 정리 사업이 시작되었다.

36 개항 이후 열강의 경제 침탈에 대한 우리 민족의 대응으로 옳은 것은?

① 상회사 조직
② 회사령 철폐 요구
③ 토지 조사 사업 실시
④ 금난전권의 부활 촉구

37 다음 글의 내용과 관련이 깊은 운동은?

지금 우리들은 정신을 새로이 하고 충의를 떨칠 때이니, 국채 1천 3백만 원은 우리 대한 제국의 존망에 직결된 것이다. 그런데 이를 갚을 길이 있으니, 2천만 인이 3개월을 한정하여 담배를 끊고 그 대금으로 매 1인마다 매달 20전씩 징수하면 1,300만 원이 될 수 있다.

－『대한매일신보』－

① 국채 보상 운동
② 사립 학교 설립 운동
③ 민간 은행 설립 운동
④ 황무지 개간권 반대 운동

주목
38 다음 내용에 해당하는 민족 운동은?

• 1907년에 발생한 경제적 구국 운동
• 일본에 진 빚을 국민의 힘으로 갚자는 자립 운동

① 개화 운동　　　　② 위정척사 운동
③ 동학 농민 운동　　④ 국채 보상 운동

39 근대 시설과 그에 대한 설명이 <u>잘못</u> 연결된 것은?

① 광혜원 – 서양식 병원
② 기기창 – 무기 제조 공장
③ 전환국 – 전등, 전화 가설
④ 박문국 – 『한성순보』 발간

40 밑줄 친 '서양식 병원'에 해당하는 것은?　　2017년 1회

정부에서 알렌의 건의를 받아들여 병원을 세웠다더군.

그렇다네. 우리나라에서 처음으로 만들어진 '서양식 병원'이라네.

① 광혜원
③ 전환국
② 박문국
④ 육영 공원

41 (가)에 들어갈 내용으로 옳은 것은?

〈근대 문물의 수용〉
• 전화: 경운궁에 최초 가설
• 경인선: _____ (가) _____

① 신식 무기를 제조하는 공장
② 은세계 등 신극을 공연하는 극장
③ 한성에서 제물포까지 부설된 철도
④ 근대적 우편 업무를 총괄하는 기구

42 다음 내용에 해당하는 교육 기관은?

• 헐버트 등 외국인 교사 초빙
• 상류층 자제에게 근대 학문을 가르침

① 동문학
③ 육영 공원
② 원산 학사
④ 이화 학당

43 밑줄 그은 '이 신문'으로 옳은 것은?

정부는 1883년부터 최초의 근대 신문인 <u>이 신문</u>을 발간하였다. 이 신문은 정부에서 발표한 새로운 행정 사항 및 해외 여러 나라의 소식을 실어 열흘에 한 번 발행되었다.

① 한성순보
③ 제국신문
② 독립신문
④ 황성신문

빠른 정답 체크

| 33 ③ | 34 ② | 35 ④ | 36 ① | 37 ① | 38 ④ | 39 ③ |
| 40 ① | 41 ③ | 42 ③ | 43 ① | | | |

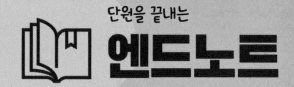

01 서구 열강의 접근과 조선의 대응

흥선 대원군의 개혁 정치와 통상 수교 거부 정책

왕권 강화·민생 안정	비변사 폐지, 『대전회통』 편찬, 경복궁 중건, 서원 철폐, 호포제 실시
통상 수교 거부 정책	병인양요, 신미양요, 척화비 건립

02 동아시아의 변화와 근대적 개혁의 추진

1 강화도 조약과 조·미 수호 통상 조약

강화도 조약(1876)	조선 최초의 근대적 조약, 불평등 조약(영사 재판권, 해안 측량권 등)
조·미 수호 통상 조약 (1882)	• 『조선책략』 유포 → 서양 국가 중 최초로 체결 • 거중 조정 조항, 영사 재판권, 최혜국 대우 조항 등

2 개화 정책의 추진

정치 제도 개편	통리기무아문(개화 정책 총괄, 1880)과 12사 설치
군사 제도 개편	별기군 창설(1881), 5군영 → 2영으로 축소
해외 시찰단 파견	• 수신사(일본): 1차(1876, 김기수), 2차(1880, 김홍집, 『조선책략』 유입) 등 • 조사 시찰단(1881, 일본): 비공식적(비밀), 박정양·어윤중 등 • 영선사(1881, 청): 김윤식 등 → 기기창 설립(1883) • 보빙사(1883, 미국): 민영익, 홍영식, 서광범, 유길준 등

3 임오군란과 갑신정변

임오군란 (1882)	• 전개: 구식 군인 봉기 → 흥선 대원군 재집권 → 청의 개입으로 실패 • 결과: 제물포 조약(일본 경비병 주둔)과 조·청 상민 수륙 무역 장정 체결(청 상인의 특권 보장)
갑신정변 (1884)	• 전개: 우정총국 개국 축하연에서 정변 → 개혁 정강 발표 → 청의 개입으로 실패 • 결과: 한성 조약, 톈진 조약 체결

03 근대 국민 국가 수립을 위한 노력

1 동학 농민 운동(1894)

고부 군수 조병갑의 횡포 → 고부 농민 봉기 → 안핵사 이용태의 농민 탄압 → 황토현 전투, 황룡촌 전투 → 전주 화약 체결 → 일본의 경복궁 점령과 개혁 강요 → 동학 농민군 재봉기(남접과 북접의 연합) → 우금치 전투에서 패배 → 전봉준 등 체포

2 갑오개혁(1894)

제1차	• 군국기무처 설치 • 개국 기년 사용, 궁내부 신설, 국가 재정 일원화, 과거제 폐지, 신분제 폐지
제2차	• 홍범 14조 반포 • 8아문을 7부로 개편, 8도를 23부로 개편, 교육 입국 조서 반포

3 독립 협회와 대한 제국

독립 협회(1896)	『독립신문』, 만민 공동회, 관민 공동회, 헌의 6조, 입헌 군주제 추구, 근대적 의회 설립 운동
대한 제국(1897)	대한국 국제 반포, 광무개혁(구본신참의 원칙), 지계 발급

04 일본의 침략 확대와 국권 수호 운동

1 일본의 침략 과정

러·일 전쟁 → 한·일 의정서(군사 요충지 사용) → 제1차 한·일 협약(고문 정치) → 을사늑약(외교권 박탈, 통감부의 설치) → 헤이그 특사 사건 → 고종의 강제 퇴위 → 한·일 신협약(차관 정치, 군대 해산) → 대한 제국의 국권 상실

2 항일 의병 운동

을미의병(1895)	• 을미사변과 단발령을 계기로 봉기 • 유생들이 주도
을사의병(1905)	• 을사늑약 체결을 계기로 봉기 • 유생 의병장(민종식, 최익현) 외에 평민 출신 의병장(신돌석) 활동
정미의병(1907)	• 고종의 강제 퇴위와 군대 해산을 계기로 봉기 • 13도 창의군 결성 → 서울 진공 작전(1908) → 실패

3 애국 계몽 운동

보안회	일본의 황무지 개간권 요구 저지
대한 자강회	고종의 강제 퇴위 반대 → 해산
신민회	공화정 지향, 국외 독립운동 기지 건설, 대성 학교·오산 학교 설립, 태극 서관·자기 회사 운영

단원을 닫으며

흥선 대원군의 개혁 정책, 강화도 조약, 갑신정변, 독립 협회의 활동, 광무개혁, 일본의 국권 침탈 과정, 항일 의병 운동과 애국 계몽 운동은 빈출 주제입니다. 또한 간도와 독도의 역사는 시사적인 문제로 출제될 가능성이 크니 꼭 정리해 두세요.

일제 식민지 지배와
민족 운동의 전개

CHECK POINT ▶

01 일제의 식민지 지배 정책

1910년대 무단 통치, 토지 조사 사업, 1920년대 민족 분열 통치, 산미 증식 계획

02 3 · 1 운동과 대한민국 임시 정부

3 · 1 운동 이전의 민족 운동, 3 · 1 운동, 대한민국 임시 정부

03 다양한 민족 운동의 전개

무장 투쟁, 의열 투쟁, 실력 양성 운동, 학생 운동, 신간회

04 사회 · 문화의 변화와 사회 운동

사회 모습의 변화, 한글 연구, 한국사 연구, 종교계 활동, 문예 활동, 사회 운동

05 전시 동원 체제와 민중의 삶

1930년대 이후 민족 말살 통치, 병참 기지화 정책, 자원 수탈

06 광복을 위한 노력

1930~1940년대 무장 투쟁, 건국 준비 활동, 8 · 15 광복

01 일제의 식민지 지배 정책

이번 단원에서는 1910년대 일제의 무단 통치와 경제 침탈, 1920년대 민족 분열 통치와 경제 침탈을 학습합니다.

1 제1차 세계 대전과 전후의 세계

1. 제1차 세계 대전

배경	19세기 후반 제국주의 열강들의 식민지 확보 경쟁 심화 → 3국 동맹과 3국 협상⁺의 대립, 범게르만주의와 범슬라브주의의 대립
전개	사라예보 사건⁺→ 오스트리아·헝가리 제국이 세르비아에 선전 포고 → 3국 동맹과 3국 협상의 참전 → 3국 동맹에 전세 유리 → 독일의 무제한 잠수함 작전으로 피해를 본 미국이 협상국으로 참전 → 혁명이 발생한 러시아의 전선 이탈 → 독일의 항복 → 독일이 협상국과 휴전 조약 체결
결과	• 베르사유 체제: 전후 문제 처리를 위해 파리 강화 회의 개최(윌슨의 14개조 평화 원칙 채택), 베르사유 조약 체결, 국제 연맹 창설 • 워싱턴 체제: 협상국으로 참전하여 세력이 확대된 일본이 중국에 '21개조 요구' 제출 → 일본을 견제하기 위해 미국 주도로 워싱턴 회의 개최 → 일본의 군비 축소, 중국에 산둥반도 반환

+ 3국 동맹과 3국 협상

독일이 프랑스를 고립시키기 위해 오스트리아·헝가리 제국, 이탈리아와 3국 동맹을 맺었다. 이에 맞서 프랑스와 영국, 러시아는 3국 협상을 결성하였다.

+ 사라예보 사건

오스트리아 헝가리 제국의 황태자 부부가 사라예보에서 세르비아 청년에게 암살당한 사건으로, 제1차 세계 대전이 시작되는 계기가 되었다.

2. 러시아 혁명과 사회주의 국가의 수립

(1) 러시아 혁명
① 배경: 제1차 세계 대전이 장기화되면서 경제난이 악화되었다.
② 전개: 3월 혁명(제정 붕괴, 임시 정부 수립)과 11월 혁명(소비에트 정부 수립)이 발생하였다.

(2) 사회주의 국가의 수립: 레닌이 이끄는 소비에트 정부가 제1차 세계 대전에서 이탈 → 사회주의 정책(토지 개혁, 산업 국유화) 시행 → 레닌이 코민테른(국제 공산당) 조직 → 소비에트 사회주의 공화국 연방(소련) 수립(1922)

(3) 사회주의의 확산
① 레닌이 각국의 노동 운동과 식민지 해방 운동을 지원하겠다고 선포하였다.
② 동아시아에 사회주의 사상이 널리 확산되었다.

+ 조선 총독부

2 1910년대 무단 통치와 수탈 체제의 확립

1. 1910년대 일제의 식민 통치

(1) 식민 통치
① 조선 총독부⁺ 설치: 일제 식민 통치의 최고 기구로, 조선 총독은 입법·사법·행정·군사에 관한 모든 권한을 행사하였다.
② 중추원 설치: 조선 총독부의 자문 기관으로, 친일파로 구성되었으며 형식적 기구에 불과하였다.

🔍 **꼼꼼 단어 돋보기**

● **조선 총독**

총독에는 일본군 현역 대장이 임명되었고, 일왕 직속으로 입법·사법·행정 및 군대 통수권까지 장악하여 절대 권력을 행사하였음

(2) 무단 통치

① 헌병 경찰 제도: 헌병이 일반 경찰 업무를 수행하였고, 즉결 처분권[+] 등을 통해 태형 등의 형벌을 가하였다.
② 강압적 통치: 교원과 관리까지 칼을 차고[+] 공포 정치로 일관하였다.
③ 기본권 박탈: 언론·출판·집회·결사의 자유권을 박탈하고, 계몽 단체를 해산시켰다.
④ 교육 기회의 제한: 제1차 조선 교육령(1911)을 공포하여 식민 통치에 순응하는 한국인을 육성하고자 하였고, 주로 보통 교육과 실업 교육을 실시하였다.

+ 즉결 처분권

구류, 태형 등에 해당하는 범죄에 대해 정식 재판 없이 헌병 경찰의 재량으로 즉각 처분할 수 있게 한 권리이다.

+ 제복을 입고 칼을 찬 교원

📑 자료 스크랩   조선 태형령

제11조 태형은 감옥 또는 즉결 관서에서 비밀리에 집행한다.
제13조 본령은 조선인에 한하여 적용한다.
시행 규칙 1조 태형은 수형자를 형판 위에 엎드리게 하고 그자의 양팔을 좌우로 벌리게 하여 형판에 묶고 양 다리도 같이 묶은 후 볼기 부분을 노출시켜 태로 친다.

– 『조선 총독부 관보』, 1912 –

2. 1910년대 일제의 경제 침탈

(1) 토지 조사 사업(1910~1918)

실시	근대적 토지 소유권의 확립을 명목으로 임시 토지 조사국을 설치하고, 토지 조사령을 공포함
목적	일본인의 토지 소유를 용이하게 하고, 토지를 수탈하여 지세를 안정적으로 확보하고자 하였음
내용	기한부 신고제와 복잡한 신고 절차로 인해 대규모의 미신고 토지가 발생함
결과	• 미신고 토지는 주인 없는 토지로 간주하여 수탈하고, 동양 척식 주식회사에서 관리하거나 일본인에게 저렴하게 매각하였음 • 지주의 소유권만 인정하고 농민의 관습적인 경작권을 부정하면서 농민들이 소작농으로 전락하였고, 많은 농민들이 만주나 연해주로 이주하였음

📑 자료 스크랩   토지 조사령(1912)

1. 토지의 조사 및 측량은 이 영에 의한다.
4. 토지의 소유자는 조선 총독이 정하는 기간 내에 …… 임시 토지 조사 국장에게 신고하여야 한다. 다만, 국유지는 보관 관청에서 임시 토지 조사 국장에게 통지하여야 한다.
5. 토지의 소유자 또는 임차인, 기타 관리인은 조선 총독이 정하는 기간 내에 그 토지의 사방 경계에 측량 표지 막대를 세우고, 지목 및 자번호와 민유지에는 소유자의 성명 또는 명칭, 국유지에는 보관 관청명을 기재하여야 한다.

(2) 산업 침탈

① 회사령 실시(1910): 우리 민족 자본 성장을 억제하고 일본 기업의 한국 진출을 지원하기 위하여 회사 설립 시 조선 총독의 허가를 받게 하였다.
② 자원 침탈: 삼림령, 어업령, 광업령, 임야 조사령을 제정하여 한국 산업 전반을 장악하였다.
③ 기반 시설 구축: 철도, 도로, 항만 시설을 확충하여 대륙 진출의 발판을 마련하고 각종 자원을 효율적으로 수탈할 수 있게 하였다.

🔍 꼼꼼 단어 돋보기

● 동양 척식 주식회사
1908년 일제가 토지와 자원을 수탈할 목적으로 설립한 국책 회사로, 농민을 가혹하게 착취하였음

3 1920년대 민족 분열 통치와 경제 수탈의 확대

1. 1920년대 일제의 식민 통치
(1) 식민 지배 정책의 변경
① 배경: 3·1 운동을 계기로 무단 통치의 한계를 인식하였다.
② 내용: 일제는 '조선인의 문화 창달과 민력 증진을 꾀한다.'라는 구호 아래 문화 통치를 표방하였다.
③ 목적: 가혹한 식민 통치를 은폐하고, 친일 세력을 양성하여 우리 민족을 이간·분열시키려 하였다.

(2) 민족 분열 통치의 실상
① 문관(민간인) 출신 총독 임명 가능: 실제로는 광복될 때까지 단 한 명의 문관 출신도 총독에 임명되지 않았다.
② 보통 경찰 제도로의 전환: 경찰 수와 경찰 관련 예산이 증가하였으며, 치안 유지법을 적용해 사회주의 운동을 탄압하는 등 감시 체제가 강화되었다.
③ 언론·출판·집회·결사의 자유 부분 허용: 조선일보, 동아일보 등의 한글 신문 발행을 허용하였으나, 검열을 강화하여 언론을 탄압하였다.
④ 도 평의회, 부·면 협의회 설치: 실권이 없는 자문 기관에 불과하였고, 선거권도 극히 일부의 한국인에게만 주어졌다.
⑤ 제2차 조선 교육령 제정(1922): 보통학교의 수업 연한을 6년으로 연장하고 학교를 증설하였으나, 여전히 학교 수는 부족하였고 한국인의 취학률은 저조하였다.

> **자료 스크랩** 치안 유지법(1925)
>
> 제1조 국체(國體) 변혁 또는 사유 재산 제도를 부인하는 것을 목적으로 결사를 조직하거나 또는 그 뜻을 알고도 이에 가입한 사람은 10년 이하의 징역 또는 금고에 처한다.
> 제7조 이 법은 이 법의 시행구역 외에서 죄를 범한 자에게도 적용한다.
> – 『조선 총독부 관보』, 1925 –

2. 1920년대 일제의 경제 침탈
(1) 산미 증식 계획(1920~1934)+

목적	일본 내 쌀 부족 현상이 발생하자 일제는 안정적인 미곡 수급을 위하여 부족한 쌀을 한국에서 확보하고자 하였음
내용	• 일본의 벼 품종을 보급하고 화학 비료 사용을 확대함 • 각지에 수리 시설을 확충함
결과	• 쌀 생산량은 그다지 늘지 않았으나, 일본으로 이출되는 쌀의 양은 해마다 증가하여 한국인의 식량 사정이 악화되었음 • 일제는 한국 내 부족한 식량을 보충하기 위해 만주에서 대량의 잡곡을 수입하였음

+ 연도별 쌀 생산량과 일본 반출량

연도	쌀 생산량	일본 반출량
1920	1,488	189
1922	1,501	296
1924	1,321	467
1926	1,530	554
1928	1,361	670
1930	1,918	490

> **꼼꼼 단어 돋보기**
>
> ● 치안 유지법
> 천황제 및 식민 체제를 부정하는 반정부·반체제 운동이나 사유 재산제·자본주의 체제를 부정하는 사회주의 단체의 조직과 활동을 금하는 법

(2) 일본 자본의 진출
① 회사령 철폐(1920): 허가제였던 종래의 회사령을 폐지하고, 회사 설립을 신고제로 전환하여 일본 자본과 기업의 자유로운 한국 진출을 가능하게 하였다.
② 관세 철폐(1923): 일본 상품에 대한 관세를 철폐하여 일본 자본의 한국 진출을 용이하게 하였다.

02 3·1 운동과 대한민국 임시 정부

이번 단원에서는 1910년대 국내외 민족 운동, 거족적 민족 운동인 3·1 운동, 그리고 대한민국 임시 정부의 활동을 학습합니다.

1 3·1 운동 이전의 민족 운동

1. 국내 비밀 결사 운동

(1) 배경: 일제의 탄압으로 국내 활동이 어려워진 의병 부대와 애국지사들은 만주와 연해주로 이동하였고, 국내에 남은 독립운동가들은 비밀 결사를 조직하였다.

(2) 국내 비밀 결사 단체

독립 의군부 (1912)	• 임병찬이 고종의 비밀 지시로 각지의 유생을 모아 조직하였음 • 복벽주의(고종의 복위 목표)를 지향하였으며, 일본 총리와 조선 총독에게 국권 반환 요구서를 보내려고 계획하던 중 조직이 발각되어 해체되었음
대한 광복회 (1915)	• 박상진과 채기중을 중심으로 군대식으로 조직되었음 • 공화정을 지향하였으며, 군자금을 모금하여 만주에 사관 학교를 설립하고자 하였음

✚ 박상진

☆ 2. 국외 독립운동 ✚

(1) 만주

① 서간도
   ㉠ 신민회의 이회영과 이상룡 등이 주도하여 삼원보에 경학사(이후 부민단)를 조직하였다.
   ㉡ 독립군 양성 기관인 신흥 강습소(이후 신흥 무관 학교)를 설립하였다.

② 북간도
   ㉠ 명동촌, 용정촌 등의 한인 집단촌이 형성되었다.
   ㉡ 중광단은 대종교계가 설립한 무장 단체로, 3·1 운동 이후 북로 군정서로 발전하였다.
   ㉢ 간민회 등의 자치 기관과 서전서숙, 명동 학교 등 많은 학교가 설립되었다.

③ 북만주: 이상설 등이 러시아와 만주 접경 도시인 밀산 지역에 독립군 기지인 한흥동을 만들었다.

(2) 연해주

① 신한촌, 권업회: 블라디보스토크 교외에 독립운동 기지인 신한촌이 건설되었고, 자치 기관인 권업회가 조직되었다(1911).

② 대한 광복군 정부(1914): 권업회를 모체로 블라디보스토크에 이상설, 이동휘를 정·부통령으로 하는 망명 정부를 수립하였다.

(3) 중국(상하이): 신한 청년당은 김규식을 파리 강화 회의에 파견하였다.

✚ 1910년대 국외 독립운동 기지

🔍 꼼꼼 단어 돋보기

● **복벽주의**
나라를 되찾아 왕을 다시 세우겠다는 주장

● **공화정**
국가의 주권은 국민에게 있고 국민의 대표가 정부를 이끌어야 한다는 주장

(4) 미주

① 대한인 국민회(1910): 독립운동 자금을 모아 만주와 연해주의 독립운동을 지원하였다.

② 흥사단(1913): 샌프란시스코에서 안창호가 설립한 실력 양성 운동 단체이다.

③ 대조선 국민 군단(1914): 미국 하와이에서 박용만이 조직한 군사 조직이다.

2 3·1 운동

1. 배경

(1) 국외 상황

① 레닌이 식민지 민족 해방 운동의 지원을 선언하였고, 1918년에 미국 대통령 윌슨이 민족 자결주의를 제창하였다.

② 중국 상하이의 신한 청년당은 파리 강화 회의에 김규식을 파견해 한국의 독립 의지를 알렸고, 만주에서는 민족 인사 39명이 대한 독립 선언을 발표하였다.

③ 미주 지역의 대한인 국민회가 한국의 독립을 위해 미국 정부에 외교 활동을 벌였다.

④ 일본 도쿄 유학생들이 중심이 되어 2·8 독립 선언(1919)을 하였다.

(2) 국내 상황

① 고종의 죽음과 함께 독살설이 유포되어 일본에 대한 반감이 고조되었다.

② 종교계 인사들과 학생들이 대규모 만세 시위를 계획하고 기미 독립 선언서를 배포하였다.

> **➕ 민족 자결주의**
>
> 각 민족은 정치적 운명을 스스로 결정할 권리가 있으며 다른 민족의 간섭을 받을 수 없다는 주장으로, 한 민족이 그들 국가의 독립 문제를 스스로 결정 짓게 하자는 것이다.

📄 자료 스크랩   독립 선언

• 2·8 독립 선언

우리 민족은 정당한 방법으로 우리 민족의 자유를 추구하겠지만, 만일 이로써 성공치 못하면 우리 민족은 생존의 권리를 위하여 온갖 자유행동을 취하여 최후의 1인까지 자유를 위하는 뜨거운 피를 흘릴 것이다.

• 기미 독립 선언

우리는 오늘 조선이 독립국이며 조선인이 이 나라의 주인임을 선언한다. 우리는 이를 세계 모든 나라에 알려 인류가 평등하다는 큰 뜻을 분명히 하고 우리 후손이 스스로 살아갈 정당한 권리를 영원히 누리게 할 것이다.

2. 전개 과정

(1) 독립 선언과 만세 시위

① 1919년 3월 1일, 민족 대표 33인이 태화관에서 독립 선언서를 발표하였다.

② 학생과 시민들은 탑골 공원에서 독립 선언서를 낭독하고, 만세 시위를 전개하였다.

(2) 시위의 확산: 전국 주요 도시에서 농촌으로 확산되었으며, 만주·연해주·미주·일본 등 국외에서도 만세 시위가 전개되었다.

(3) 일제의 탄압: 일본군은 시위 군중을 대량으로 살상하였으며, 수원 화성 인근의 제암리에서는 집단 학살을 자행하였다.

(4) 시위의 변화: 일제의 무자비한 탄압에 맞서 점차 무력 저항으로 변화하였다.

> **➕ 유관순**
>
>
>
> 이화학당 학생이었던 유관순은 3.1 운동이 일어나자, 천안에서 만세운동을 주도함.

> **➕ 제암리 학살**
>
> 1919년 4월 화성 제암리에 파견된 일본군이 마을 사람들을 예배당에 모아 놓고 문을 잠근 뒤 무차별 사격하고 불을 지르는 등 학살의 만행을 저질렀다.

3. 의의와 영향

(1) **의의**: 모든 계층이 참여한 우리 역사상 최대 규모의 민족 운동이었다.

(2) **영향**

　① 대한민국 임시 정부 수립의 계기를 마련하였다.

　② 일제가 식민지 지배 방식을 무단 통치에서 '문화 통치'로 바꾸었다.

　③ 중국 등 여러 나라의 독립운동에 영향을 주었다.

　④ 노동자, 농민의 의식이 높아져 향후 다양한 민족 운동이 나타나는 계기가 되었다.

3 대한민국 임시 정부

1. 대한민국 임시 정부의 수립(1919. 9.)

　① 국내에서 수립된 한성 정부를 중심으로 연해주의 대한 국민 의회를 흡수하여, 상하이에 통합 정부인 대한민국 임시 정부를 수립하였다.

　② 이승만을 임시 대통령, 이동휘를 국무총리로 선임하였다.

　③ 우리 역사 최초의 삼권 분립⁺에 입각한 민주 공화제 정부이다.

✛ 삼권 분립

입법을 담당하는 임시 의정원, 행정을 담당하는 국무원, 사법을 담당하는 법원으로 구성되었다.

☆ 2. 대한민국 임시 정부의 활동

　① **국내와 연락**: 국내외를 연결하는 비밀 행정 조직인 연통제를 운영하였고, 만주의 이륭 양행 등 국내외 여러 곳에 통신 기관인 교통국을 설치하였다.

　② **자금 모집**: 독립 공채⁺를 발행하였고, 의연금 등으로 자금을 조달하였다.

　③ **외교 활동**

　　㉠ 미국에 구미 위원부를 설치하여 이승만을 중심으로 외교 활동을 전개하였다.

　　㉡ 파리 강화 회의에 파견된 김규식을 전권 대사로 임명하여 독립 청원서를 제출하였다.

　④ **군사 활동**: 군무부를 설치(서로 군정서와 북로 군정서 편제)하고 직할 부대를 편성(육군 주만 참의부)하였다.

　⑤ **편찬 사업**: 『독립신문』을 간행하였고, 사료 편찬소를 설치해 『한·일 관계 사료집』을 간행하였다.

✛ 독립 공채

3. 대한민국 임시 정부의 변화

(1) **국민대표 회의(1923)**

　① **배경**: 연통제와 교통국이 무너지고, 이승만이 국제 연맹에 위임 통치 청원서를 제출하면서 임시 정부 개편의 필요성이 제기되었다.

　② **전개**: 창조파와 개조파로 분열하면서 회의가 결렬되었다.

창조파	신채호	임시 정부 해체, 새로운 정부 조직, 무력 항쟁 강조
개조파	안창호	임시 정부 유지 및 보완, 실력 양성, 외교 활동 강조

(2) **대한민국 임시 정부의 개편**

　① **이승만의 탄핵**: 대통령의 직무를 다하지 않은 이승만을 탄핵하고, 제2대 대통령으로 박은식을 선출하였다.

　② **지도 체제 개편**: 박은식이 헌법을 개정⁺하여 국무령 중심의 집단 지도 체제로 전환하였다.

✛ 대한민국 임시 정부의 개헌 과정

구분	시기	정부 형태
1차 개헌	1919	대통령 중심제
2차 개헌	1925	국무령 중심의 내각 책임제
3차 개헌	1927	국무위원 중심의 집단 지도 체제

03 다양한 민족 운동의 전개

이번 단원에서는 1920년대 이후 국외에서의 항일 운동, 의열단과 한인 애국단의 활동, 실력 양성 운동(물산 장려 운동과 민립 대학 설립 운동), 6·10 만세 운동, 광주 학생 항일 운동, 신간회 등 다양한 민족 운동을 학습합니다.

1 무장 투쟁과 의열 투쟁

1. 무장 투쟁

(1) 무장 투쟁의 준비: 3·1 운동 이후 만주 지역에서 서로 군정서, 대한 독립군, 북로 군정서 등 독립군 부대가 조직되었다.

☆ (2) 봉오동 전투와 청산리 대첩

봉오동 전투 (1920. 6.)	• 배경: 독립군의 국내 진공 작전에 맞서 일본군이 독립군 추격 작전을 전개 • 전개: 대한 독립군(홍범도⁺), 군무 도독부(최진동), 국민회군(안무) 등이 연합하여 봉오동에서 일본군을 격파
청산리 대첩 (1920. 10.)	• 배경: 봉오동 전투에서 패한 일본이 훈춘 사건을 구실로 독립군을 공격 • 전개: 북로 군정서(김좌진), 대한 독립군(홍범도) 등이 백운평, 어랑촌 등에서 일본군에 크게 승리

➕ 홍범도

➕ 김좌진

➕ 훈춘 사건

일제가 만주에 군대를 투입할 구실을 만들기 위해 중국 마적을 매수하여 훈춘의 일본 영사관을 습격하고 일본인을 공격하게 한 사건이다.

(3) 독립군의 시련

① **간도 참변(1920~1921):** 청산리 대첩 이후 일제는 독립군의 근거지를 없앤다는 구실로 한인촌에 대한 학살과 방화를 자행하였다.

② **대한 독립 군단 결성(1920):** 서일을 총재로 독립군 주력 부대들이 연합하여 대한 독립 군단을 결성하고, 러시아의 자유시로 이동하였다.

③ **자유시 참변(1921):** 러시아의 자유시에서 적군(러시아의 혁명군)에게 무장 해제를 강요당하여 이에 저항한 많은 독립군이 희생당하였다.

(4) 독립군의 재정비

① **3부⁺의 성립:** 만주의 독립운동 세력이 조직을 정비하여 참의부, 정의부, 신민부의 독립군 정부가 성립되었다.

② **미쓰야 협정(1925):** 일제가 만주 군벌과 공동으로 독립군을 탄압하여 만주 지역 독립군의 활동이 크게 위축되었다.

③ **3부 통합 운동:** 1920년대 후반 이후 3부가 혁신 의회(북만주 지역)와 국민부(남만주 지역)로 통합되었다.

➕ 3부

참의부	압록강 연안에 위치하였고, 대한민국 임시 정부 직할 단체였다.
정의부	남만주 지역을 중심으로 조직되었으며, 휘하에 1,500여 호와 700여 명의 군대를 거느린 가장 조직적인 단체였다.
신민부	북만주 일대를 중심으로, 자유시 참변 이후 소련 영토에서 돌아온 독립군들이 중심이 되어 조직되었다.

📑 자료 스크랩 · 미쓰야 협정

• 한국인이 무기를 가지고 다니거나 한국으로 침입하는 것을 엄금하며 위반자는 검거하여 일본 경찰에 인도한다.
• 만주에 있는 한인 단체를 해산시키고 무장을 해제하며, 무기와 탄약을 몰수한다.
• 일본이 지명하는 독립운동가를 체포하여 일본 경찰에 인도한다.

2. 의열 투쟁

(1) 의열단

　① **결성**: 1919년 만주 지린에서 김원봉 등이 조직하였다.

　② **목표**: 일제의 식민 통치 기관 파괴, 민족 반역자 암살 등을 통한 일제 타도를 추구하였다.

　③ **활동 지침**: 신채호의 「조선 혁명 선언」(1923)을 활동 지침으로 삼고, 폭력을 통한 민중의 직접 혁명을 강조하였다.

　④ **의거**: 박재혁(부산 경찰서에 폭탄 투척), 김익상(조선 총독부에 폭탄 투척), 김상옥(종로 경찰서에 폭탄 투척), 김지섭(일본 왕궁에 폭탄 투척), 나석주(동양 척식 주식회사·조선 식산 은행에 폭탄 투척) 등이 의거하였다.

　⑤ **변화**: 1920년대 후반부터 개별 의열 활동의 한계를 인식하고, 독립군 간부 양성(조선 혁명 간부 학교 설립)과 정당 조직(민족 혁명당) 활동을 전개하였다.

> **🗐 자료 스크랩**　　**신채호의 「조선 혁명 선언」**
>
> 강도 일본을 쫓아내려면 오직 혁명으로만 가능하며, 혁명이 아니고는 강도 일본을 쫓아낼 방법이 없는 바이다. …… 민중은 우리 혁명의 대본영이다. 폭력은 우리 혁명의 유일한 무기이며, 우리는 민중 속으로 가서 민중과 손잡고 폭력, 암살, 파괴, 폭동으로 강도 일본의 통치를 타파하고, 이상적 조선을 건설할지니라.

☆(2) 한인 애국단

　① **결성**: 국민대표 회의 이후 침체된 대한민국 임시 정부의 상황을 타개하기 위하여 김구가 조직하였다(1931).

　② **목표**: 일제 요인 암살과 파괴 공작을 통해 일제 타도를 추구하였다.

　③ **의거**

이봉창⁺	1932년 1월 도쿄에서 일왕의 마차 행렬에 수류탄을 던졌으나 실패하였음
윤봉길⁺	• 1932년 4월 상하이 점령 및 일왕의 생일 축하 행사가 열리던 상하이 홍커우 공원에 폭탄을 던져 일본군 장성과 고관을 처단하였음 • 윤봉길의 상하이 의거로 중국 국민당 정부는 대한민국 임시 정부의 독립운동을 적극 지원하게 되었음

(3) 기타

　① **강우규**: 제3대 총독으로 부임하는 사이토 총독의 마차에 폭탄을 투척하였다.

　② **조명하**: 타이완에서 일본 왕족을 사살하였다.

❷ 민족 운동의 분화와 실력 양성 운동

1. 사회주의 사상의 유입과 민족 운동의 분화

(1) 사회주의 사상의 유입

　① 독립운동의 방안으로 수용하였다.

　② 3·1 운동 이후 청년과 지식인층을 중심으로 확산되었다.

(2) 민족 운동의 분화: 민족주의 계열과 사회주의 계열로 분화되었다.

　① **사회주의자**: 각종 사회 운동을 주도하였고, 조선 공산당을 결성하였다.

　② **민족주의자**: 실력을 키워 독립을 준비하자는 실력 양성 운동을 전개하였다.

2. 실력 양성 운동

⭐ (1) 물산 장려 운동[+]

+ 물산 장려 운동 광고

배경	• 일제가 회사령을 철폐하여 일본 기업의 한국 진출이 본격화되었음 • 일본 상품에 대한 관세 철폐 움직임(일본 자본과 상품의 무분별한 침투)이 있었음
목적	토산품 애용 등을 통해 민족 기업 및 상업 자본을 육성하고자 함
단체	• 평양에서 조만식 등이 조선 물산 장려회를 설립함(1920) • 서울에서 조선 물산 장려회를 전국적 조직체로 확대함(1923)
주장	• '조선 사람 조선 것으로', '내 살림 내 것으로' 등 토산품(국산품) 애용을 주장 • 일본 상품 배척, 소비 절약, 근검·저축 풍토 조성, 금주·금연 실천 등을 주장
결과	• 초기에는 호응 속에 성과가 있었으나 생산 시설 확충의 부진, 일제의 방해 등으로 확산이 미흡하였음 • 일부 자본가와 상인의 이윤 추구로 토산물 가격이 상승하자, 결국은 자본가 계급을 위한 것이라며 사회주의 계열이 비판하였음

(2) 민립 대학 설립 운동

배경	한국인 학생 수에 비해 학교 수가 부족하였고, 고등 교육의 기회가 거의 없었음
목적	대학 설립을 통해 고등 교육을 실현하고자 함
전개	• 이상재, 이승훈 등이 조선 민립 대학 기성회를 결성함 • 조선 민립 대학 기성회는 '한민족 1천만이 한 사람 1원씩'이라는 구호를 앞세워 민립 대학 설립을 위한 전국적인 모금 운동을 추진함
탄압	일제가 민립 대학 설립 운동을 정치 운동으로 규정하고 탄압하여 결국 실패하였음
결과	일제는 회유책으로 1924년 경성 제국 대학을 설립하여 한국인의 고등 교육 열망을 무마하려 하였음

> 📄 **자료 스크랩**   **조선 민립 대학 기성회 취지서**
>
> 우리의 운명을 어떻게 개척할까? 정치냐, 외교냐, 산업이냐? 물론 이와 같은 일이 모두 필요하도다. 그러나 그 기초가 되고 요건이 되며, 가장 급한 일이 되고 가장 필요한 수단은 교육이다. …… 오늘날 조선인이 세계 문화 민족의 일원으로 남과 어깨를 견주고 우리의 생존을 유지하며 문화의 창조와 향상을 기도하려면, 대학의 설립이 아니고는 다른 방도가 없도다.

(3) 농촌 계몽 운동

① 문자 보급 운동(1929)

    ㉠ 『조선일보』가 주도하였고, 한글 교재를 배포하며 문맹 퇴치 운동을 전개하였다.

    ㉡ '아는 것이 힘, 배워야 산다' 등의 구호를 내세웠다.

② 브나로드 운동(1931)[+]

    ㉠ 『동아일보』가 주도하였으며, 농촌 계몽 운동을 전개하였다.

    ㉡ '배우자, 가르치자, 다 함께 브나로드' 등의 구호를 내세웠다.

    ㉢ 한글 보급, 미신 타파 및 구습 제거 등 계몽을 강조하였다.

+ 브나로드 운동

브나로드는 '민중 속으로'라는 뜻의 러시아어이다. 농촌 계몽 운동의 주체인 학생과 청년들은 마을마다 야학을 열어 농민들에게 한글을 가르치고 위생 개선, 미신 타파, 구습 제거 등을 독려하였다.

3. 자치 운동과 참정권 운동[+]

자치 운동	이광수, 최린 등 일부 민족주의 계열 인사가 일제의 지배를 받아들인 채 조선 총독부와 협력하여 조선의 자치 의회 설립을 추진하였음
참정권 청원 운동	일제가 3·1 운동 이후 한국인의 정치 활동을 부분적으로 허용하자, 일본 의회에 한국인도 참여할 수 있게 해 달라는 청원 운동을 전개하였음

[+] 자치 운동과 참정권 운동

실력 양성 운동이 큰 성과를 거두지 못하자 등장하였으나 민족주의 세력의 분열을 초래하였으며, 친일 행위라는 비판을 받았다.

3 학생 운동

1. 6·10 만세 운동(1926)

배경	• 3·1 운동 이후 청년·학생 운동이 활발히 전개 • 사회주의 세력의 성장
전개	순종 인산일을 계기로 사회주의 계열, 천도교, 학생 단체 등이 대규모 시위 준비 → 사전에 발각되면서 사회주의 계열 인사 검거 → 학생들은 예정대로 만세 시위 전개
의의	민족 유일당 운동의 계기(신간회 창립에 영향)

2. 광주 학생 항일 운동(1929)

배경	일본인 남학생의 한국인 여학생 희롱 사건
전개	한·일 학생 충돌 → 경찰의 편파적인 조사 → 광주 일대 학생들의 대규모 시위 → 전국으로 확대(신간회에서 진상 조사단 파견)
의의	3·1 운동 이후 최대 규모의 항일 민족 운동

4 민족 유일당 운동과 신간회

1. 민족 유일당 운동

사회주의 진영	일제가 치안 유지법(1925)을 제정하여 사회주의 세력을 탄압하자 정우회 선언[+]을 통해 비타협적 민족주의 세력과의 연대를 모색하였음
민족주의 진영	비타협적 민족주의자들이 자치 운동을 비판하고 일부 사회주의자들과 연대를 모색하여 조선 민흥회를 결성하였음

[+] 정우회 선언(1926)

정우회가 사회주의 운동의 새로운 방향을 밝힌 선언으로, 사회주의 운동의 침체를 극복하기 위해 '분파 투쟁의 청산', '사상 단체의 통일', '타락하지 않은 민족주의 세력과의 타협', '경제 투쟁에서 정치 투쟁으로의 전환'을 선언하였다.

☆ 2. 신간회

결성	비타협적 민족주의 세력과 사회주의 세력이 연합한 최초의 합법적 단체
강령	정치적·경제적 각성 촉진, 민족의 단결, 기회주의 배격
활동	• 서울에 본부를 설치하고 전국과 만주, 일본에 지회를 두었음 • 강연회를 개최하여 일제의 식민 통치 정책 비판 • 노동·농민·여성·형평 운동 및 원산 총파업 지원 • 광주 학생 항일 운동 때 진상 조사단 파견(민중 대회를 계획하였으나 실패)
해소	• 일제의 탄압, 코민테른의 노선 변화, 중국의 국·공 합작 결렬 • 지도부 내에서 타협주의 대두 • 전체 대회에서 신간회 해소안 채택(1931)

🔍 꼼꼼 단어 돋보기

● 인산일

황제(왕), 황후, 황태자 부부의 장례일을 뜻함

04 사회·문화의 변화와 사회 운동

이번 단원에서는 국권 피탈 이후 조선 민중의 삶을 공부하고, 민족 문화를 수호하기 위한 노력과 각종 차별에 저항하는 대중 운동에 대해 학습합니다.

1 사회 모습의 변화

1. 시간과 공간에 대한 인식 변화

(1) **근대 문물의 유입:** 일제의 효율적인 식민 통치를 위해 시계, 철도 등과 같은 근대 문물과 제도가 도입되었다.

(2) **교통의 발달:** 일제가 대륙 침탈, 자원 수탈을 목적으로 한반도에 X자형 간선 철도 망을 완성하였다.

2. 의식주의 변화: 근대 문물의 유입과 함께 의식주 생활에도 변화가 일어났다.

의생활	• 서양식 복장이 보편화(구두·양복 확산, 단발머리 유행)되었음 • 일제가 중·일 전쟁 이후 몸뻬 착용을 강요하였음
식생활	• 일제의 수탈 정책으로 1인당 쌀 소비량이 줄어 식생활이 열악하였음 • 서양과 일본 음식이 유입되었음
주생활	농촌에는 초가나 전통 한옥이 여전하였으나 도시에는 양옥들이 늘어남

➕ 몸뻬(일바지)

일본 여성의 노동복으로, 여성이 일할 때 입는 헐렁한 바지이다. 일제는 전시 동원 체제인 1940년대 한국 여성들에게 몸뻬 착용을 강요하였다.

3. 도시와 농촌의 변화

도시 발달	• 개항 이후 서울, 평양 등과 함께 부산 등 개항장이 근대적 도시로 바뀜 • 도시에는 신작로가 뚫리고 새로운 시가지가 형성됨 • 일본인은 시가지 중심지를 차지하고 도시의 경제권을 장악하였음
농촌의 변화	• 일제의 토지 조사 사업과 산미 증식 계획으로 인해 농민이 몰락하였음 • 몰락한 농민은 도시로 이주하여 빈민으로 전락하거나 화전민이 되었음

2 민족 문화 수호 운동

1. 한글 연구

(1) **조선어 연구회(1921)**
 ① 주시경의 제자들이 한글 연구와 보급을 위해 결성하였다.
 ② 가갸날(한글날)을 제정하고 잡지 『한글』을 간행하였다.

(2) **조선어 학회(1931)**
 ① 조선어 연구회가 조선어 학회로 이름을 변경한 후 한글 맞춤법 통일안과 표준어 및 외래어 표기법 통일안을 제정하였다.
 ② 『우리말 큰사전』 편찬을 시도하였다.
 ③ 1942년 조선어 학회 사건으로 강제 해산하였다.

➕ 조선어 학회 사건(1942)

일제가 조선어 학회를 독립운동 단체로 간주하고, 『우리말 큰사전』의 편찬을 준비하던 회원을 치안 유지법 위반으로 검거한 사건이다. 이 사건으로 이윤재, 한징이 옥사하였다.

2. 한국사 연구

(1) 일제의 한국사 왜곡

① 목적: 일본의 식민 지배를 정당화하고 한국인의 독립 의지를 약화하고자 하였다.

② 식민 사관

타율성론	한국의 역사가 주체적인 역량으로 전개되지 못하고 외세의 간섭에 의해 좌우되었다는 주장
정체성론	한국은 근대 사회로 이행하기 위한 조건을 갖추지 못해 낙후된 상태에 머물러 있었다는 주장
당파성론	조선의 낮은 문화 수준이 당파적인 민족성 때문이라는 주장

③ 조선사 편수회: 일제가 설치한 한국사 연구 기관으로, 식민 사학의 논리에 맞게 『조선사』를 편찬하였다.

(2) 민족주의 사학

박은식	• 국혼 강조 • 『한국통사』를 저술하여 일본의 침략 과정 폭로 • 『한국독립운동지혈사』를 저술하여 한국 독립운동 역사 정리
신채호	• 고대사 연구에 주력 • 『조선 상고사』, 『조선사 연구초』를 저술하여 우리 민족의 고유한 정신 강조
기타	1930년대에 정인보, 안재홍 등이 민족주의 사학을 계승하여 조선학 운동을 전개

(3) 사회 경제 사학

① 유물 사관의 입장에서 한국사를 연구하였다.

② 백남운: 『조선 사회 경제사』와 『조선 봉건 사회 경제사』를 저술하여 우리 역사를 세계사적·일원론적 발전 법칙을 적용하여 이해하고자 하였다.

📑 자료 스크랩 **민족주의 사학과 사회 경제 사학**

• 박은식의 『한국통사』

옛 사람이 말하기를, 나라는 멸망할 수 있으나 그 역사는 결코 없어질 수 없다고 했으니, 이는 나라가 형체라면 역사는 정신이기 때문이다. 이제 우리나라의 형체는 없어져 버렸지만, 정신은 살아남아야 할 것이다. 이 때문에 나는 우리나라의 역사를 쓰는 것이다. 정신이 살아 있으면 형체도 부활할 때가 있을 것이다.

• 신채호의 『조선 상고사』

역사란 무엇인가? 인류 사회의 아와 비아의 투쟁이 시간부터 발전하며 공간부터 확대하는 심적 활동 상태의 기록이니 …… 조선사라 하면 조선 민족이 그리되어 온 상태의 기록이다.

• 백남운의 『조선 사회 경제사』

우리 조선의 역사적 발전의 전 과정은 가령, 지리적 조건, 인종학적 골상, 문화 형태의 외형적 특징 등 다소의 차이는 인정되더라도, 외관적인 소위 특수성은 다른 문화 민족의 역사적 발전 법칙과 구별되어야 하는 독자적인 것이 아니며, 세계사적·일원론적인 역사 법칙에 의하여 다른 제 민족과 거의 동일한 발전 과정을 거쳐 온 것이다.

(4) 실증 사학

① 문헌 고증을 통해 객관적으로 역사를 서술하려 하였다.

② 이병도, 손진태: 진단 학회를 조직하고 『진단 학보』를 발행하였다.

+ 조선학 운동

1934년 다산 정약용 서거 99주년을 맞아 일어난 운동으로 정인보, 안재홍 등은 『여유당전서』를 교열하여 『정다산전서』라는 이름으로 간행하는 등 실학 연구에 주력하였다. 역사학에서의 조선학 운동은 안재홍, 정인보, 문일평 등 비타협적 민족주의 사학자들에 의해 주도되었는데, 신채호 등의 민족주의 사학을 계승하되 이전 민족주의 사학의 한계를 인식하고, 민족의 고유성·특수성과 세계사적 보편성을 동시에 추구하였다.

+ 유물 사관

사회주의에 기초한 역사관으로, 역사 발전의 원동력을 정신이 아닌 물질적인 생산력과 생산 관계의 변화로 보았다.

3. 종교계의 활동

천도교	• 『개벽』, 『신여성』, 『어린이』 등의 잡지를 발간 • 청년·여성·소년 운동 전개
개신교	• 조선 총독부가 신사 참배를 강요하자 신사 참배 거부 운동을 전개 • 교육과 의료 사업 전개
원불교	• 박중빈이 창시 • 허례허식 폐지, 근검절약, 협동 단결 등 새 생활 운동을 전개
천주교	• 고아원과 양로원을 세우는 등 사회사업 전개 • 무장 독립 단체인 의민단 조직
대종교	• 단군 숭배 사상을 통해 민족의식 고취 • 중광단을 통해 항일 무장 투쟁을 전개
불교	• 한용운 등이 사찰령 폐지 운동을 전개 • 조선 불교 유신회 조직

4. 교육과 언론 활동

(1) 교육

① 일제가 보통 교육, 실업 교육을 중시하는 우민화 교육을 실시하였다.

② 사립 학교, 강습소, 개량 서당, 야학 등을 설립하여 민족 교육을 실시하였다.

(2) 언론

① 3·1 운동 이후 일제가 문화 통치를 표방하여 한글 신문과 잡지의 발행을 허가하였으나 실제로는 언론을 통제하였다.

② 1940년 『동아일보』, 『조선일보』 등이 강제 폐간되었다.

5. 다양한 문예 활동

(1) 문학

① 1910년대: 계몽주의적 성격의 문학(이광수, 최남선)이 유행하였다.

② 1920년대: 낭만주의·자연주의 문학이 유행하였으며, 1920년대 중반 이후 ˙신경향파 문학이 등장하였다.

③ 1930년대: 순수 문학, 저항 문학(이육사, 윤동주), 친일 문학이 등장하였다.

(2) 예술

① 음악: 가곡과 동요가 등장하였다. **예** 홍난파 '봉선화', 안익태 '코리아 환상곡'

② 미술

　㉠ 안중식 등은 한국 전통 회화를 계승하여 발전시켰다.

　㉡ 이중섭, 나혜석 등은 서양화의 기법을 도입하였다.

③ 연극: 토월회, 극예술 연구회 등을 결성하였다.

④ 영화: 나운규가 민족의 아픔을 표현한 「아리랑」을 발표하였다.

⑤ 대중가요와 대중 잡지: 대중가요가 유행하였고 『개벽』, 『삼천리』 등의 대중 잡지가 발간되었다.

🔍 **꼼꼼 단어 돋보기**

● 신경향파 문학

1920년대에 새롭게 등장한 문학으로, 러시아 혁명 이후 유입된 사회주의 사상의 영향을 받아 계급 노선과 현실주의를 추구함

❸ 다양한 대중 운동의 전개

1. 농민 운동

(1) 배경: 토지 조사 사업과 산미 증식 계획의 실시로 많은 농민이 소작농으로 전락하였고, 높은 소작료와 세금을 부담하였다.

(2) 전개

1920년대	농민 조합을 결성하고 조직적인 소작 쟁의를 전개하였음 예 암태도 소작 쟁의
1930년대	농민 생활이 더욱 어려워지자 소작 쟁의가 격화되었고, 사회주의자들의 혁명적 농민 조합 운동과 연계하여 항일 투쟁으로 발전하였음

2. 노동 운동

(1) 배경: 열악한 노동 조건에 따른 노동자의 불만이 가중되었다.

(2) 전개

1920년대	노동 운동 단체를 결성하여 노동 쟁의를 전개함 예 원산 총파업
1930년대	• 단순한 생존권 투쟁이 아니라 계급 해방을 추구하는 혁명 운동이었음 • 사회주의자들의 혁명적 노동조합 운동과 연계하여 항일 투쟁으로 발전함

3. 다양한 사회 운동

청년 운동	민족 운동 세력이 민족주의 진영과 사회주의 진영으로 분열되어 상호 대립하자, 이를 해결하기 위하여 조선 청년 총동맹이 결성되었음(1924)
소년 운동	• 방정환은 천도교 소년회를 조직(1921)하고, 어린이날을 제정하였음 • 잡지 『어린이』를 발간하였고, 전국적 조직체인 조선 소년 연합회를 결성하였음(1927)
여성 운동	• 3·1 운동 이후 독립운동에 국내외 여성들이 대거 참여하면서 조선 여자 교육회, 조선 여자 기독교 청년회 등이 결성되었음 • 1920년대에 사회주의 사상이 유입되면서 민족주의 여성 단체와 갈등을 보이자 여성계 민족 유일당 단체인 근우회(신간회 자매 단체, 1927)가 조직되었음 • 근우회가 기관지 『근우』를 발간함
☆형평 운동⁺	• 갑오개혁으로 신분제가 폐지된 이후에도 백정에 대한 사회적 차별이 계속되었음 • 1923년 경남 진주에서 백정들이 조선 형평사를 조직하고 평등한 대우를 요구함

✚ 형평 운동 포스터

📄 자료 스크랩　　**조선 형평사 취지문**

공평(公平)은 사회의 근본이고, 사랑은 인간의 본성이다. 고로 우리는 계급을 타파하고, 모욕적인 칭호를 폐지하여, 교육을 장려하고 우리도 참다운 인간으로 되고자 함은 본사(本社)의 주지이다. 지금까지 조선의 백정은 어떠한 지위와 압박을 받아왔던가? 과거를 회상하면 종일 통곡하고도 피눈물을 금할 수 없다.

전시 동원 체제와 민중의 삶

이번 단원에서는 일제의 인적 수탈(징용, 징병, 정신대 등), 물적 수탈의 사례를 집중적으로 학습합니다. 일제는 1930년대 이후 만주 사변, 중·일 전쟁을 일으키면서 대륙 침략을 본격적으로 전개하였고, 국가 총동원법 발표 이후에는 전시 동원 체제로 개편하였습니다.

1 대공황과 제2차 세계 대전

1. 대공황과 전체주의의 등장

(1) 대공황(1929)의 발생

① 미국의 주가 폭락으로 시작되어 전 세계에 확산되었다.

② 각국의 기업과 은행이 파산하고 수많은 실업자가 발생하였으며, 공업과 농업 분야에서도 큰 타격을 입었다.

(2) 대공황 대응책

미국	뉴딜 정책[+] 실시
영국, 프랑스	본국과 식민지를 연결하는 블록 경제 형성
이탈리아, 독일, 일본	• 전체주의가 등장하였고, 식민지를 확보하기 위한 대외 침략을 감행 • 이탈리아의 파시스트당, 독일의 나치당, 일본의 군국주의

> **＋ 뉴딜 정책**
> 미국의 루스벨트 대통령이 미국의 경제 공황을 타개하기 위하여 추진하였던 정책이다. 정책으로는 일자리 창출, 대규모 공공사업 실시 등이 있다.

2. 제2차 세계 대전

(1) 배경: 이탈리아·독일·일본이 대외 침략과 상호 군사 동맹에 관한 조약을 체결하여 국제 사회의 긴장을 고조시켰다.

(2) 전개

전쟁 발발	독·소 불가침 조약 체결 → 독일의 폴란드 공격 → 영국·프랑스가 독일에 선전 포고
전쟁 과정	독일이 유럽 대부분 점령 → 독일의 소련 공격 → 일본의 하와이 진주만 기습 → 미국의 참전 → 소련이 스탈린그라드 전투에서 독일에 승리 → 이탈리아 항복 → 연합군의 노르망디 상륙 작전 → 프랑스 파리 해방 → 독일 항복 → 미국이 일본에 원자 폭탄 투하 → 일본 항복

(3) 결과

① 전후 처리 노력

㉠ 대서양 헌장(미국, 영국): 국제 평화를 위한 노력과 전후 평화 수립의 원칙에 합의하였다.

㉡ 카이로 회담(미국, 영국, 중국): 일본에 대한 전후 처리에 관해 협의하였다.

㉢ 얄타 회담(미국, 영국, 소련): 전후 국제기구 설립에 합의하여 국제 연합(UN)을 창설하였다.

㉣ 포츠담 회담(미국, 영국, 소련): 카이로 회담의 내용을 재확인하였다.

② 군사 재판: 침략 전쟁을 범죄로 규정하고 전범에게 법적 책임을 물었다.

> **🔎 꼼꼼 단어 돋보기**
>
> ● **전체주의**
> 국가나 민족의 이익을 위해 개인의 자유를 희생해야 한다는 사상 및 체제

2 1930년대 이후 민족 말살 통치와 전시 동원 체제

1. 민족 말살 통치

(1) 침략 전쟁 확대: 대공황 이후 일본은 대륙 침략을 본격화하면서 만주 사변(1931), 중·일 전쟁(1937), 태평양 전쟁(1941)으로 침략 전쟁을 확대하였다.

☆**(2) 민족 말살 통치**

① 목적: 일제는 전쟁의 효과적인 수행을 위해 내선일체, 일선 동조론 등을 내세워 일본과 한국이 하나라고 강조하며 한국인의 일본 동화 정책을 펼쳤다.

② 내용

황국 신민화 정책	• 국민정신 총동원 운동을 전개하여 황국 신민 서사를 암송하게 하였으며, 신사 참배와 궁성 요배를 강요함 • 일본식 성과 이름을 강요(창씨개명)하였는데, 이를 거부할 경우에는 자녀를 학교에 보낼 수 없고 식량도 배급받지 못하였음
교육과 언론 통제	• 한국어와 한국사 과목 폐지 • 소학교의 명칭을 '황국 신민의 학교'라는 의미의 '국민학교'로 변경 • 『동아일보』와 『조선일보』 폐간

2. 전시 동원 체제

(1) 병참 기지화 정책

① 목적: 전쟁에 필요한 인적·물적 자원을 효과적으로 수탈하기 위해서 한국을 병참 기지로 삼으려 하였다.

② 남면북양 정책: 한반도 남부에 면화 재배, 북부에 양 사육을 강제하여 군수 물자를 수탈하고자 하였다.

③ 농촌 진흥 운동: 1930년대에 들어서면서 농촌 사회의 어려움이 가중되고 소작 쟁의가 확산됨에 따라, 일제가 조선 농민을 회유하는 정책의 일환으로 실시하였다.

(2) 자원 수탈: 일제는 국가 총동원법을 제정하여(1938) 전쟁에 필요한 자원을 수탈하였다.

인적 수탈	• 병력 동원: 중·일 전쟁을 치르면서 육군 지원병제(1938)를 시행하였고 태평양 전쟁 이후 학도 지원병제(1943), 징병제(1944)를 실시함 • 노동력 동원: 국민 징용령(1939)을 실시하여 광산, 비행장, 공사장 등지에 한국인을 강제 동원함 • 여성 동원: 여자 정신 근로령을 제정하여(1944) 군수 공장에서 일하게 하거나, 전쟁터로 끌고 가 일본군 '위안부'로 삼는 만행을 저질렀음
물적 수탈	• 산미 증식 계획을 재개함(1940) • 미곡 공출제와 식량 배급 제도를 시행함 • 전쟁 수행을 위해 금속 공출 제도를 실시함 • 국방 헌금을 강화하고, 새로운 세금을 부과함

▣ 자료 스크랩 — 국가 총동원법(1938)

제1조 국가 총동원이란 전시에 국방 목적을 달성하기 위하여, 국가의 전력을 가장 유효하게 발휘하도록 인적·물적 자원을 운용하는 것을 말한다.

제4조 정부는 전시에 국가 총동원상 필요할 때는 칙령이 정하는 바에 따라 제국 신민을 징용하여, 총동원 업무에 종사하게 할 수 있다.

제8조 정부는 칙령이 정하는 바에 따라 물자의 생산, 수리, 배급, 기타의 처분 등에 관하여 명령을 내릴 수 있다.

✚ 태평양 전쟁

일본은 중·일 전쟁을 도발한 이후 대동아 공영권 건설(일본을 중심으로 단결하여 아시아에서 서양 세력을 물리치자는 논리)을 명분으로 동남아시아 지역까지 침략하였다. 이에 미국이 전략 물자 수출을 금지하는 등 압박을 가하자, 일본은 하와이의 진주만을 기습하여 태평양 전쟁을 도발하였다(1941).

✚ 황국 신민 서사(아동용)
• 우리는 대일본 제국의 신민입니다.
• 우리들은 마음을 합하여 천황 폐하에게 충의를 다합니다.
• 우리들은 괴로움을 참고 견디며 단련을 하여 훌륭하고 강한 국민이 되겠습니다.

✚ 식량 배급 정책과 공출 제도 시행

일제는 군량미 마련을 위해 집집마다 목표량을 정해 쌀을 공출하고 식량 배급제를 실시했으며, 무기를 만들기 위해 절이나 교회의 종, 가정에서 쓰는 놋그릇과 숟가락까지 빼앗아 갔다.

🔍 꼼꼼 단어 돋보기

● **내선일체**
일본(내지)과 한국(조선)은 한 몸과 같다는 논리

● **일선 동조론**
일본인과 조선인이 같은 조상에서 나왔다는 주장

● **궁성 요배**
아침마다 일왕의 거처가 있는 도쿄를 향해 절을 하고 경의를 표하는 행위

광복을 위한 노력

이번 단원에서는 1930년대 이후 설립된 민족 혁명당, 조선 의용대, 한국 광복군 등을 공부하며, 광복을 위해 노력한 다양한 활동을 학습합니다.

1 1930~1940년대 무장 투쟁

1. 한·중 연합 작전

(1) **배경**: 일제가 만주 사변(1931)을 일으켜 중국을 침략하였다.

(2) **전개**: 1930년대 초 중국군과 연합 작전을 전개하였다.

한국 독립군	• 북만주에서 지청천을 중심으로 활동 • 중국 호로군과 연합하여 쌍성보·대전자령 전투 등에서 일본군을 격퇴
조선 혁명군	• 남만주에서 양세봉을 중심으로 활동 • 중국 의용군과 연합하여 영릉가·흥경성 전투에서 일본군을 격퇴

2. 만주 지역의 항일 유격 투쟁

(1) **전개**

① 만주에 남아 있던 사회주의 계열의 무장 독립군이 중국 공산당과 함께 동북 인민 혁명군을 결성하였다.

② 동북 항일 연군으로 확대·개편되었고 조국 광복회를 조직하였다.

(2) **쇠퇴**: 보천보 전투 이후 일본의 공격으로 세력이 약화되어 연해주로 이동하였다.

3. 중국 관내의 항일 투쟁

민족 혁명당 (1935)	• 조직: 민족주의계와 사회주의계가 참여한 중국 관내 최대 규모의 통일 전선 정당임 • 참여: 조소앙의 한국 독립당, 지청천의 조선 혁명당, 김원봉의 의열단이 참여하였으나 김구 등 임시 정부 계열(한국 국민당)은 불참하였음 • 약화: 조직의 주도권을 김원봉의 의열단계가 장악하자 조소앙·지청천 등 민족주의계 일부 인사가 탈퇴하였음
조선 의용대 (1938)	• 조직: 김원봉이 조직한 무장 부대로, 중국 관내에서 조직된 최초의 무장 조직임 • 활동: 중국 국민당과 함께 항일전을 전개함 • 이동: 1942년 조선 의용대 일부가 충칭(중경)의 한국 광복군에 합류하였고, 대부분의 병력은 화북으로 이동하여 조선 의용대 화북 지대를 결성하였음 • 이후: 조선 의용군으로 개편됨
★한국 광복군 (1940)	• 조직: 충칭(중경)에 정착한 대한민국 임시 정부가 지청천을 총사령관, 이범석을 참모장으로 하여 조직하였고, 1942년 김원봉의 조선 의용대 일부를 흡수하였음 • 활동: 인도·미얀마 전선에서 영국군과 연합하여 대일전에 참전하였고, 미국 전략 정보처(OSS)와 협력하여 국내 진입 계획을 추진(국내 진공 작전)했으나 일본의 항복으로 실현되지는 못하였음

✚ 한국 광복군

❷ 광복을 준비하는 움직임

1. 국내외 건국 준비 활동

(1) 대한민국 임시 정부

① 대한민국 임시 정부의 재정비(1940)

한국 독립당 결성	한국 국민당(김구), 한국 독립당(조소앙), 조선 혁명당(지청천)이 합당하여 결성함
충칭 정착	윤봉길 의거 이후 일제의 탄압이 심해지자 중국 내륙으로 이동하여 충칭(중경)에 정착함
한국 광복군 창설	지청천을 총사령관으로 한 무장 부대를 창설하여 군사적 측면을 강화하였음

② 건국 강령 발표(1941)

㉠ 조소앙의 ˙삼균주의를 바탕으로 하였다.

㉡ 보통 선거를 통한 민주 공화정 수립, 토지 개혁 및 주요 산업의 국유화, 친일파 청산 등의 내용이 담겨 있다.

(2) 조선 독립 동맹

① 결성(1942): 중국 화북 지방에서 활동하던 사회주의 계열의 독립운동가들이 결성하였다.

② 활동: 군사 조직으로 조선 의용군을 창설하였고, 중국 공산당군과 연합하여 항일 전쟁에 참가하였다.

③ 건국 강령: 조선 민주 공화국 건설을 표방하였다.

(3) 조선 건국 동맹

① 결성(1944): 여운형을 중심으로 국내의 민족주의자와 사회주의자가 대거 참여해 결성하였다.

② 활동: 일제의 침략 전쟁을 방해하고, 국내외 무장 봉기를 계획하였다.

③ 건국 강령: 민주주의 원칙에 바탕을 둔 국가 건설을 목표로 하였다.

2. 국제 사회의 한국 독립 약속

(1) 카이로 회담(1943): 제2차 세계 대전 중 미국·영국·중국의 정상이 카이로에 모여 처음으로 한국의 독립을 결의하였다.

(2) 포츠담 선언(1945): '카이로 선언의 조항은 이행될 것'이라고 밝힘으로써 한국의 독립을 재확인하였다.

3. 8·15 광복⁺

(1) 과정

① 제2차 세계 대전에서 이탈리아와 독일의 항복 후 미국이 일본의 히로시마와 나가사키에 원자 폭탄을 투하하였고, 곧이어 소련이 대일전에 참전하였다.

② 일본이 8월 15일 무조건 항복하여 우리 민족은 광복을 맞이하였다.

(2) 의의: 우리 민족의 끊임없는 항일 투쟁에도 불구하고 연합국의 승리라는 국제 환경 속에서 다가온 불완전한 것이었다.

＋ 8·15 광복

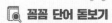

🔍 **꼼꼼 단어 돋보기**

● **삼균주의**

조소앙이 제창한 이론으로 정치·경제·교육의 균등을 주장함

이론 쏙! 핵심 딱!

쏙딱 TEST

III

정답과 해설 13쪽

일제 식민지 지배와 민족 운동의 전개

01 일제의 식민지 지배 정책

02 3·1 운동과 대한민국 임시 정부

03 다양한 민족 운동의 전개

04 사회·문화의 변화와 사회 운동

05 전시 동원 체제와 민중의 삶

06 광복을 위한 노력

 선생님이 알려 주는 **출제 경향**

각 시기별 일제의 식민 정책, 3·1 운동, 대한민국 임시 정부의 활동, 의열단과 한인 애국단의 의거, 신간회, 박은식과 신채호 등 민족주의 역사학자, 형평 운동, 한국 광복군의 활동 등은 빈출 주제입니다.

주제 1 **1910년대 무단 통치**

주목

01 1910년대 일제의 식민지 지배 정책으로 옳은 것은?

① 회사령을 철폐하였다.
② 창씨개명을 강요하였다.
③ 치안 유지법을 공포하였다.
④ 헌병 경찰 제도를 시행하였다.

02 다음 법령이 시행되던 시기에 추진된 일제의 경제 정책으로 옳은 것은?

> 제11조 태형은 감옥 또는 즉결 관서에서 비밀리에 행한다.
> 제13조 본령은 조선인에 한하여 적용한다.
> 시행 규칙 1조 태형은 수형자를 형판 위에 엎드리게 하고 그자의 양팔을 좌우로 벌리게 하여 형판에 묶고 양다리도 같이 묶은 후 볼기 부분을 노출시켜 태로 친다.

① 토지 조사령을 공포하였다.
② 국가 총동원법을 제정하였다.
③ 금속 공출 제도를 시행하였다.
④ 일본 상품에 대한 관세를 철폐하였다.

03 다음 법령의 시행 결과 나타난 사실로 옳은 것은?

> 토지의 소유자는 조선 총독이 정하는 기간 내에 주소, 씨명, 명칭 및 소유지의 소재, 지목, 자번호, 사표, 등급, 지적, 결수를 임시 토지 조사 국장에게 신고해야 한다.

① 한국인의 기업 설립이 감소하였다.
② 농민의 관습적인 경작권이 부정되었다.
③ 만주로부터 잡곡 수입량이 증가하였다.
④ 조선 총독부의 지세 수입이 감소하였다.

04 ㉠에 들어갈 말로 적절한 것은?

2019년 1회

3·1 운동으로 무단 통치의 한계를 느낀 일제가 실시한 통치 정책에는 어떤 것이 있을까요?

㉠

① 한·일 협정을 체결하였습니다.
② 조선 총독부를 설치하였습니다.
③ 민족 분열 정책을 실시하였습니다.
④ 헌병 경찰 제도를 도입하였습니다.

05 (가)에 들어갈 내용으로 옳은 것은?

2018년 1회

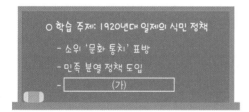

○ 학습 주제: 1920년대 일제의 식민 정책
- 소위 '문화 통치' 표방
- 민족 분열 정책 도입
- _____(가)_____

① 헌병 경찰제 실시
② 국가 총동원법 제정
③ 산미 증식 계획 시행
④ 황국 신민화 정책 강화

06 다음 설명에 해당하는 일제 식민 정책은?

2017년 1회

1920년대 일제는 부족한 쌀을 한국에서 확보하기 위한 정책을 추진하였다. 그 결과 쌀 생산량은 늘었지만, 증산량보다 많은 쌀이 일본으로 유출되어 우리 농민의 처지는 더욱 악화되었다.

① 회사령   ② 토지 조사 사업
③ 국가 총동원법   ④ 산미 증식 계획

주목

07 민족 분열 통치에 대한 설명으로 옳지 <u>않은</u> 것은?

① 도 평의회가 설치되었다.
② 경찰 수와 비용이 확대되었다.
③ 언론에 대한 검열이 강화되었다.
④ 문관이 조선 총독에 임명되었다.

08 일제가 다음 법을 시행한 목적으로 옳은 것은?

제1조 국체 변혁 또는 사유 재산 제도를 부인하는 것을 목적으로 결사를 조직하거나 또는 그 뜻을 알고도 이에 가입한 사람은 10년 이하의 징역 또는 금고에 처한다.
제7조 이 법은 이 법의 시행 구역 외에서 죄를 범한 자에게도 적용한다.

① 전쟁에 필요한 자원을 수탈하기 위해
② 일본 기업의 한국 진출을 지원하기 위해
③ 일본 자국 내 부족한 쌀을 확보하기 위해
④ 사회주의와 항일 민족 운동을 탄압하기 위해

빠른 정답 체크

01 ④   02 ①   03 ②   04 ③   05 ③   06 ④   07 ④
08 ④

09 (가)에 들어갈 말로 옳은 것은?

박상진을 중심으로 조직되어 공화정을 지향하였던 비밀 결사 단체는 무엇일까요?

(가) 입니다.

① 독립 의군부   ② 대한 광복회
③ 조선 의용대   ④ 한인 애국단

10 밑줄 친 '이 지역'과 관련된 것은?

> 우리 민족은 19세기 후반부터 이 지역에 본격적으로 이주하였다. 일제는 독립군 기지를 없앤다는 구실로 마을을 불태우고 학살하여 많은 동포들이 피살되었다.

① 경학사   ② 신한 청년당
③ 대한인 국민회   ④ 대한 광복군 정부

11 다음 설명에 해당하는 지역은?

> • 권업회가 조직되어 항일 투쟁을 전개하였다.
> • 대한 광복군 정부가 수립되었다.

① 미주   ② 중국
③ 북간도   ④ 연해주

12 3·1 운동의 배경으로 옳지 않은 것은?

① 고종 승하 후 독살설이 유포되었다.
② 윌슨이 민족 자결주의를 제창하였다.
③ 백정에 대한 사회적 차별이 지속되었다.
④ 도쿄 유학생들이 2·8 독립 선언을 발표하였다.

13 다음 설명에 해당하는 사건은?

> • 배경: 2·8 독립 선언, 민족 자결주의
> • 주요 사건: 유관순의 순국, 화성 제암리 학살 등
> • 영향: 대한민국 임시 정부 수립, 중국의 5·4 운동 등

① 3·1 운동   ② 위정척사 운동
③ 동학 농민 운동   ④ 항일 의병 운동

주목

14 3·1 운동의 영향으로 옳은 것은?

① 신분제가 폐지되었다.
② 강화도 조약이 체결되었다.
③ 위정척사 운동이 전개되었다.
④ 일제가 식민 통치 방식을 '문화 통치'로 바꾸었다.

15 대한민국 임시 정부에 대한 설명으로 옳은 것은?

① 브나로드 운동을 주도하였다.
② 만주에서 김원봉이 조직하였다.
③ 고종의 비밀 지시를 받아 조직되었다.
④ 우리 역사상 최초의 민주 공화제 정부이다.

16 대한민국 임시 정부의 활동으로 옳은 것은?   2018년 1회

① 의열단 조직
② 한국 광복군 창설
③ 군국기무처 설치
④ 교육 입국 조서 반포

17 다음 설명에 해당하는 것은?   2020년 1회

- 3·1 운동 이후 여러 지역의 독립운동 단체가 통합되어 수립됨
- 삼권 분립에 기초한 민주 공화제를 채택함
- 연통제와 교통국을 조직하여 독립운동을 전개함

① 집강소   ② 독립 협회
③ 조선어 연구회   ④ 대한민국 임시 정부

18 두 사람의 대화를 통해 알 수 있는 역사적 사건은?

2017년 2회

독립군이 일본군을 상대로 큰 승리를 거두었던 전투에 대해 알고 있니?

응. 김좌진의 북로 군정서를 비롯한 독립군 연합 부대가 일본군과 싸워서 큰 승리를 거두었지.

① 행주 대첩   ② 살수 대첩
③ 명량 대첩   ④ 청산리 대첩

19 다음 설명에 해당하는 사건은?   2018년 2회

독립군 근거지를 없앤다는 명분으로 일본군은 1920년에서 1921년 봄까지 만주 일대의 한인 동포들을 학살하는 만행을 저질렀다.

① 을미사변   ② 간도 참변
③ 상하이 사변   ④ 제암리 사건

빠른 정답 체크

09 ②	10 ①	11 ④	12 ③	13 ①	14 ④	15 ④
16 ②	17 ④	18 ④	19 ②			

주목

20 다음 사건을 순서대로 옳게 나열한 것은?

> ㉠ 간도 참변   ㉡ 자유시 참변
> ㉢ 봉오동 전투   ㉣ 청산리 대첩

① ㉠ - ㉡ - ㉢ - ㉣
② ㉡ - ㉢ - ㉠ - ㉣
③ ㉢ - ㉣ - ㉠ - ㉡
④ ㉣ - ㉢ - ㉠ - ㉡

21 (가)에 들어갈 인물은?   2017년 2회

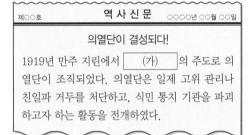

> 제○○호   **역사 신문**   ○○○○년 ○○월 ○○일
>
> **의열단이 결성되다!**
>
> 1919년 만주 지린에서   (가)   의 주도로 의열단이 조직되었다. 의열단은 일제 고위 관리나 친일파 거두를 처단하고, 식민 통치 기관을 파괴하고자 하는 활동을 전개하였다.

① 김원봉   ② 최익현
③ 박은식   ④ 홍범도

22 다음 자료에 해당하는 인물은?   2018년 1회

> **이 달의 역사 인물**
> • 생몰 연도: 1908년~1932년
> • 활동: 1932년 상하이 훙커우 공원에서 폭탄을 던져 일본인 고관을 살상함. 이 의거를 계기로 중국 정부가 대한민국 임시 정부를 후원함.

① 김상옥   ② 김원봉
③ 윤봉길   ④ 이봉창

23 구호에 나타난 민족 운동은?   2018년 1회

> 내 살림 내 것으로!

> 조선 사람은 조선 사람이 지은 것을 사 쓰자!

① 형평 운동   ② 물산 장려 운동
③ 문맹 퇴치 운동   ④ 민립 대학 설립 운동

24 (가)에 들어갈 단체로 옳은 것은?   2018년 2회

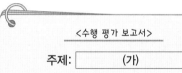

> <수행 평가 보고서>
>
> **주제:**   (가)
>
> • 목적: 고등 교육 기관 설립을 통한 실력 양성
> • 인물: 이상재, 이승훈 등
> • 활동: '한민족 1천만이 한 사람이 1원씩'이라는 구호로 모금 운동 전개

① 조선어 학회   ② 신흥 강습소
③ 대한인 국민회   ④ 조선 민립 대학 기성회

주목

25 다음 설명에 해당하는 운동은?

> •『조선일보』가 주도하였다.
> • '아는 것이 힘, 배워야 산다' 등의 구호를 내세웠다.

① 브나로드 운동
② 문자 보급 운동
③ 국채 보상 운동
④ 광주 학생 항일 운동

26 다음 설명에 해당하는 운동은?

> • 순종의 인산일에 발생
> • 민족 유일당에 대한 공감대 형성 계기

① 3·1 운동　　　　　② 6·10 만세 운동
③ 민립 대학 설립 운동　④ 광주 학생 항일 운동

27 다음 가상 일기의 내용에 해당하는 민족 운동은?

2017년 1회

> 1929년 11월 ○일
> 　얼마 전 조선인 여학생을 희롱한 일본인 남학생들과 이를 말리던 조선인 남학생들 간에 싸움이 있었다. 경찰이 일본 학생들에게 유리하게 사건을 처리하자 분노한 조선 학생들이 시위를 벌였고, 많은 학생들이 검거되었다. 검거된 학생들이 걱정스럽다.

① 3·1 운동　　　　　② 문맹 퇴치 운동
③ 물산 장려 운동　　④ 광주 학생 항일 운동

28 신간회에 관한 내용으로 옳은 것은?

① 서울 진공 작전을 추진하였다.
② 일본의 황무지 개간권 요구를 저지하였다.
③ 자기 회사를 설립하고, 태극 서관을 운영하였다.
④ 광주 학생 항일 운동에 진상 조사단을 파견하였다.

29 다음에서 설명하는 단체는?

> • 일제 강점기에 한글을 지키려는 노력을 전개하여 한글 맞춤법 통일안을 제정하였다.
> • 『우리말 큰사전』 편찬을 시도하였으나 일제의 방해로 성공하지 못하였다.

① 황국 협회　　　　　② 한국 광복군
③ 한인 애국단　　　　④ 조선어 학회

30 ㉠에 해당하는 인물은?

2019년 1회

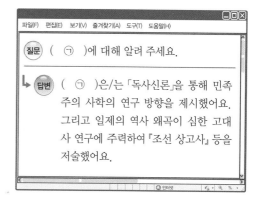

> 질문 (㉠)에 대해 알려 주세요.
>
> 답변 (㉠)은/는 「독사신론」을 통해 민족주의 사학의 연구 방향을 제시했어요. 그리고 일제의 역사 왜곡이 심한 고대사 연구에 주력하여 『조선 상고사』 등을 저술했어요.

① 백남운　　　　　② 신채호
③ 이상설　　　　　④ 장지연

31 일제 강점기 종교계의 항일 운동이 바르게 짝지어진 것은?

① 대종교 - 무장 독립 단체인 의민단을 조직하였다.
② 개신교 - 일제의 신사 참배 강요에 반대 운동을 펼쳤다.
③ 원불교 - 한용운 등이 사찰령 폐지 운동을 전개하였다.
④ 천도교 - 중광단을 조직하여 항일 무장 투쟁을 전개하였다.

빠른 정답 체크

20 ③	21 ①	22 ③	23 ②	24 ④	25 ②	26 ②
27 ④	28 ④	29 ④	30 ②	31 ②		

32 다음 단체에 대한 설명으로 옳은 것은?

> • 방정환이 조직하였다.
> • 어린이날을 제정하였다.

① 만민 공동회를 개최하였다.
② 토산품 애용을 주장하였다.
③ 잡지 어린이를 발간하였다.
④ 오산 학교와 대성 학교를 설립하였다.

주목
33 (가)에 해당하는 것은?

> 갑오개혁으로 신분제가 폐지되었지만 백정에 대한 사회적 차별은 여전히 지속되었다. 이에 백정들은 　(가)　를 조직하고 사회적 차별 철폐를 주장하였다.

① 근우회
② 조선 형평사
③ 천도교 소년회
④ 조선사 편수회

주목
34 1930년대 이후 일제의 민족 말살 통치에 해당되지 <u>않는</u> 것은?

① 성명을 일본식으로 고치도록 강요하였다.
② 학교에서 한국어와 한국사 교육을 금지하였다.
③ 내선일체, 일선 동조론, 황국 신민화를 주장하였다.
④ 학교 교원에게도 제복을 입히고 칼을 차게 하였다.

35 다음 방침이 적용되던 시기를 연표에서 옳게 고른 것은?

> • 창씨하지 않은 사람은 자녀를 학교에 보낼 수 없다.
> • 창씨하지 않은 사람은 식량을 배급받을 수 없다.

1910	1920	1929	1937	1945
(가)	(나)	(다)	(라)	
국권 피탈	봉오동 전투	광주 학생 항일 운동	중·일 전쟁 발발	8·15 광복

① (가)
② (나)
③ (다)
④ (라)

36 일제의 식민 통치를 순서대로 옳게 나열한 것은?

> ㉠ 한반도를 대륙 침략을 위한 병참 기지로 삼았다.
> ㉡ 사상 통제와 탄압을 위하여 치안 유지법이 공포되었다.
> ㉢ 국가 총동원법을 발표하여 인적·물적 자원의 수탈을 강화하였다.
> ㉣ 재판 없이 태형을 가할 수 있는 즉결 처분권을 헌병 경찰에게 부여하였다.

① ㉠ - ㉡ - ㉢ - ㉣
② ㉠ - ㉣ - ㉡ - ㉢
③ ㉣ - ㉠ - ㉡ - ㉢
④ ㉣ - ㉡ - ㉠ - ㉢

37 (가)에 들어갈 내용으로 가장 적절한 것은?　　2017년 2회

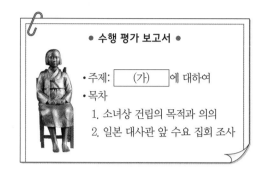

● 수행 평가 보고서 ●

• 주제: 　(가)　에 대하여
• 목차
　　1. 소녀상 건립의 목적과 의의
　　2. 일본 대사관 앞 수요 집회 조사

① 동북공정　　　　　② 간도 문제
③ 남북 협상　　　　　④ 일본군 '위안부'

39 ㉠, ㉡에 들어갈 용어를 바르게 짝 지은 것은?

1930년대에는 일제가 만주 침략을 감행하면서 무장 독립 전쟁의 여건이 크게 바뀌었다. 이에 양세봉이 이끄는 　㉠　와/과 지청천이 이끄는 　㉡　이/가 중국군과 연합 작전을 전개하여 여러 차례 승리를 거두었다.

	㉠	㉡
①	한국 독립군	조선 혁명군
②	대한 독립군	조선 혁명군
③	조선 혁명군	한국 독립군
④	조선 혁명군	북로 군정서

40 다음 밑줄 친 ㉠, ㉡에 해당하는 것을 바르게 짝 지은 것은?

1943년 11월 27일 미·영·중 연합국 대표들이 만나 제2차 세계 대전의 전후 문제를 결정하였다. 여기에는 적절한 절차를 거쳐 우리 민족을 독립시킨다는 내용도 포함되어 있었는데, 특히 한국에 대해서는 앞으로 독립 국가로 승인할 결의를 하여 ㉠ 처음으로 한국의 독립이 국제적으로 보장을 받았다. 이후 1945년 7월 26일 미국, 영국, 소련이 ㉡ 재차 한국의 독립을 확인하였다.

	㉠	㉡
①	포츠담 선언	카이로 회담
②	얄타 회담	포츠담 선언
③	카이로 회담	포츠담 선언
④	얄타 회담	카이로 회담

38 (가)에 들어갈 내용으로 가장 적절한 것은?

일제는 국가 총동원법을 제정하여 침략 전쟁에 필요한 자원을 수탈하였어요. 일제가 국가 총동원법을 공포한 이후에 있었던 사실에 대해 말해 볼까요?

(가)

① 징병제가 실시되었어요.
② 치안 유지법이 공포되었어요.
③ 헌병 경찰 제도가 시행되었어요.
④ 산미 증식 계획이 처음 시행되었어요.

빠른 정답 체크

32 ③	33 ②	34 ④	35 ④	36 ④	37 ④	38 ①
39 ③	40 ③

단원을 끝내는

엔드노트

01 일제의 식민지 지배 정책

일제의 시기별 통치 방식

1910년대	무단 통치	헌병 경찰제, 조선 태형령	토지 조사 사업, 회사령(허가제)
1920년대	민족 분열 통치(문화 통치)	치안 유지법	산미 증식 계획
1930년대 이후	민족 말살 통치	국가 총동원법	징용, 징병, 정신대, 공출, 배급

02 3·1 운동과 대한민국 임시 정부

1 1910년대 국내 비밀 결사 단체

단체	활동
독립 의군부	• **특징**: 임병찬 주도, 복벽주의 추구 • **활동**: 국권 반환 요구서 발송 계획
대한 광복회	• **특징**: 박상진 주도, 공화주의 추구 • **활동**: 군자금 모금, 친일 부호 처단

2 1910년대 국외 독립 운동

지역	주요 단체
서간도	자치 기관인 경학사 설치, 신흥 강습소(신흥 무관 학교로 발전) 설립
북간도	서전서숙·명동 학교 설립, 중광단(북로 군정서로 발전) 조직
연해주	신한촌 건설, 권업회 조직, 대한 광복군 정부 수립
미주 지역	대한인 국민회, 대조선 국민 군단(박용만), 흥사단(안창호)

3 3·1 운동의 전개 과정

독립 선언	• **민족 대표 33인**: 종로 인사동 태화관에서 독립 선언서 낭독 → 자진 체포 • **학생, 시민**: 탑골 공원에서 독립 선언 → 만세 시위 전개
일제의 탄압	헌병 경찰과 군대를 동원하여 무력 진압(제암리 학살)
확산	주요 도시에서 농촌과 국외로 확산

4 대한민국 임시 정부의 활동

비밀 연락망과 군자금 조달	연통제와 교통국 설치, 독립 공채 발행, 군자금 모금
외교 활동	구미 위원부 설치
문화 활동	『독립신문』 발간, 사료 편찬소 설립(『한·일 관계 사료집』 발간)

03 다양한 민족 운동의 전개

1 의열 투쟁의 전개

의열단	• 김원봉이 만주 지린에서 조직(1919) • 신채호의 「조선 혁명 선언」(1923)을 지침으로 활동 • 김익상, 김상옥, 나석주 등의 의거
한인 애국단	• 김구가 상하이에서 조직(1931) • **이봉창 의거**: 도쿄에서 일왕의 마차 행렬에 투폭 → 실패 • **윤봉길 의거**: 상하이 훙커우 공원 의거 → 중국 국민당 정부가 대한민국 임시 정부를 지원하는 계기가 됨

2 신간회

창립 배경	조선 민흥회 설립, 정우회 선언
활동	기회주의자 배격(강령), 원산 노동자 총파업 지원, 광주 학생 항일 운동에 진상 조사단 파견

04 광복을 위한 노력

1 1930년대 한·중 연합 작전과 조선 의용대

지청천의 한국 독립군	중국 호로군과 연합, 쌍성보 전투, 대전자령 전투
양세봉의 조선 혁명군	중국 의용군과 연합, 영릉가 전투, 흥경성 전투
김원봉의 조선 의용대	중국 관내 최초의 조선인 무장 독립군

2 1940년 이후 한국 광복군 창설과 임시 정부의 활동

한국 광복군(1940)	• 1940년 충칭에 임시 정부 안착 → 임시 정부의 정규군으로 한국 광복군 창설 • 김원봉의 조선 의용대 일부 병력을 흡수하여 전력 강화(1942) • **영국군과 연합하여 미얀마·인도 전선에 파견**: 암호 해독, 포로 심문 등 • 미국 전략 정보처(OSS)와 협력하여 국내 진공 작전 추진 → 실행되지 못함
건국 강령 발표	1941년 조소앙의 삼균주의를 바탕으로 대한민국 건국 강령 발표

단원을 닫으며 일제의 식민 정책을 각 시기별로 꼼꼼하게 정리하세요. 항일 운동 단체는 명칭이 비슷한 경우가 많아서 여러 번 반복하는 것이 필요합니다. 또한 3·1 운동의 전개, 대한민국 임시 정부의 활동, 의열단은 빈출 주제라는 점 잊지 마세요.

에 듀윌이
너 를
지 지할게

ENERGY

느리더라도 꾸준하면 경주에서 이긴다.

– 이솝(Aesop)

대한민국의 발전

CHECK POINT ▶

01 8 · 15 광복과 통일 정부 수립을 위한 노력
8 · 15 광복, 모스크바 3국 외상 회의, 미 · 소 공동 위원회, 단독 정부 수립 반대 움직임

02 대한민국 정부 수립과 6 · 25 전쟁
대한민국 정부 수립 과정, 반민 특위, 6 · 25 전쟁, 전후 남북한의 정치와 경제

03 4 · 19 혁명과 민주화를 위한 노력
4 · 19 혁명, 5 · 16 군사 정변, 박정희 정부, 유신 체제, 5 · 18 민주화 운동

04 6월 민주 항쟁과 민주주의의 발전
6월 민주 항쟁, 노태우 정부, 김영삼 정부, 김대중 정부, 노무현 정부

05 경제 성장과 사회 · 문화의 변화
경제 개발 5개년 계획, 산업화의 진전, 경제적 갈등, 외환 위기

06 남북 화해와 동아시아 평화를 위한 노력
남북 관계의 개선, 동아시아의 갈등과 해결을 위한 노력

8·15 광복과 통일 정부 수립을 위한 노력

이번 단원에서는 광복 이후, 분단 국가가 수립되는 과정을 공부합니다. 특히 모스크바 3국 외상 회의, 좌·우 합작 운동, 남북 협상 등 주요 사건을 정리하고 학습합니다.

1 냉전 체제

1. 냉전 체제의 형성
(1) **냉전:** 미국 중심의 자본주의 진영과 소련 중심의 공산주의 진영이 직접적으로 무력을 사용하지는 않지만 세계 곳곳에서 대립한 것을 말한다.

(2) 대립

진영	자본주의 진영	공산주의 진영
중심	미국	소련
주요 활동	• 트루먼 독트린⁺ • 마셜 계획⁺ • 북대서양 조약 기구(NATO)	• 경제 상호 원조 회의(코메콘) • 공산당 정보국(코민포름) • 바르샤바 조약 기구(WTO)

+ 트루먼 독트린(1947)
미국 대통령 트루먼이 공산주의의 확산을 막기 위해 발표한 외교 선언이다.

+ 마셜 계획
미국이 서유럽 국가들의 경제 부흥을 위해 행한 경제 원조 계획이다.

2. 동아시아에서의 냉전

중국	국·공 내전에서 공산당이 승리하면서 중화 인민 공화국이 수립되었음(1949)
일본	미국이 일본을 동아시아의 군사 기지로 삼기 위해 경제·군사적으로 지원함
베트남	북베트남과 남베트남으로 분단되어 베트남 전쟁이 일어났음

2 8·15 광복과 분단

1. 8·15 광복과 국내 정세
(1) **광복의 배경**
　① 연합군의 승리: 제2차 세계 대전에서 일본이 연합국에 무조건 항복을 선언하면서 우리 민족은 광복을 맞이하였다(1945. 8. 15.).
　② 독립운동의 결과: 일제의 탄압 아래에서 우리 민족이 끈질긴 독립운동을 통해 쟁취한 성과이다.

(2) **광복 직후 국내 정세**
　① 조선 건국 준비 위원회(건준) 설립

조직	광복 직후 여운형이 조선 건국 동맹을 기반으로 조직함
활동	치안대를 조직하고 전국에 145개 지부를 설치함
해체	미군이 진주하였을 때 대등한 입장에서 교섭하기 위하여 조선 건국 준비 위원회를 해체하고 이승만을 주석, 여운형을 부주석으로 하는 조선 인민 공화국⁺을 선포하였음

+ 조선 인민 공화국
건국 준비 위원회는 미군정이 들어서기 직전에 서둘러 조선 인민 공화국을 선포하였으나, 미군정은 정부를 표방하는 그 어떤 것도 인정하지 않았다. 이 때문에 조선 인민 공화국은 그 영향력이 미미할 수밖에 없었다.

② 해외 독립운동 세력의 귀국: 미군정이 대한민국 임시 정부를 인정하지 않았으며, 주석인 김구의 귀국도 개인 자격으로만 허용하였다.

③ 광복 후 남한의 여러 정치 세력: 한국 민주당(송진우, 김성수), 독립 촉성 중앙 협의회(이승만), 한국 독립당(김구), 조선 공산당(박헌영) 등이 있었다.

2. 국토의 분단

(1) 배경

① 소련이 일본에 선전 포고한 후 전투를 벌이며 빠르게 남하하였다.

② 미국이 북위 38도선을 기준으로 한반도 분할 점령을 제안하자 소련이 동의하였다.

③ 미군과 소련군이 주둔하여 군정을 실시하였다.

(2) 미·소의 한반도 통치

남	• 미국은 군정을 실시하여 남한 지역을 직접 통치함 • 조선 인민 공화국과 대한민국 임시 정부를 인정하지 않았음 • 현상 유지 정책: 조선 총독부의 관료와 경찰 기용, 한국 민주당 등 우익 세력 이용
북	• 소련은 인민 위원회에 행정권을 이양하여 북한 지역을 간접 통치함 • 소련군과 함께 귀국한 사회주의 세력을 지원하여 소련에 우호적인 정부를 수립하고자 함

3 국가 건설을 둘러싼 갈등

1. 모스크바 3국 외상 회의(1945. 12.)

(1) 전개: 미국·영국·소련의 외무 장관이 모스크바에 모여 제2차 세계 대전의 전후 처리 문제를 논의하였다.

(2) 결정 내용: 한국에 임시 민주 정부 수립, 미·소 공동 위원회 설치, 미·영·중·소 4개국에 의한 최고 5년간의 ˙신탁 통치를 결의하였다.

(3) 국내 반응

① 국내에 소식 전파: 회의의 결정 내용이 전해지는 과정에서 소련이 신탁 통치, 미국이 즉시 독립을 주장하였다는 잘못된 보도가 전파되었다.

② 우익 세력: 김구, 이승만 등이 신탁 통치 반대 운동을 전개하였다.

③ 좌익 세력: 처음에는 신탁 통치에 반대하였으나, 모스크바 3국 외상 회의 결정 총체적 지지로 입장을 변경하였다.

④ 신탁 통치에 대한 입장 차이로 우익과 좌익의 격렬한 갈등이 발생하였다.

2. 미·소 공동 위원회와 좌우 합작 운동

(1) 제1차 미·소 공동 위원회(1946. 3.~5.)

① 개최: 모스크바 3국 외상 회의의 결정에 따라 한국에 임시 민주 정부를 수립하는 방안을 논의하기 위해 서울 덕수궁에서 미·소 공동 위원회가 개최되었다.

② 결렬: 미국은 신탁 통치에 반대하는 우익 세력을 합의 대상에 포함시키려 한 반면, 소련은 모스크바 3국 외상 회의의 결정에 찬성하는 정당과 사회단체의 참여만을 고집하여 결렬되었다.

🔍 **꼼꼼 단어 돋보기**

● **신탁 통치**
국제 연합의 위임을 받은 나라가 안정된 질서 수립, 자치, 독립, 원조 등을 목적으로 일정 지역이나 국가를 통치하는 것을 뜻함

(2) 이승만의 정읍 발언(1946. 6.): 제1차 미·소 공동 위원회가 무기한 휴회에 들어가자, 이승만이 남한만의 단독 정부 수립을 주장하였다.

(3) 좌·우 합작 운동(1946~1947)

배경	제1차 미·소 공동 위원회가 결렬되었고 이승만이 단독 정부 수립을 주장하였음
전개	여운형, 김규식 등의 중도 세력이 좌익과 우익의 대립을 극복하고 통일 정부를 수립하기 위하여 좌·우 합작 위원회를 결성하고, 좌우 합작 7원칙⁺을 발표함
결과	좌·우 세력의 불참과 여운형의 피살, 미군정의 지원 철회 등을 이유로 활동이 중단되었음

(4) 제2차 미·소 공동 위원회(1947. 5.~10.)

① 미·소의 대립이 해소되지 않아 다시 결렬되었다.

② 미국이 한국에 대한 신탁 통치를 포기하고 한반도 문제를 유엔에 이관하였다.

3. 한국 문제의 유엔 이관과 단독 정부 수립 반대 움직임

(1) 한국 문제에 대한 유엔(국제 연합)의 결정

① 유엔 총회에서 미국이 제안한 인구 비례에 의한 남북한 총선거가 결정되었다.

② 총선거를 감독하기 위해 유엔 한국 임시 위원단이 파견되었으나, 북측과 소련이 위원단의 입북을 거부하였다.

③ 유엔 소총회를 개최하고 선거가 가능한 지역(38도선 이남 지역)만의 단독 선거를 결정하였다.

☆(2) 단독 정부 수립 반대 움직임

① 남북 협상

배경	김구와 김규식은 남한 단독 선거가 남북의 영구적 분단을 초래할 것을 우려하면서 강력히 비판함
내용	• 김구, 김규식이 평양에서 북한 지도부와 협상하였음 • 통일 국가 수립을 위해 남한 단독 선거를 반대한다는 내용의 공동 성명을 발표하였음
결과	미국과 소련이 합의안을 수용하지 않았고, 남북에서 각각 독자적인 정권 수립을 추진하였음

② 제주 4·3 사건

배경	제주도에서 열린 3·1절 기념 행사 후 군중과 경찰 사이에 충돌이 발생하였고, 경찰의 발포로 사상자가 발생하였음
과정	제주도 내 좌익 세력이 남한만의 단독 정부 수립에 반대하며 무장봉기를 일으킴
결과	• 미군정의 강경 진압 과정에서 무고한 주민들이 희생당함 • 2000년 '제주 4·3 사건 진상 규명 및 희생자 명예 회복에 관한 특별법' 제정

③ 여수·순천 10·19 사건

과정	제주 4·3 사건 진압을 위해 여수에 주둔해 있던 군대를 파견하려 하자, 군대 내 좌익 세력이 통일 정부 수립을 주장하며 무장봉기를 일으킴
결과	반란 진압 후 잔여 세력이 지리산 등지에서 게릴라 활동을 전개함

✚ 좌·우 합작 7원칙(1946. 10.)

1. 모스크바 3국 외상 회의 결정에 의해 좌·우 합작으로 임시 정부를 수립할 것
2. 미·소 공동 위원회 속개를 요청하는 공동 성명을 발표할 것
3. 몰수·유조건 몰수 등으로 농민에게 토지 무상 분여할 것
4. 친일파. 민족 반역자 처리 문제는 장차 구성될 입법 기구에서 처리할 것
5. 남북 좌·우의 테러적 행동을 일체 제지하도록 노력할 것
6. 입법 기구의 구성 방법 및 운영 등은 본 합작 위원회에서 작성하여 적극 실행할 것
7. 전국적으로 언론. 집회. 결사. 출판. 교통. 투표 등 자유를 절대 보장하도록 노력할 것

02 대한민국 정부 수립과 6·25 전쟁

이번 단원에서는 대한민국 정부와 북한 정권의 수립, 6·25 전쟁의 전개 과정과 영향, 전쟁 후 남북한의 정치와 경제에 대해 학습합니다.

1 대한민국 정부의 수립과 활동

☆1. 대한민국 정부의 수립

(1) 5·10 총선거 실시(1948. 5. 10.)
① 유엔 한국 임시 위원단의 감시 아래 38도선 이남 지역에서 실시하였다.
② 보통·평등·직접·비밀 선거 원칙에 따른 우리나라 최초의 민주적인 총선거였다.
③ 김구, 김규식 등 단독 선거 반대 세력은 불참하였고, 좌익 세력은 단독 선거 반대 투쟁을 전개하였다.

(2) 제헌 헌법 공포(1948. 7. 17.)
① 5·10 총선거로 제헌 국회가 구성되었다.
② 제헌 국회가 제헌 헌법을 공포하였다.
③ 주요 내용
   ⊙ 국호를 대한민국으로 결정하였다.
   ⓒ 민주 공화국 체제, 삼권 분립, 대통령 중심제, 대통령 간선제를 채택하였다.

(3) 대한민국 정부 수립(1948. 8. 15.)[＋]
① 제헌 국회가 간접 선거로 대통령에 이승만, 부통령에 이시영을 선출하였다.
② 1948년 8월 15일 이승만이 대한민국 정부 수립을 선포하였다.
③ 유엔 총회는 대한민국 정부를 유엔 한국 임시 위원단의 선거 관리가 가능했던 한반도 내에서 유일한 합법 정부로 인정하였다.

＋ 대한민국 정부 수립

2. 북한 정권의 수립

(1) 광복 직후
① 평양에서 조만식을 중심으로 평안남도 건국 준비 위원회를 결성하였다.
② 소련이 인민 위원회에 행정권을 넘겨주어 자치를 인정하였다.
③ 소련군이 조만식 등 우익 세력을 축출하였다.

(2) 북조선 임시 인민 위원회 출범(1946. 2.)
① 조직: 소련의 후원을 받는 김일성이 위원장으로 선출되었다.
② 사회주의 개혁 추진
   ⊙ 무상 몰수, 무상 분배 방식의 토지 개혁을 실시하였다.
   ⓒ 노동법, 남녀평등권법을 공포하고 주요 산업의 국유화를 시행하였다.

(3) 정권 수립 과정
① 북조선 인민 위원회를 조직하고(1947), 조선 인민군을 창설하였다.
② 대한민국 정부 수립 이후 최고 인민 회의 대의원 선거를 실시하였다.
③ 최고 인민 회의에서 헌법을 제정하고 김일성을 초대 수상으로 선출하였다.
④ 내각을 구성하고 조선 민주주의 인민 공화국을 수립하였다(1948. 9. 9.).

3. 친일파 청산 시도와 농지 개혁

(1) 반민족 행위자 처벌

① 목적: 친일파를 청산하여 민족정기를 바로잡고자 하였다.

② 과정: 정부 수립 후 친일 행위자 처벌을 위해 반민족 행위 처벌법(반민법)을 제정하고(1948. 9.), 반민족 행위 특별 조사 위원회(반민 특위, 1945. 10)를 구성하였다.

③ 위기: 이승만 정부가 반민 특위 소속 국회 의원들을 구속(국회 프락치 사건)하였고, 친일 경찰들이 반민 특위 사무실을 습격하는 사건도 발생하였다.

④ 해체: 정부의 반민 특위 해산 요구와 국회의 반민법 공소 시효 단축으로 반민 특위는 해체되었다.

⑤ 한계: 이승만 정부의 소극적인 태도와 친일 세력의 방해로 큰 성과를 거두지 못하였다.

(2) 농지 개혁

배경	• 광복 이후 대다수 농민이 경자유전의 원칙이 실현되기를 희망함 • 북한에서 토지 개혁이 실시되자 남한 농민들의 불만이 고조되었음
과정	농지 개혁법을 제정(1949)하고 농지 개혁을 시행(1950)함
특징	• 한 가구당 3정보(약 3만m²) 이상의 토지 소유를 금지함 • 3정보 이상의 토지는 유상 매입, 유상 분배를 실시함
결과	지주제가 해체되고 자작농 체제가 성립하였음
한계	• 지주들이 미리 토지를 팔아 농지 개혁 대상의 토지가 감소하였음 • 유상 분배로 경제적 부담이 발생하면서 분배받은 토지를 되팔고 다시 소작농이 되기도 함

▋2 6·25 전쟁

1. 6·25 전쟁의 전개 6·25 전쟁의 전개 과정을 지도와 함께 꼭 기억하세요.

(1) 배경

남한	주한 미군이 철수하였고(1949. 6.), 애치슨 선언(1950. 1.)으로 한반도가 미국의 태평양 지역 방위선에서 제외됨
북한	소련과 중국의 도움을 받아 군사력을 증강시키는 한편, 조선 의용군을 북한 인민군에 편입시켜 군사력을 강화하였음

☆(2) 전개 과정⁺: 북한의 남침(1950. 6. 25.) → 서울 함락 → 국군, 낙동강까지 후퇴 → 유엔군 참전 → 인천 상륙 작전(1950. 9. 15.) → 서울 수복 → 국군과 유엔군의 압록강 유역 진출 → 중국군 개입(1950. 10. 19.) → 서울 재함락(1951. 1. 4.) → 서울 재수복(1951. 3. 14.) → 38도선 부근에서 공방전 전개 → 정전 협상

(3) 정전 협정

① 1951년 7월 소련의 제의로 정전 회담이 시작되었으나 합의가 쉽지 않았다.

② 이승만의 일방적인 반공 포로 석방으로 위기를 겪기도 하였지만, 1953년 7월 정전 협정이 체결되었다.

③ 한·미 상호 방위 조약(1953)이 체결되어 미군이 한국에 계속 주둔하게 되었다.

➕ 6·25 전쟁의 전개

🔍 **꼼꼼 단어 돋보기**

● **국회 프락치 사건**

반민 특위 소속 국회 의원들 중 일부가 공산당과 접촉하였다는 구실로 구속된 사건

2. 6·25 전쟁의 결과

인적 피해	• 군인, 민간인 등 많은 사람이 죽거나 다침 • 수많은 전쟁고아와 이산가족이 발생함
물적 피해	• 공장 등의 산업 시설과 주택, 학교, 도로 등 사회 기반 시설이 파괴되었음 • 농토가 황폐화되었음

3 남북한의 분단 고착화

1. 전후 남한의 정치와 경제
(1) 이승만 정부의 개헌

발췌 개헌 (1952)	• 배경: 제2대 국회 의원 선거에서 반이승만 성향의 후보가 대거 당선됨 • 전개: 간선제를 통한 이승만의 재선이 어려워짐 → 이승만은 자유당을 결성하고 부산 일대에 계엄령을 선포함 → 야당 국회 의원들을 연행한 후 개헌안을 통과시킴 • 내용: 대통령 간선제에서 직선제로의 헌법 개정이 이루어짐
사사오입 개헌⁺ (1954)	• 배경: 이승만과 자유당이 장기 집권을 추구함 • 전개: 초대 대통령의 연임 횟수 제한을 없애는 개헌안을 제출함 → 정족 수에서 1표 모자라 부결되자 사사오입의 논리로 개헌안을 통과시킴 • 내용: 초대 대통령에 한하여 중임 제한 규정을 철폐함

(2) 이승만 정부의 독재 체제 강화
① 진보당 사건(1958): 조봉암이 제3대 대통령 선거⁺에서 진보적인 정책을 내세워 많은 표를 얻자 위기를 느낀 이승만 정부가 진보당을 해체하고 조봉암을 사형시켰다.
② 반공 체제 강화: 국가 보안법을 개정하고(1958), 반정부적 언론인 『경향신문』을 폐간시켰다(1959).

☆(3) 1950년대 경제
① 미국의 원조: 미국의 농산물과 소비재 중심의 원조가 대규모로 이루어졌다.
② 소비재 공업 발달: 원조 경제를 바탕으로 삼백 산업이 발달하였으나, 철강·기계 등 생산재 산업의 성장은 저조하였다.

2. 전후 북한의 정치와 경제
(1) 김일성 독재 체제 성립
① 광복 직후 북한 정권은 김일성을 중심으로 다양한 세력이 연합하여 집단 지도 체제를 구축하였다.
② 6·25 전쟁 중 전쟁 피해의 책임을 물어 박헌영 등 남조선 노동당 세력을 숙청하고, 김일성 비판 세력을 제거하며 김일성 1인 독재 체제를 강화하였다.

(2) 사회주의 경제 체제 확립
① 전후 복구 3개년 계획: 생산 수준을 전쟁 이전 수준으로 높이기 위해 추진하였으나 대부분 달성하지 못하였다.
② 제1차 5개년 계획: 대중의 노동력을 동원하는 천리마 운동을 전개하였다.
③ 농업 협동화: 전쟁으로 인해 노동력이 부족해지자 협동 농장을 조직하고 전쟁 전 토지 개혁을 통해 나누어 준 토지를 협동 조합 소유로 전환하였다.

+ 사사오입 개헌
당시 개헌 정족수는 203명의 2/3 이상인 136명이었는데, 자유당은 사사오입(반올림)의 논리를 앞세워 재적 의원 203명의 2/3는 135.3330이므로 135명이 개헌 정족수라고 주장하며 부결된 개헌안을 통과시켰다.

+ 제3대 정·부통령 선거(1956)
• 민주당은 대통령 후보 신익희와 부통령 후보 장면을 내세워 "못살겠다. 갈아보자." 등의 구호를 내걸고 활발한 선거 운동을 전개하였다.
• 선거 기간 중 신익희가 사망하였고, 혁신 세력인 조봉암이 2위로 선전하였다.

📖 **꼼꼼 단어 돋보기**

● 중임
임기가 끝나거나 임기 중에 개편이 있을 때 거듭 그 자리에 임용하는 것

● 삼백 산업
제분·제당·면방직 공업으로, 세 개의 산업 모두 원료가 흰색이어서 삼백 산업으로 불렸음

03 4·19 혁명과 민주화를 위한 노력

이번 단원에서는 이승만 정권, 박정희 정권에서 일어났던 각종 사건과 독재에 저항한 4·19 혁명, 유신 반대 운동, 5·18 민주화 운동을 학습합니다.

1 4·19 혁명과 장면 내각

☆ 1. 4·19 혁명(1960)

(1) 배경: 이승만 정부와 자유당이 정권 유지를 위해 3월 15일에 실시된 정·부통령 선거에서 대대적인 부정을 저질렀다.

(2) 전개 과정
　① 3·15 부정 선거⁺에 반발한 마산 시민들의 시위가 일어났고, 시위 과정에서 경찰에 의해 사망한 김주열의 시신이 발견되었다.
　② 학생·시민 등의 주도로 시위가 전국적으로 확산되었다.
　③ 대학교수들이 시위에 동참⁺하여 시국 선언을 발표하였다.

(3) 결과: 이승만 대통령이 하야 성명을 발표하고, 미국으로 망명하였다.

(4) 의의: 학생과 시민의 힘으로 독재 정권을 무너뜨린 민주주의 혁명이었다.

2. 장면 내각의 출범

(1) 성립
　① 4·19 혁명 직후 허정 과도 정부가 수립되었고, 내각 책임제와 양원제 국회를 핵심으로 하는 개헌이 이루어졌다.
　② 총선거에서 민주당이 승리하였고, 새로 구성된 국회는 대통령에 윤보선, 국무총리에 장면을 선출하였다.

(2) 정치적·사회적 민주화
　① 지방 자치제를 확대 시행하였다.
　② 학생·노동 운동이 활발하게 전개되었고, 다양한 통일 방안이 제시되었다.

(3) 경제 개발 노력: 경제 개발 5개년 계획을 마련하였고, 국토 건설 사업을 추진하였다.

(4) 한계
　① 민주당 내의 정치적 갈등이 심해지고, 경제적 어려움도 가중되었다.
　② 친일파 처벌과 국민들의 민주화 요구를 제대로 수용하지 못하였다.

2 5·16 군사 정변과 박정희 정부

1. 5·16 군사 정변

(1) 5·16 군사 정변(1961): 박정희를 중심으로 한 일부 군인들이 쿠데타를 일으켜 정권을 장악하고 혁명 공약을 발표하였다.

＋ 3·15 부정 선거
제4대 정·부통령 선거에서 민주당 대통령 후보였던 조병옥이 사망하자 이승만의 당선은 확실시되었다. 그러나 고령인 이승만이 건강상의 문제가 생기면 부통령이 대통령직을 승계해야 했다. 이에 자유당은 부통령 후보 이기붕을 당선시키기 위해 대규모 부정 선거를 저질렀다.

＋ 4·19 혁명 당시 대학교수들의 시위 모습

(2) **군정 실시:** 국가 재건 최고 회의를 통해 부패 공직자·불량배 처벌, 농어촌 고리대 탕감, 중앙정보부 설치 등 군정을 실시하였다.

(3) **박정희 정부 수립:** 민주 공화당 창당 후 대통령 중심제와 단원제 국회를 골자로 한 헌법 개정이 이루어졌고, 1963년 제5대 대통령 선거에서 박정희가 당선되었다.

2. 박정희 정부

⭐ (1) 한·일 협정(1965)

① 배경: 경제 개발을 위한 자금이 필요하였고, 미국의 한·미·일 3각 안보 체제 강화 요구가 있었다.

② 6·3 시위: 국교 정상화를 위한 김종필·오히라 비밀 회담이 이루어지자, 식민 통치에 대한 사과나 배상을 요구하지 않는 정부에 반대하여 학생 시위가 전개되었다.

③ 한·일 협정 체결(1965): 정부는 군대를 동원하여 시위를 진압한 뒤, 한·일 협정에 조인하였다.

(2) 베트남 파병(1964~1973)

① 파병: 미국의 요청에 따라 베트남에 파병하고 브라운 각서⁺를 체결하였다.

② 결과: 베트남 파병으로 국군의 전력이 증강되고 경제 성장이 이루어졌지만, 젊은 이들의 희생과 고엽제 후유증이 나타났다.

(3) 경제 성장과 문제점

① 경제 성장: 박정희 정부의 경제 개발 5개년 계획 추진으로 한국 경제는 획기적 변화를 맞이하여 고도성장을 이루었다.

② 문제점: 농민과 노동자의 희생을 담보로 했기 때문에 많은 문제점을 야기하였다.

(4) 3선 개헌(1969)

① 1967년 재선된 박정희는 대통령의 3회 연임을 허용하는 헌법 개정을 추진하였다.

② 국민과 야당의 반대를 억압하고, 편법으로 개헌안을 통과시켰다.

③ 1971년 제7대 대통령 선거에서 박정희는 야당 후보인 김대중을 힘겹게 누르고 당선되었다.

3. 유신 체제

(1) 유신 체제의 성립

① 성립 배경
    ㉠ 대외: 닉슨 독트린의 발표(1969)로 냉전 체제가 완화되었고, 미국이 북한과의 화해를 권고하였다.
    ㉡ 대내: 경제가 불안하였고, 3선 개헌 이후 민주화 운동이 확산되었다.

② 성립 과정
    ㉠ 1972년 10월, 정부가 전국에 계엄령을 선포하고 국회를 해산하였으며, 모든 정치 활동을 금지하였다.
    ㉡ 국가 안보와 경제 성장을 명분으로 유신 헌법⁺을 제정하였다.

③ 유신 헌법의 주요 내용
    ㉠ 대통령의 중임 제한 철폐(임기 6년), 통일 주체 국민 회의에서 대통령 간접 선출 등이 명시되었다.
    ㉡ 대통령에게 국회 의원 1/3 추천권과 법관 인사권, 국회 해산권 등을 주었고 국민의 기본권마저 제한할 수 있는 긴급 조치권을 부여하였다.

➕ 브라운 각서
미국은 베트남 파병의 대가로 한국군의 전력 증강과 경제 개발에 필요한 차관 제공을 약속하였다.

➕ 유신 헌법 공포

🔍 꼼꼼 단어 돋보기

● **고엽제**
베트남 전쟁 당시 게릴라전을 펼치던 적군의 은신처인 숲을 파괴하기 위해 미국이 사용한 독성 물질로서. 인체에 축적되면 각종 질병을 유발함

(2) 유신 체제의 붕괴⁺

① **YH 무역 사건(1979)**: YH 무역 노동자 농성 파업 해산 과정에서 노동자가 사망한 사건을 계기로 신민당 총재 김영삼이 정치 공세를 강화하자, 여당은 국회에서 김영삼 의원을 제명하였다.

② **부·마 민주 항쟁(1979)**: YH 무역 사건과 김영삼 의원 제명을 계기로 부산과 마산 일대에서 유신 체제에 반대하는 시위가 일어났다.

③ **10·26 사태(1979)**: 박정희 대통령이 중앙정보부장 김재규에게 피살되면서 유신 체제가 붕괴되었다.

✚ 유신 반대 운동
재야인사 등을 중심으로 개헌 청원 100만 인 서명 운동(1973)과 3·1 민주 구국 선언(1976) 등 유신 반대 운동이 일어났다.

3 5·18 민주화 운동

1. 신군부의 등장

(1) 12·12 사태(1979): 전두환, 노태우 등을 중심으로 하는 신군부 세력이 쿠데타를 일으켜 군사권을 장악하였다.

(2) 서울의 봄: 1980년 학생과 민주 인사를 중심으로 신군부 퇴진, 계엄 철폐 등을 주장하는 민주화 운동이 일어났다.

⭐2. 5·18 민주화 운동(1980)

배경	신군부가 비상계엄을 확대하였고, 민주화 운동을 탄압하였음
전개	전남 광주 학생들이 비상계엄 확대와 휴교령에 반대하며 시위 전개 → 신군부가 공수 부대를 투입하여 무자비하게 시위 진압 → 시민의 합류로 시위 확산 → 시민들이 시민군 조직 → 계엄군이 시민군 무력 진압
의의	• 1980년대 이후 전개된 민주화 운동의 기반이 됨 • 5·18 민주화 운동 기록물이 유네스코 세계 기록 유산에 등재(2011)됨 • 5·18 민주화 운동 진상 규명을 위한 특별법이 제정(2018)됨

6월 민주 항쟁과 민주주의의 발전

이번 단원에서는 전두환 정부의 수립과 정책, 6월 민주 항쟁에 대해서 학습합니다. 또한 노태우~현재 정부 시기의 정책에 대해서 공부합니다.

1 민주주의를 향한 염원과 6월 민주 항쟁

1. 전두환 정부의 수립과 민주화 운동 탄압

(1) 정권 장악

① 신군부가 국가 보위 비상 대책 위원회를 구성하고 정권을 장악하였다.

② 대통령 선출: 신군부의 압력으로 최규하 대통령이 물러나자 통일 주체 국민 회의에서 전두환을 대통령으로 선출하였다.

③ 헌법 개정: 7년 단임의 대통령제, 선거인단의 간접 선거를 통한 대통령 선출 등의 내용이 담긴 헌법을 통과시켰다.

④ 대통령 선거인단의 간접 선거를 통해 전두환이 대통령으로 재선출되었다.

(2) 전두환 정부의 정책

탄압 정책	민주화 운동과 인권 탄압(삼청 교육대[+]), 언론 통제, 정치 활동 금지 등
유화 정책	제적 학생 복교, 민주화 인사 복권, 교복과 두발 자유화, 야간 통행금지(통금) 해제, 해외여행 자유화, 프로 야구 출범, 86 아시아 경기 대회 개최, 88 서울 올림픽 대회 유치 등

➕ 삼청 교육대
국가 보위 비상 대책 위원회가 군부대 내에 설치한 기관이다(1980. 8). 폭력범과 사회 풍토 문란사범을 소탕하기 위함이라는 명분이었지만 실상은 무자비한 인권 탄압이 이루어졌다.

➕ 6월 민주 항쟁

☆ 2. 6월 민주 항쟁(1987)[+]

전개	• 시민과 학생들은 간접 선거 방식으로는 군사 정권을 종식시킬 수 없다고 판단하고, 대통령 직선제를 강력히 요구함 • 1987년 1월 서울대 학생 박종철이 경찰의 고문에 의해 사망하는 사건(박종철 고문치사 사건)이 발생하여 민주화 운동은 더욱 확산됨 • 전두환 정부는 4·13 호헌 조치를 발표하며 직선제를 거부하였고, 이후 시위에 참여했던 이한열이 의식을 잃자 시위가 전국적으로 확대됨
결과	• 여당 대통령 후보였던 노태우가 직선제 개헌을 수용한 6·29 민주화 선언을 발표함 • 5년 단임의 대통령 직선제를 내용으로 하는 개헌이 진행됨(현행 제9차 헌법).
의의	• 학생, 정치인, 농민, 노동자 등 각계각층의 시민이 참여한 민주화 운동 • 평화적 시위를 통해 오랜 독재 정치를 끝내고 민주화 운동 활성화의 계기를 마련

2 평화적 정권 교체

☆ 1. 노태우 정부

(1) 출범: 야당의 후보 단일화 실패로 노태우가 대통령에 당선되었다.

(2) 여소야대: 야당이 국회 의원 선거에서 과반수를 차지하자 3당 합당을 통해 국면을 뒤집었다.

(3) 정책

① 지방 자치제를 제한적으로 실시하였고, 동유럽 공산 국가·소련·중국과 수교하는 등 북방 외교를 추진하였다.

② 서울 올림픽 대회를 개최(1988)하였고, 북한과 유엔에 동시 가입(1991)하였다.

☆ 2. 김영삼 정부

(1) **출범:** 31년 만에 민간인 출신 대통령이 탄생하였다.

(2) 정책

① 금융 실명제 실시, 고위 공직자 재산 공개, 지방 자치제 전면 실시, '역사 바로 세우기' 등 개혁 조치를 실행하였다.

② 경제 협력 개발 기구(OECD)에 가입하였으나(1996), 임기 말 외환 위기를 맞아 국제 통화 기금(IMF)에 자금 지원을 요청하였다(1997).

☆ 3. 김대중 정부

(1) **출범:** 정부 수립 이후 최초로 평화적인 여야 정권 교체가 이루어졌다.

(2) 정책

① 금 모으기 운동이 추진되었고, 외환 위기를 극복하였다.

② 여성부를 신설하고 국가 인권 위원회를 설치하였으며, 국민 기초 생활 보장법을 제정하였다.

③ 대북 화해 협력 정책(햇볕 정책): 남북 정상 회담을 개최하여 6·15 남북 공동 선언을 발표하였다(2000).

4. 노무현 정부

(1) 권위주의 청산, 과거사 정리 사업, 주요 공공 기관의 지방 이전을 추진하였다.

(2) 김대중 정부의 대북 정책을 계승하여 제2차 남북 정상 회담(2007)을 개최하고 10·4 남북 공동 선언을 발표하였다.

5. 이명박 정부

(1) **출범:** 10년 만에 다시 평화적인 여야 정권 교체가 이루어졌다.

(2) 정책

① 기업 활동 규제 완화와 감세 정책을 추진하였고, 미국산 쇠고기 수입과 4대강 살리기 사업을 추진하는 과정에서 국민적 저항을 받았다.

② 서울에서 G20 정상 회의를 개최하였다.

6. 박근혜 정부

(1) **출범:** 최초의 여성 대통령으로 당선되었다.

(2) **반발:** 세월호 참사 대응 미흡, 일본군 '위안부' 합의 논란, 역사 교과서 국정화 정책 등을 이유로 국민들에게 비판받았다.

(3) **파면:** 민간인에 의한 국정 농단 의혹 사건으로 탄핵되었다.

7. 문재인 정부

(1) **출범:** 다시 여야의 정권 교체가 이루어졌다.

(2) **국정 지표:** 사회 문제의 해결, 남북 평화에 중점을 둔 정치를 표방하였다.

경제 성장과 사회·문화의 변화

이번 단원에서는 1960년대 이후 경제 성장과 산업화의 결과로 나타난 경제적 갈등에 대해 학습합니다. 또한 1990년대 외환 위기와 이를 극복하기 위한 노력 등에 대해서도 공부합니다.

1 산업화와 경제 성장

1. 제1·2차 경제 개발 5개년 계획

(1) **배경:** 박정희 정부는 장면 내각이 마련한 경제 개발 5개년 계획을 보완하여 국가 주도의 경제 개발을 적극적으로 추진하였다.

(2) **제1·2차 경제 개발 5개년 계획(1962~1971)**

특징	수출 중심의 경제 정책을 추진하였고, 경공업을 육성하였음
☆정책	• 노동 집약적 경공업 육성: 섬유, 가발, 신발 등 • 수출 주도형 정책 실시 • 기간산업 육성: 전기·가스·석유·철강 산업 등 • 사회 간접 자본 확충: 경부 고속 국도 건설, 포항 제철 공장 건설 시작 등 • 해외 자본 유치: 한·일 국교 정상화, 베트남 파병 • 외화 획득: 서독에 광부와 간호사 파견
위기	1960년대 말 세계 경제 침체로 경공업 수출 부진, 환율 상승으로 외채 부담 증가
문제점	한국 경제의 대외 의존도 심화, 산업 간 불균형 성장 초래, 정경 유착 현상의 심화

☆2. 제3·4차 경제 개발 5개년 계획(1972~1981)

특징	경공업 중심 경제 성장에 한계가 나타나자 수출 주도형 중화학 공업화 전략을 추진하였음
정책	• 중화학 공업 육성: 석유 화학, 비철 금속, 조선, 철강, 전자, 자동차 등 • 공업 단지 조성, 원자력 발전소 건설
성과	중화학 공업 성장, 수출액 100억 달러 달성, 연평균 9%의 높은 경제 성장률 기록(한강의 기적)
위기	• 제1차 석유 파동(1973): 중동 건설 사업에서 외화를 벌어들여 위기 극복 • 제2차 석유 파동(1978): 국가 재정 악화, 기업 도산, 실업률 증가, 경제 성장률 감소

3. 1980년대의 경제

(1) **경제 상황:** 1970년대 말 경제 위기가 지속되었고 1980년대 초반 마이너스 경제 성장률을 기록하였다.

(2) **경제 안정화 정책**

① 중화학 공업에 중복 투자한 기업을 통합 조치하고 부실기업을 정리하였다.

② 국가 주도의 성장 우선 정책을 부분 수정하여 민간 경제가 자율적으로 운용될 수 있도록 하였다.

🔍 꼼꼼 단어 돋보기

● **경공업**

중량이 가벼운 방적, 직물, 식료품, 잡화 등의 소비재 생산 공업을 말함

● **기간산업**

한 나라 산업의 기초가 되는 산업으로, 전력·철강·가스·석유 산업과 같이 주로 중요 생산재를 생산하는 산업을 이름

● **중화학 공업**

중공업과 화학 공업을 아울러 이르는 말. 특히 화학제품의 원료를 대량으로 만드는 석유 화학 공업, 소다 공업, 황산 공업 등을 이르기도 함

(3) 위기 극복

① 1980년대 중반 저유가, 저달러, 저금리의 3저 호황[+]으로 경제가 안정되었다.

② 중화학 공업의 발달과 첨단 산업의 육성으로 지속적인 경제 성장이 이루어졌다.

+ 3저 호황

1986~1988년에 국제 금리, 석유 가격, 달러 가치가 낮게 유지되면서 나타난 경제 상태이다. 금리가 낮아 돈을 빌려 생산에 투자하기 좋았고, 달러 가치가 낮아 원자재 수입액보다 제품 수출액이 상대적으로 많아졌다. 또 석유 가격이 낮게 형성된 것도 한국 경제에 큰 도움이 되었다.

2 산업화의 진전과 경제적 갈등

1. 산업화의 진전

(1) 내용

① '한강의 기적'이라고 일컬어지는 고도성장으로 제조업과 서비스업이 차지하는 비중이 크게 늘어났다.

② 전통적인 농업 사회가 해체되면서 대다수의 인구가 도시에서 생활하게 되었고, 노동자의 비중이 크게 늘어났다.

(2) 문제점: 농촌 문제, 노동 문제, 도시 문제 들이 발생하였다.

2. 경제적 갈등

(1) 주거 조건의 악화

① 급속한 산업화는 도시화를 촉진시켰고, 도시 주거 환경을 악화시켰다.

② 1970년대 아파트가 보급되면서 지역의 불량 주택들이 재개발되어 아파트 단지로 바뀌어 갔다.

③ 이주자들에 대한 적절한 보상 없이 계획이 진행되어 광주 대단지 사건(1971)[+]과 같은 도시 빈민들의 생존권 투쟁이 일어나기도 하였다.

(2) 산업화 과정에서 농촌의 희생

① 문제점

㉠ 값싼 외국 농산물의 원조와 낮은 농산물 가격 정책으로 농촌이 어려움에 처하였다.

㉡ 많은 농민이 도시로 이주하게 되었는데, 이는 도시 빈민이나 실업자의 증가로 이어졌다.

② 해결 노력

+ 광주 대단지 사건

1971년 경기도 광주 대단지 주민 수만여 명이 정부의 일방적 이주 정책과 행정 행위에 반발해 도시를 점거하였던 사건이다. 이는 급속한 산업화 과정에서 생성된 도시 빈민들의 생존 위협 상황을 드러낸 빈민 운동의 시발점으로 평가된다.

새마을 운동	• 배경: 도시와 농촌의 소득 격차가 심화되고 농촌 인구가 감소함 • 내용: 주택 개량, 도로 정비 등 농촌 환경을 개선하고자 하였음 • 결과: 농어촌 근대화에 기여하였으나, 한편으로는 유신 체제 유지에 이용되었다는 지적을 받음
농민 운동	• 배경: 1970년대 후반 농민의 경제적 어려움이 가중되었음 • 전개: 함평 고구마 피해 보상 운동[+], 농산물 수입 개방 반대 운동 등을 전개함

(3) 노동 조건의 악화

① 제조업에 종사하였던 많은 노동자는 산업화 과정에서 나쁜 작업 환경 아래 저임금과 장시간 노동이라는 악조건에 시달려야만 하였다.

② 물가 상승으로 명목 임금은 계속 올라갔지만, 실질 임금의 증가율은 노동 생산성의 증가율에 미치지 못하는 한계를 보이기도 하였다.

③ 땅값과 집값, 전세 및 월세 상승, 물가 상승 등으로 서민의 생활이 어려워지기도 하였다.

+ 함평 고구마 피해 보상 운동

1976년 함평 농협이 고구마를 모두 구매하겠다는 약속을 지키지 않자, 피해를 입은 함평 농민들이 보상 투쟁을 벌였고 3년여에 걸친 투쟁 끝에 피해를 보상받았다.

(4) 노동 계층의 확대와 노동 운동

① 배경: 1960년대 이후 급속한 산업화로 노동자 수는 증가되었으나 저임금과 열악한 노동 환경은 개선되지 않았다.

② 전태일 분신 사건(1970)과 YH 무역 사건(1979)이 일어났다.

③ 1987년 6월 민주 항쟁 이후 노동조합 결성이 허용되고, 국제 노동 기구에 가입하였다(1991).

④ 김대중 정부 시기에는 노동자·사용자·정부의 대표가 협의하는 노사정 위원회가 구성되었다(1998).

3 외환 위기와 극복

1. 시장 개방과 한국 경제

(1) 세계화의 가속

① 배경: 1980년대 들어서며 선진국이 자유 무역을 추구하였다.

② 진행: 우루과이 라운드가 타결되었고, 세계 무역 기구(WTO)가 출범(1995)하였다.

(2) 한국과 세계화

① 우루과이 라운드에 참여하면서 국제 금융 자본과 다국적 기업의 국내 진출이 허용되었다.

② 1996년 경제 협력 개발 기구(OECD)에 가입하였다.

③ 노동 시장 유연화, 농산물 시장 개방, 외환 거래 자유화 등의 정책을 시행하였다.

2. 외환 위기의 발생과 극복

발생	기업의 무분별한 사업 확장과 외국 투자자들의 자금 회수 → 외환 보유고 고갈 → 기업의 부도 → 국제 통화 기금(IMF)에 구제 금융 신청(1997)
극복	• 정책: 공기업 민영화, 강도 높은 구조 조정, 노사정 위원회 설치, 파견 근로제 도입, 외국 자본 유치, 기업 경쟁력 강화 • 국민의 노력: 금 모으기 운동 전개 • 극복: 2001년 국제 통화 기금(IMF)의 지원금 조기 상환
영향	• 실업자와 비정규직 노동자가 급증하였음 • 중소기업과 자영업자의 도산이 증가하면서 재벌에 경제력이 집중되었음

3. 외환 위기 이후 경제 상황

(1) 경제 변화

① 여러 나라와 자유 무역 협정(FTA)을 체결하면서 공산품 판매 시장이 확대되었으나, 국내 농·축·수산업이 타격을 입었다.

② 첨단 산업을 바탕으로 성장하였고, 개발 도상국들과 적극적으로 교역하면서 수출입 교역량이 증가하였다.

(2) 문제점: 대외 무역에 대한 의존도와 사회 계층 간의 빈부 격차가 심화되었다.

(3) 과제

① 공정한 분배, 경제 민주화, 산업 간 불균형 해결 등을 통해 지속 가능한 성장을 추구해야 한다.

② 4차 산업 혁명에 대응할 수 있도록 정부와 시민 사회가 협력해야 한다.

✚ 전태일 분신 사건

1970년 서울 평화시장의 노동자 전태일이 근로 기준법 준수를 요구하며 분신자살한 사건이다. 1970년대 노동 운동의 시발점으로 평가된다.

4 문화의 변화

1. 대중문화의 성장

1960년대	우리나라의 대중문화는 경제 발전 및 대중 매체의 보급이 확산되는 1960년대부터 본격적으로 성장하기 시작하였음
1970년대	• 텔레비전으로 방영된 가요, 드라마, 코미디가 대중문화의 중심이 되었음 • 청소년층이 본격적으로 대중문화 소비의 주인공으로 대두하였음
1980년대	정치적 민주화와 사회·경제적 평등의 확대를 지향하는 민중 문화 활동이 대중문화에 영향을 미치기도 하였음

2. 언론의 통제

이승만 정부	『경향신문』 폐간
박정희 정부	강제로 언론을 통폐합하고 비판적인 언론인들을 구속하거나 해직시키는 등 언론 탄압을 강행하였음
전두환 정부	언론을 통폐합하고 보도 지침을 통해 언론의 보도 내용을 강제로 규정하기도 함

06 남북 화해와 동아시아 평화를 위한 노력

이번 단원에서는 남북의 화해와 협력을 위한 노력, 동아시아의 갈등과 이를 해결하기 위한 노력에 대해서 학습합니다.

1 남북 화해를 위한 노력

1. 남북한의 대립

이승만 정부	6·25 전쟁 이후 남북한의 적대 관계가 지속되었음
장면 내각	민간의 평화 통일 운동에 소극적으로 대응하였음
박정희 정부	강력한 반공 정책을 실시하고 '선 건설, 후 통일'을 주장하였음

☆ 2. 남북 관계의 개선

7·4 남북 공동 성명(1972)	• 박정희 정부 시기 통일에 관한 기본 원칙(자주·평화·민족 대단결) 채택 • 공식 대화 기구로서 남북 조절 위원회를 구성
남북 기본 합의서 (1991)	노태우 정부 시기 남북 화해·불가침·교류·협력 등을 확인
6·15 남북 공동 선언(2000)	통일 문제의 자주적 해결 노력, 경제·사회·문화 협력 강조
10·4 남북 공동 선언(2007)	남북한의 경제 협력 사업을 발전해 나가기로 합의

2 동아시아의 갈등과 독도

1. 동아시아의 갈등

(1) **일본과의 갈등:** 침략 전쟁과 식민 지배 미화, 야스쿠니 신사 참배, 역사 왜곡 교과서 검정 통과, 일본군 '위안부'에 대한 책임 회피, 강제 징용 피해자 진상 규명 거부 등이 있다.

(2) **중국과의 갈등:** 고조선, 고구려, 발해의 역사를 중국사로 편입(동북공정)하려고 하였다.

2. 독도

(1) **대한민국의 영토, 독도**

① 1946년 연합국 총사령부가 '연합국 최고 사령관 각서 제677호[+]'를 발표하여 독도를 한국의 영토로 표기하였다.

② 1952년 한국 정부가 '인접 해양에 대한 주권에 관한 대통령 선언'을 발표하였다.

(2) **일본의 영유권 주장**

① 샌프란시스코 강화 조약에 독도가 명시되지 않음을 근거로 영유권을 주장하였다.

② 2005년 시마네현 의회가 '다케시마의 날'을 제정하였으며, 2008년 이후 일본은 자국 검인정 교과서에 독도가 일본의 영토임을 명시하였다.

+ 연합국 최고 사령관 각서 (SCAPIN)

이론 쏙! 핵심 딱!

쏙딱 TEST

Ⅳ

정답과 해설 **17쪽**

대한민국의 발전

01 8·15 광복과 통일 정부 수립을 위한 노력

02 대한민국 정부 수립과 6·25 전쟁

03 4·19 혁명과 민주화를 위한 노력

04 6월 민주 항쟁과 민주주의의 발전

05 경제 성장과 사회·문화의 변화

06 남북 화해와 동아시아 평화를 위한 노력

📢 선생님이 알려 주는 **출제 경향**

모스크바 3국 외상 회의, 5·10 총선거와 대한민국 정부의 수립, 6·25 전쟁의 전개 과정, 4·19 혁명, 한·일 협정, 유신 헌법, 5·18 민주화 운동, 6월 민주 항쟁, 6·15 남북 공동 선언 등은 빈출 주제입니다. 반드시 정리하세요.

주제 1	8·15 광복과 통일 정부 수립을 위한 노력

주목

01 (가)에 들어갈 내용은?

(가)	결정 사항

1. 한국에 임시 민주 정부 수립
2. 미·소 공동 위원회 설치
3. 미·영·소·중 4개국에 의한 최고 5년간의 신탁 통치 실시

① 카이로 회담
② 포츠담 회담
③ 7·4 남북 공동 성명
④ 모스크바 3국 외상 회의

02 다음 사건들을 순서대로 옳게 나열한 것은?

㉠ 남북 협상
㉡ 좌·우 합작 운동
㉢ 이승만의 정읍 발언
㉣ 제1차 미·소 공동 위원회 개최

① ㉠ - ㉡ - ㉣ - ㉢   ② ㉡ - ㉠ - ㉢ - ㉣
③ ㉢ - ㉣ - ㉡ - ㉠   ④ ㉣ - ㉢ - ㉡ - ㉠

03 다음 발언을 한 인물의 주장으로 옳은 것은?

…… 이제 우리는 무기 휴회된 미·소 공동 위원회가 재개될 기색도 보이지 않으며 통일 정부를 고대하나 여의케 되지 않으니 우리는 남방만이라도 임시 정부 혹은 위원회 같은 것을 조직하여 38선 이북에서 소련이 철퇴하도록 세계 공론에 호소하여야 될 것이니 여러분도 결심하여야 될 것이다.

① 남한만의 단독 정부를 수립하자.
② 좌·우익 정당을 통합하여 정부를 수립하자.
③ 남북 분단을 막기 위해 남북 협상을 추진하자.
④ 정부 수립은 모스크바 3국 외상 회의의 결정을 따르도록 하자.

04 (가)에 들어갈 내용으로 옳은 것은? 2018년 1회

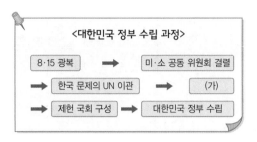

<대한민국 정부 수립 과정>

8·15 광복 ➡ 미·소 공동 위원회 결렬

➡ 한국 문제의 UN 이관 ➡ (가)

➡ 제헌 국회 구성 ➡ 대한민국 정부 수립

① 6·25 전쟁
② 5·10 총선거
③ 모스크바 3국 외상 회의
④ 한·미 상호 방위 조약 체결

07 대한민국 수립 후 제정된 농지 개혁법의 기본 원칙은?

① 유상 매수, 유상 분배
② 유상 매수, 무상 분배
③ 무상 몰수, 무상 분배
④ 무상 몰수, 유상 분배

05 5·10 총선거에 대한 설명으로 옳지 않은 것은?

① 김구와 김규식이 참여하였다.
② 38도선 이남 지역에서 실시하였다.
③ 우리나라 최초의 민주적인 총선거였다.
④ 일부 좌익 세력이 반대 투쟁을 전개하였다.

08 이승만 정부 시기의 경제 상황으로 옳은 것은?

2018년 2회

① OECD 가입
② 삼백 산업 발달
③ 금융 실명제 실시
④ 경부 고속 국도 개통

06 1948년 제정된 '반민족 행위 처벌법'의 목적으로 옳은 것은? 2021년 1회

① 친일파 청산
② 신분제 폐지
③ 삼정 문란 해결
④ 외환 위기 극복

빠른 정답 체크

01 ④   02 ④   03 ①   04 ②   05 ①   06 ①   07 ①

08 ②

주목

09 다음 사실과 관련 있는 역사적 사건은?

> • 인천 상륙 작전
> • 유엔군의 한국 파병

① 6·25 전쟁
② 태평양 전쟁
③ 제주 4·3 사건
④ 광주 학생 항일 운동

10 다음은 6·25 전쟁의 과정을 나타낸 지도이다. 순서대로 바르게 나열한 것은?

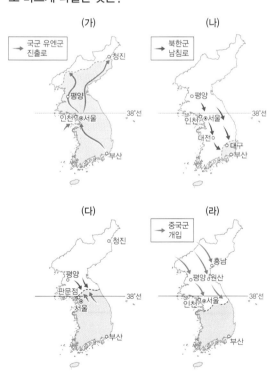

① (가) – (나) – (다) – (라)
② (나) – (가) – (라) – (다)
③ (다) – (나) – (가) – (라)
④ (라) – (다) – (나) – (가)

주제 3   4·19 혁명과 민주화를 위한 노력

11 (가)에 들어갈 사건은?   2016년 1회

> 이승만 정부의 장기 집권 시도 ➡ (가) ➡ 4·19 혁명 ➡ 이승만 대통령 하야

① 3·1 운동
② 2·8 독립 선언
③ 3·15 부정 선거
④ 6·10 만세 운동

12 다음에서 설명하는 사건은?   2018년 1회

> • 배경: 이승만 정부의 독재 정치와 3·15 부정 선거
> • 과정: 학생과 시민의 시위가 전국으로 확산됨
> • 결과: 이승만 대통령이 물러남

① 4·19 혁명
② 12·12 사태
③ 6월 민주 항쟁
④ 5·18 민주화 운동

13 밑줄 친 ㉠에 해당하는 정부 형태는?   2019년 1회

> 4·19 혁명으로 이승만 자유당 정권이 붕괴된 후, 새 헌법에 따라 ㉠ 새로운 정부 형태가 만들어졌다.

① 내각 책임제
② 입헌 군주제
③ 대통령 중심제
④ 국무령 체제

14 다음 회담에 대한 설명으로 옳지 <u>않은</u> 것은?

> ○○ 회담은 1965년 6월 22일 양국 외무 장관이 ○○ 협정에 서명함으로써 막을 내렸다. …… 이 협정에 대해 한편에서는 한국의 근대화와 경제 발전을 위한 종잣돈을 마련했다는 점에서 긍정적 평가를 한다. 다른 한편에서는 실리에 급급한 나머지 과거 청산의 명분과 기회를 희생시켰다는 부정적인 평가를 내리기도 한다.

① 한반도에서 냉전이 완화되는 계기가 되었다.
② 한국은 식민 통치에 대한 사죄를 받지 못하였다.
③ 한국 경제의 대일 의존도가 높아지는 계기가 되었다.
④ 회담 내용이 알려지면서 전국적인 반대 시위가 발생하였다.

주목

15 박정희 정부가 실시했던 정책이 <u>아닌</u> 것은?

① 한·중 수교
② 한·일 협정
③ 새마을 운동
④ 유신 헌법 제정

16 다음 설명에 해당하는 것은?

> • 대통령의 중임 제한 철폐
> • 대통령에게 국회 해산권, 긴급 조치권 등 부여

① 발췌 개헌
② 3선 개헌
③ 유신 헌법
④ 사사오입 개헌

17 교사의 질문에 대한 학생의 대답으로 가장 적절한 것은?

YH 무역 사건에 항의하던 김영삼이 국회 의원직에서 제명당하자 이를 계기로 부산과 마산 지역에서 전개된 시위는 무엇일까요?

_____ 입니다.

① 4·19 혁명
② 6월 민주 항쟁
③ 부·마 민주 항쟁
④ 5·18 민주화 운동

18 (가)에 해당하는 것은?　　　　2017년 2회

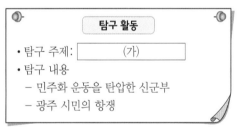

탐구 활동

• 탐구 주제 :　　(가)
• 탐구 내용
　– 민주화 운동을 탄압한 신군부
　– 광주 시민의 항쟁

① 4·19 혁명
② 4·13 호헌 조치
③ 베트남 파병
④ 5·18 민주화 운동

빠른 정답 체크

09 ①　　10 ②　　11 ③　　12 ①　　13 ①　　14 ①　　15 ①
16 ③　　17 ③　　18 ④

주목

19 다음 내용과 유사한 성격의 사건은?

> • 4 · 19 혁명
> • 5 · 18 민주화 운동

① 12 · 12 사태   ② 10 · 26 사태
③ 새마을 운동   ④ 6월 민주 항쟁

20 밑줄 친 '선언'으로 옳은 것은?   2018년 2회

> 　박종철의 고문치사 등을 배경으로 직선제 개헌을 요구하는 시위가 전국에서 일어났다. 결국 전두환 정부는 조속한 대통령 직선제 개헌을 약속하는 <u>선언</u>을 발표하였다.

① 정우회 선언
② 6 · 29 민주화 선언
③ 3 · 1 민주 구국 선언
④ 6 · 15 남북 공동 선언

21 김영삼 정부 시기에 해당하는 내용으로 옳은 것은?

　　　　　　　　　　　　　　　　　　　　2017년 2회

① 새마을 운동 실시
② 금융 실명제 실시
③ 서울 올림픽 대회 개최
④ 제1차 경제 개발 5개년 계획 실시

22 다음과 같은 정책을 실시한 정부는?   2016년 1회

> • 금융 실명제 시행
> • 지방 자치제 전면 실시
> • 경제 협력 개발 기구(OECD) 가입

① 박정희 정부   ② 전두환 정부
③ 노태우 정부   ④ 김영삼 정부

23 김대중 정부 시기에 있었던 사실로 옳은 것은?

　　　　　　　　　　　　　　　　　　　　2018년 1회

① 남북한이 유엔에 동시 가입하였다.
② 제24회 서울 올림픽이 개최되었다.
③ 7 · 4 남북 공동 성명을 발표하였다.
④ 6 · 15 남북 공동 선언을 발표하였다.

주목

24 (가)에 들어갈 내용으로 옳은 것은?

대한민국의 경제 발전 과정

1960년대	1970년대	1980년대
노동 집약적 경공업 육성	⇒ (가) ⇒	3저 호황, 고도성장

① 여러 국가와 자유 무역 협정 체결
② 경제 협력 개발 기구(OECD) 가입
③ 수출 주도형 중화학 공업화 정책 추진
④ 국제 통화 기금(IMF)의 긴급 자금 지원

26 다음 내용과 관련 있는 남북 사이의 합의서는?

> 첫째, 통일은 외세에 의존하거나 외세의 간섭을 받음 없이 자주적으로 해결하여야 한다.
> 둘째, 통일은 서로 상대방을 반대하는 무력행사에 의거하지 않고 평화적인 방법으로 실현하여야 한다.
> 셋째, 사상과 이념, 제도의 차이를 초월하여, 우선 하나의 민족으로서 민족적 대단결을 도모하여야 한다.

① 남북 기본 합의서
② 7·4 남북 공동 성명
③ 10·4 남북 공동 선언
④ 6·15 남북 공동 선언

27 다음 질문에 대한 답으로 옳은 것은?

역사 퀴즈

> 이곳은 일본에서 영유권을 주장하고 있지만 역사적, 지리적, 국제법적으로 명백한 한국의 영토입니다. 이곳은 어디일까요?

① 간도
② 독도
③ 강화도
④ 거문도

25 1960~1970년대 우리나라의 경제 상황에 해당하는 것은?

2018년 1회

① 경제 협력 개발 기구(OECD)에 가입하였다.
② 미국과 자유 무역 협정(FTA)이 체결되었다.
③ 경제 개발 5개년 계획이 수립되어 추진되었다.
④ 원조 물자에 의존하여 삼백 산업이 발달하였다.

빠른 정답 체크

19 ④	20 ②	21 ②	22 ④	23 ④	24 ③	25 ③
26 ②	27 ②					

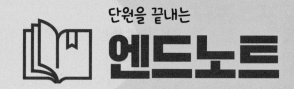
단원을 끝내는
엔드노트

01 대한민국 정부 수립과 6·25 전쟁

1 대한민국 정부의 수립 과정

5·10 총선거 (1948)	• 의의: 우리나라 역사상 최초의 민주적 보통 선거 • 실시 결과: 제헌 국회 의원 선출, 제헌 국회는 국호를 '대한민국'으로 정하고 헌법 제정
제헌 헌법	• 헌법 정신: 대한민국 임시 정부의 법통을 계승한 민주 공화국임을 선언 • 주요 내용: 3권 분립과 정·부통령의 간접 선거제 채택
정부 수립	국회에서 대통령에 이승만, 부통령에 이시영 선출 → 대한민국 수립 선포(1948. 8. 15.) → 유엔 총회에서 대한민국을 한반도의 유일한 합법 정부로 승인

2 6·25 전쟁

배경	중국의 공산화, 남한에서 미군 철수, 미국의 애치슨 선언
전개 (1950~1953)	북한의 남침 → 서울 함락 → 국군·유엔군의 낙동강 방어선 구축 → 인천 상륙 작전 → 서울 수복 → 중국군 개입 → 1·4 후퇴 → 38도선 중심으로 전선 교착 → 정전 협상 → 이승만 정부의 반공 포로 석방 → 정전 협정 조인
결과	인적·물적 피해 발생

02 민주화를 위한 노력

1 4·19 혁명(1960)

배경	3·15 부정 선거
경과	마산 시위 → 김주열 학생 시신 발견 → 4·19 혁명 → 대학교수단의 시국 선언 → 이승만 하야
의의	헌법 개정(내각 책임제, 양원제 국회) → 장면 내각의 수립(제2공화국)

2 박정희 정부

제3공화국	6·3 시위, 한·일 협정 체결(1965), 베트남 파병, 3선 개헌
제4공화국	• 유신 헌법(1972)의 내용: 통일 주체 국민 회의에서 대통령 선출, 대통령 권한 강화(국회 해산권, 긴급 조치권) • 유신 체제에 대한 저항: 3·1 민주 구국 선언(1976)

3 5·18 민주화 운동(1980)

배경	비상계엄 확대 등 신군부의 권력 장악 기도, 민주화 운동에 대한 탄압
전개	비상계엄 확대에 저항하는 광주의 학생들과 시민들의 시위 → 계엄군의 폭력 진압 → 학생들과 시민들의 시민군 조직 → 계엄군의 광주 봉쇄와 시민군 진압
의의	1980년대 이후 전개된 민주화 운동의 기반

Ⅳ 대한민국의 발전

4 6월 민주 항쟁(1987)

배경	대통령 직선제 개헌 운동
전개	박종철 고문치사 사건 → 4·13 호헌 조치 발표 → 개헌 요구 시위 확산(이한열 학생 사망) → 6·29 민주화 선언
결과	6·29 민주화 선언 이후 여야 합의로 헌법 개정(5년 단임의 대통령 직선제)

5 직선제 개헌 이후의 정부

노태우 정부	• 서울 올림픽 대회 개최 • 북방 외교 추진(소련, 중국과 수교), 남북한 동시 유엔 가입(1991), 남북 기본 합의서 채택
김영삼 정부	• 금융 실명제 실시(1993), 공직자 재산 공개 의무화, 지방 자치제 전면 실시, '역사 바로 세우기(조선 총독부 건물 해체)' 운동 전개 • 외환 위기(1997) → IMF 구제 금융 신청
김대중 정부	• 대한민국 정부 수립 이후 선거에 의한 최초의 평화적 여야 정권 교체 • 외환 위기 극복, 대북 햇볕 정책 실시, 제1차 남북 정상 회담과 6·15 남북 공동 선언(2000)
노무현 정부	제2차 남북 정상 회담과 10·4 남북 공동 선언(2007)

03 평화 통일을 위한 노력

통일을 위한 노력

7·4 남북 공동 성명 (1972)	• 3대 원칙: 자주·평화·민족 대단결 • 남북 조절 위원회 설치
남북 기본 합의서 (1991)	서로의 체제 인정, 상호 화해 및 불가침에 합의
6·15 남북 공동 선언 (2000)	• 통일 문제를 자주적으로 해결하기로 합의 • 이산가족 문제의 조속한 해결, 경제 협력

단원을 닫으며 대한민국의 정부 수립 과정, 6·25 전쟁의 전개, 독재 정권에 저항한 민주화 운동, 통일을 위한 노력 등은 빈출 주제이니, 반복 학습이 필요합니다.

모바일 OMR
채점 & 성적 분석

**QR 코드를 활용하여, 쉽고 빠른
응시 – 채점 – 성적 분석을 해 보세요!**

STEP 1 QR 코드 스캔 📱

STEP 2 **모바일 OMR 작성**

STEP 3 **채점 결과 & 성적 분석 확인**

해당 서비스는 2025. 08. 31까지만 이용하실 수 있습니다.

▶ **QR 코드는 어떻게 스캔하나요?**

① 네이버앱 ⇨ 그린닷 ⇨ 렌즈

② 카카오톡 ⇨ 더보기 ⇨ 코드스캔(우측 상단 ⣿ 모양)

③ 스마트폰 내장 카메라 사용(촬영 버튼을 누르지 않고 카메라
    화면에 QR 코드를 비추면 URL이 자동으로 뜬답니다.)

실전
모의고사

실전 모의고사 **1** 회   164

실전 모의고사 **2** 회   169

🕐 제한시간: 30분

정답과 해설 **20쪽**

01 구석기 시대의 유물로 옳은 것은?

① 주먹도끼

② 반달 돌칼

③ 비파형 동검

④ 빗살무늬 토기

02 다음에서 설명하는 것은?

혼인한 신랑이 처가에 마련된 집에서 일정 기간 살다가 그 자녀가 어느 정도 자란 뒤에 처자와 함께 본가로 돌아가는 고구려의 풍속

① 책화   ② 서옥제

③ 형사취수혼   ④ 민며느리제

03 다음 사실을 알려 주는 역사적 유물은?

고구려 광개토 대왕은 신라 내물왕의 요청으로 신라에 침입한 왜를 격퇴하고, 한반도 남부까지 영향력을 행사하였다.

① 칠지도   ② 명도전

③ 임신서기석   ④ 호우명 그릇

04 다음 설명에 해당하는 백제의 왕은?

• 마한의 소국을 정복하였다.
• 고구려의 평양성을 공격하여 고국원왕을 전사시켰다.

① 내물왕   ② 법흥왕

③ 근초고왕   ④ 소수림왕

05 신라 진흥왕의 업적으로 옳은 것을 〈보기〉에서 고른 것은?

보기

㉠ 불교 공인   ㉡ 『국사』 편찬
㉢ 대가야 정복   ㉣ 우산국 정벌

① ㉠, ㉡   ② ㉡, ㉢

③ ㉡, ㉣   ④ ㉢, ㉣

06 발해에 대한 설명으로 옳은 것은?

① 신라 법흥왕에게 항복하였다.
② 5경 15부 62주를 설치하였다.
③ 신라에 침입한 왜를 격퇴하였다.
④ 지방의 22담로에 왕족을 파견하였다.

07 다음 사건 이후에 전개된 사실로 옳은 것은?

> 진성 여왕이 관리를 보내 조세를 독촉하자 농민의 분노가 폭발하였다. 그 결과 원종과 애노의 난을 시작으로 전국에서 농민이 봉기하였다.

① 이차돈이 순교하였다.
② 신라가 삼국을 통일하였다.
③ 견훤이 후백제를 건국하였다.
④ 금관가야가 신라에 항복하였다.

08 고려 태조 왕건의 정책으로 옳은 것은?

① 경복궁 중건
② 노비안검법 실시
③ 사심관 제도 실시
④ 전민변정도감 설치

09 밑줄 친 '새로운 군대'에 대한 설명으로 옳은 것은?

> "신이 오랑캐에게 패한 것은 그들은 기병인데 우리는 보병이라 대적할 수 없었기 때문이었습니다." 이에 왕에게 건의하여 새로운 군대를 편성하였다. 문·무 산관, 이서, 상인, 농민들 가운데 말을 가진 자를 신기군으로 삼았고, 과거에 합격하지 못한 20살 이상 남자들 중 말이 없는 자를 모두 신보군에 속하게 하였다. 또한 승려를 뽑아서 항마군으로 삼았다.

① 여진을 정벌하였다.
② 개경 환도에 반발하였다.
③ 임진왜란 중에 창설되었다.
④ 우금치 전투에서 패배하였다.

10 다음 설명에 해당하는 고려 시대의 신분은?

> • 서리, 향리, 남반 등이 대표적이다.
> • 직역을 세습하고 국가로부터 토지를 지급받았다.

① 문벌　　　　　　② 평민
③ 천민　　　　　　④ 중류층

11 두 사람의 대화에 해당하는 문화유산은?

현존하는 가장 오래된 금속 활자본에 대해 알고 있니?

응. 청주 흥덕사에서 인쇄된 활자본이잖아.

① 팔만대장경
② 삼강행실도
③ 직지심체요절
④ 무구정광대다라니경

13 교사의 질문에 대한 학생의 대답으로 옳은 것은?

임진왜란 이후에 전개된 사실에 대해 말해 볼까요?

……

교사   학생

① 무오사화가 발생하였어요.
② 이종무가 쓰시마섬을 토벌하였어요.
③ 광해군이 중립 외교를 전개하였어요.
④ 강감찬이 귀주에서 거란군을 물리쳤어요.

14 다음에 해당하는 조선 후기의 학문은?

• 실용적이고 실증적인 학문 연구 태도
• 대표적인 학자로 정약용, 박지원 등이 있음
• 근대 지향적이었으나 정치에는 반영되지 못함

① 실학   ② 훈고학
③ 성리학   ④ 양명학

12 ㉠에 들어갈 내용으로 옳은 것은?

〈조선 세종의 정책〉

• 정치: 의정부 서사제 실시, 집현전 설치
• 문화: [㉠], 『삼강행실도』 편찬

① 호패법 실시   ② 홍문관 설치
③ 훈민정음 창제   ④ 『경국대전』 완성

15 다음 비석을 세운 배경으로 옳지 <u>않은</u> 것은?

"서양 오랑캐가 침입하는데, 싸우지 않으면 화친하자는 것이고, 화친을 주장하는 것은 나라를 파는 것이다."
― 척화비 ―

① 병자호란   ② 병인양요
③ 신미양요   ④ 오페르트 도굴 사건

16 밑줄 친 '정변'으로 옳은 것은?

> 김옥균 등 급진 개화파는 일본의 지원을 약속받고,
> 우정총국 개국 축하연을 계기로 정변을 일으켰다.

① 임오군란　　　② 갑신정변
③ 을미사변　　　④ 아관 파천

17 (가)에 들어갈 인물은?

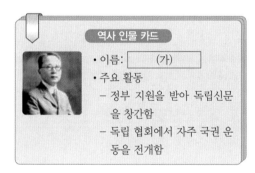

역사 인물 카드
- 이름: (가)
- 주요 활동
  - 정부 지원을 받아 독립신문을 창간함
  - 독립 협회에서 자주 국권 운동을 전개함

① 전봉준　　　② 김옥균
③ 유길준　　　④ 서재필

18 광무개혁에 대한 설명으로 옳은 것은?

① 단발령을 실시하였다.
② 신분제를 폐지하였다.
③ 교육 입국 조서를 반포하였다.
④ 구본신참을 원칙으로 추진하였다.

19 일제 강점기 경제 침탈에 대한 설명으로 옳지 않은 것은?

① 회사령을 실시하여 한국 기업을 육성하였다.
② 토지 조사 사업을 실시하여 한국의 토지를 수탈하였다.
③ 산미 증식 계획을 추진하여 한국의 식량을 수탈하였다.
④ 한국을 군수 물자를 공급하는 병참 기지로 삼고자 하였다.

20 다음 설명에 해당하는 지역은?

> • 안창호가 흥사단을 설립하였다.
> • 박용만이 대조선 국민 군단을 조직하였다.

① 간도　　　② 미주
③ 상하이　　　④ 연해주

21 다음 신문 광고와 관련 있는 민족 운동에 대한 설명으로 옳지 <u>않은</u> 것은?

① 국산품 애용을 주장하였다.
② 조선 물산 장려회를 설립하였다.
③ 민족 자본을 보호하고 육성하고자 하였다.
④ 큰 성과를 이루어 민족 자본이 크게 성장하였다.

22 다음에 해당하는 인물은?

- 김구가 조직한 한인 애국단 소속이다.
- 상하이 홍커우 공원에서 일본군에 폭탄을 투척하였다.

① 김옥균   ② 안창호
③ 윤봉길   ④ 전명운

23 다음에 해당하는 인물은?

- 민족의 정신과 혼을 강조한 역사학자
- 『한국통사』, 『한국독립운동지혈사』를 저술하였다.

① 정인보   ② 박은식
③ 백남운   ④ 신채호

24 ㉠에 들어갈 사건은?

① 제헌 헌법 공포
② 6·25 전쟁 발발
③ 이승만의 정읍 발언
④ 미·소 공동 위원회 개최

25 다음에 해당하는 사건은?

　　1960년 이승만 정부가 3·15 부정 선거를 저지르자 학생과 시민들이 이에 저항하여 대규모 시위를 일으켰고, 그 결과 이승만 정부가 붕괴되었다.

① 4·19 혁명
② 6·25 전쟁
③ 6월 민주 항쟁
④ 5·18 민주화 운동

01 다음 유물을 처음 제작했던 시대의 생활 모습으로 가장 적절한 것은?

① 농경이 시작되었다.
② 고인돌을 축조하였다.
③ 철제 무기를 사용하였다.
④ 주로 동굴이나 막집에서 살았다.

02 고조선에 대한 설명으로 옳은 것은?

① 옥저와 동예를 정복하였다.
② 족외혼과 책화의 풍습이 있었다.
③ 별도의 행정 구역인 사출도가 있었다.
④ 8조법을 만들어 사회 질서를 유지하였다.

03 다음에 해당하는 고구려의 제도는?

> • 재상 을파소의 건의로 실시되었다.
> • 봄에 곡식을 빌려준 후 가을에 추수하여 갚게 한 제도이다.

① 골품제   ② 과거제
③ 영정법   ④ 진대법

04 (가)에 들어갈 신라의 왕은?

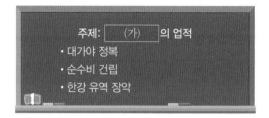

주제: (가) 의 업적
• 대가야 정복
• 순수비 건립
• 한강 유역 장악

① 내물왕   ② 지증왕
③ 법흥왕   ④ 진흥왕

05 신문왕의 정책으로 옳지 <u>않은</u> 것은?

① 녹읍 폐지   ② 정전 지급
③ 국학 설립   ④ 귀족 세력 숙청

06 신라 촌락 문서에 대한 설명으로 옳지 <u>않은</u> 것은?

① 촌주가 3년 마다 작성하였다.
② 단군의 건국 이야기를 수록하였다.
③ 노동력 동원과 세금 징수를 위해 작성하였다.
④ 호구, 가축 및 유실수 등의 변동 사항을 조사하였다.

07 신라 말 호족 세력에 대한 설명으로 옳지 <u>않은</u> 것은?

① 반독립적인 세력으로 성장하였다.
② 스스로를 성주나 장군으로 칭하였다.
③ 당 유학을 통해 새로운 사상을 습득하였다.
④ 촌주 출신이 많았으나 해상 세력, 군진 세력도 있었다.

08 다음과 같은 결과를 가져온 고려 시대의 정책은?

> 공신이나 호족의 경제, 군사적 기반은 약화된 반면 노비들이 양인이 되어 조세와 부역의 의무를 지게 되었으므로 국가의 재정 기반과 왕권이 안정되었다.

① 과거제
② 노비안검법
③ 사심관 제도
④ 전시과 제도

09 고려 공민왕의 업적으로 옳은 것을 〈보기〉에서 고른 것은?

> **보기**
> ㉠ 사성 정책 실시　　㉡ 친원 세력 숙청
> ㉢ 2성 6부제 마련　　㉣ 정동행성 이문소 폐지

① ㉠, ㉡
② ㉡, ㉢
③ ㉡, ㉣
④ ㉢, ㉣

10 다음 설명에 해당하는 인물은?

> • 교관겸수를 강조하였다.
> • 해동 천태종을 개창하였다.

① 의천
② 지눌
③ 일연
④ 원효

11 다음에 해당하는 조선의 정치 세력은?

> • 향촌에서 서원과 향약을 통해 세력을 확대함
> • 선조 때 동인과 서인으로 나뉘어 붕당 정치를 시작하였음

① 사림   ② 무신
③ 진골   ④ 6두품

12 다음 사실들을 일어난 순서대로 바르게 나열한 것은?

> (가) 일본의 조선 침략
> (나) 명의 지원군 참전
> (다) 선조의 의주 피란

① (가)-(나)-(다)   ② (가)-(다)-(나)
③ (나)-(가)-(다)   ④ (다)-(나)-(가)

13 다음 대화와 관련된 조선 시대의 세금 제도는?

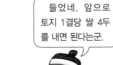

앞으로 풍년과 흉년에 관계없이 토지세를 걷는다는군.

들었네. 앞으로 토지 1결당 쌀 4두를 내면 된다는군.

① 호포제   ② 영정법
③ 대동법   ④ 진대법

14 흥선 대원군이 실시한 정책을 〈보기〉에서 고른 것은?

> **보기**
> ㉠ 호포제 실시
> ㉡ 경복궁 중건
> ㉢ 대전통편 편찬
> ㉣ 균역법의 실시

① ㉠, ㉡   ② ㉠, ㉢
③ ㉡, ㉢   ④ ㉢, ㉣

15 밑줄 친 '이 지역'은?

> • 이 지역에서 일본과 조선 최초의 근대적 조약을 체결하였다.
> • 프랑스가 병인양요 때 이 지역에서 문화재를 약탈해 갔다.

① 거문도   ② 대마도
③ 위화도   ④ 강화도

16 다음 책이 국내에 유입된 결과 체결된 조약은?

> 오늘날 조선이 세워야 할 책략으로 러시아를 막는 것보다 더 급한 일이 없다. 이를 막는 책략은 무엇인가? 중국과 친하고, 일본과 맺고, 미국과 이어짐으로써 자강을 도모할 뿐이다.

① 을사늑약
② 강화도 조약
③ 조·미 수호 통상 조약
④ 조·청 상민 수륙 무역 장정

17 ㉠에 해당하는 사건은?

① 국채 보상 운동
② 물산 장려 운동
③ 동학 농민 운동
④ 민립 대학 설립 운동

18 대한매일신보에 대한 설명으로 옳지 <u>않은</u> 것은?

① 독립 협회의 기관지 역할을 하였다.
② 영국인 베델과 양기탁이 발행하였다.
③ 일제의 침략을 보도하고 규탄하였다.
④ 국채 보상 운동에 관계되기도 하였다.

19 (가) 시기에 실시되었던 일제의 식민 통치 정책에 대한 설명으로 옳은 것은?

① 토지 조사 사업을 실시하고 무단 통치를 하였다.
② 신사 참배와 황국 신민 서사 암송을 강요하였다.
③ 산미 증식 계획을 실시하고 문화 통치로 바꾸었다.
④ 한국을 전쟁 물자를 보급하는 병참 기지로 삼았다.

20 다음 강령과 관련된 단체는?

> • 우리는 정치적·경제적 각성을 촉진함
> • 우리는 단결을 공고히 함
> • 우리는 기회주의를 일체 부인함

① 신민회
② 신간회
③ 조선어 학회
④ 대한민국 임시 정부

21 다음에 해당하는 독립군 부대는?

> • 대한민국 임시 정부가 조직함
> • 연합군과 함께 항일 독립 전쟁을 전개함
> • 미군과 합동으로 국내 진공 작전을 계획함

① 별기군   ② 별무반
③ 삼별초   ④ 한국 광복군

22 일제 강점기 한국사 연구에 대한 설명으로 옳은 것은?

① 신채호는 역사를 아와 비아의 투쟁으로 정의하였다.
② 백남운은 진단 학회를 조직하여 진단 학보를 발간하였다.
③ 이병도는 한국사를 세계사의 보편적 발전 법칙에 따라 이해하였다.
④ 박은식은 '조선의 얼'을 지키고 우리의 정신을 유지·발전시키고자 하였다.

23 다음 활동을 한 인물은?

> • 한인 애국단을 조직함
> • 대한민국 임시 정부의 대표적인 인물이었음
> • 1948년에 남한만의 단독 선거에 반대하여 남북 협상을 추진함

① 김구   ② 박은식
③ 윤봉길   ④ 주시경

24 (가) 시기에 일어난 사실로 옳지 않은 것은?

> 모스크바 3국 외상 회의
> ↓
> (가)
> ↓
> 대한민국 정부 수립 선포

① 5·10 총선거가 실시되었다.
② 반민족 행위 처벌법이 제정되었다.
③ 제1차 미·소 공동 위원회가 개최되었다.
④ 이승만이 남한만의 단독 정부 수립을 주장하였다.

25 다음에서 설명하는 정부는?

> • 북방 외교를 추진하였다.
> • 북한과 유엔에 동시 가입하였다.

① 노태우 정부
② 김영삼 정부
③ 김대중 정부
④ 노무현 정부

에너지
듀윌이를
지지할게

ENERGY

끝이 좋아야 시작이 빛난다.

– 마리아노 리베라(Mariano Rivera)

2025 고졸 검정고시 기본서 한국사

발 행 일	2024년 7월 30일 초판
편 저 자	신형철
펴 낸 이	양형남
개 발	정상욱, 김성미, 김민서
펴 낸 곳	(주)에듀윌
등록번호	제25100-2002-000052호
주 소	08378 서울특별시 구로구 디지털로34길 55
	코오롱싸이언스밸리 2차 3층

www.eduwill.net

대표전화 1600-6700

여러분의 작은 소리
에듀윌은 크게 듣겠습니다.

본 교재에 대한 여러분의 목소리를 들려주세요.
공부하시면서 어려웠던 점, 궁금한 점,
칭찬하고 싶은 점, 개선할 점, 어떤 것이라도 좋습니다.

에듀윌은 여러분께서 나누어 주신 의견을
통해 끊임없이 발전하고 있습니다.

에듀윌 도서몰 book.eduwill.net
· 부가학습자료 및 정오표: 에듀윌 도서몰 → 도서자료실
· 교재 문의: 에듀윌 도서몰 → 문의하기 → 교재(내용,출간) / 주문 및 배송

중졸 · 고졸 검정고시 답안지

중졸 · 고졸 검정고시 답안지

문번	답 란
1	① ② ③ ④
2	① ② ③ ④
3	① ② ③ ④
4	① ② ③ ④
5	① ② ③ ④
6	① ② ③ ④
7	① ② ③ ④
8	① ② ③ ④
9	① ② ③ ④
10	① ② ③ ④

문번	답 란
11	① ② ③ ④
12	① ② ③ ④
13	① ② ③ ④
14	① ② ③ ④
15	① ② ③ ④
16	① ② ③ ④
17	① ② ③ ④
18	① ② ③ ④
19	① ② ③ ④
20	① ② ③ ④

※ 수학 과목은 20문항임.

문번	답 란
21	① ② ③ ④
22	① ② ③ ④
23	① ② ③ ④
24	① ② ③ ④
25	① ② ③ ④

응시자 유의사항

1. 답안지는 지정된 필기도구(컴퓨터용 수성사인펜)만을 사용하여 아래 예시와 같이 답이 표기해야 합니다.
   ("예시" ① 정답일 경우 : ● ② ③ ④)
2. 수험번호 (1)란에는 아라비아 숫자를 쓰고, (2)란은 해당 숫자란에 까맣게 표기(●)해야 합니다.
3. 응시회차, 학력구분 및 교시란에는 반드시 까맣게 표기(●)해야 하고, 과목명란에는 해당 교시 응시과목("예시" 국어)을 기재해야 합니다.
4. 답안지를 긁거나 구기면 안 되며 수정하거나 두께 이상 표기한 문항은 무효처리됩니다.

학력구분

학 력 구 분	
중졸	○
고졸	○

교시	표기란	과목명
1	○	
2	○	
3	○	
4	○	
5	○	
6	○	
7	○	

※ 중졸 검정고시는 6과목임.

성명 (한글)

수 험 번 호
(1)
(2)

0	0	0	0	0	0
1	1	1	1	1	1
2	2	2	2	2	2
3	3	3	3	3	3
4	4	4	4	4	4
5	5	5	5	5	5
6	6	6	6	6	6
7	7	7	7	7	7
8	8	8	8	8	8
9	9	9	9	9	9

※ 응시자는 표기하지 마시오.

결시자표기란
○

감독관확인란

※ 응시회차, 학력, 교시 확인 후 감독관란에 날인.

중졸 · 고졸 검정고시 답안지

문번	답 란	문번	답 란	문번	답 란
1	① ② ③ ④	11	① ② ③ ④	21	① ② ③ ④
2	① ② ③ ④	12	① ② ③ ④	22	① ② ③ ④
3	① ② ③ ④	13	① ② ③ ④	23	① ② ③ ④
4	① ② ③ ④	14	① ② ③ ④	24	① ② ③ ④
5	① ② ③ ④	15	① ② ③ ④	25	① ② ③ ④
6	① ② ③ ④	16	① ② ③ ④		
7	① ② ③ ④	17	① ② ③ ④		
8	① ② ③ ④	18	① ② ③ ④		
9	① ② ③ ④	19	① ② ③ ④		
10	① ② ③ ④	20	① ② ③ ④		

※ 수학 과목은 20문항임.

응시자 유의사항

1. 답안지는 지정된 필기도구(컴퓨터용 수성사인펜)만을 사용하여 아래 예시와 같이 표기해야 합니다.
("예시" ① 정답일 경우 : ● ② ③ ④)
2. 수험번호 (1)란에는 아라비아 숫자를 쓰고, (2)란은 해당 숫자란에 까맣게 표기(●)해야 합니다.
3. 응시회차, 학력구분 및 교시란에는 반드시 까맣게 표기(●)해야 하고, 과목원란에는 해당 응시과목원("예시" 국어)을 기재해야 합니다.
4. 답안지를 긋거나 구기면 안 되며 수정하거나 두개 이상 표기한 문항은 무효처리됩니다.

학력구분	
중졸	○
고졸	○

교시	표기란	과목명
1	○	
2	○	
3	○	
4	○	
5	○	
6	○	
7	○	

※ 중졸 검정고시는 6과목임.

성 명 (한 글)	

수 험 번 호	(1)	(2)
		⓪ ① ② ③ ④ ⑤ ⑥ ⑦ ⑧ ⑨
		⓪ ① ② ③ ④ ⑤ ⑥ ⑦ ⑧ ⑨
		⓪ ① ② ③ ④ ⑤ ⑥ ⑦ ⑧ ⑨
		⓪ ① ② ③ ④ ⑤ ⑥ ⑦ ⑧ ⑨
		⓪ ① ② ③ ④ ⑤ ⑥ ⑦ ⑧ ⑨
		⓪ ① ② ③ ④ ⑤ ⑥ ⑦ ⑧ ⑨

※ 응시자는 표기하지 마시오.

결시자표기란	○

감독관확인란	

※ 응시회차, 학력, 교시 확인 후 감독관 날인.

이제 국비무료 교육도
에듀윌

수강생을 반겨주는 에듀윌의 환한 복도 (구로)

언제나 전문 학습 매니저와 상담이 가능한 안내데스크 (부평)

고품질 영상 및 음향 장비를 갖춘 최고의 강의실 (구로)

재충전을 위한 카페 분위기의 아늑한 휴게실 (부평)

다용도로 활용이 가능한 휴게실 (성남)

전기/소방/건축/쇼핑몰/회계/컴활 자격증 취득
국민내일배움카드제

에듀윌 국비교육원 대표전화

국비교육원
바로가기

서울 구로	02)6482-0600	구로디지털단지역 2번 출구	
경기 성남	031)604-0600	모란역 5번 출구	
인천 부평	032)262-0600	부평역 5번 출구	
인천 부평2관	032)263-2900	부평역 5번 출구	

2025 최신판

에듀윌
고졸 검정고시
기본서 한국사

정답과 해설

eduwill

2025 최신판

에듀윌
고졸 검정고시
기본서 한국사

2025 최신판

에듀윌
고졸 검정고시
기본서 한국사

정답과 해설

eduwill

I 전근대 한국사의 이해 54쪽

01	②	02	③	03	①	04	④	05	④
06	④	07	③	08	①	09	④	10	①
11	④	12	③	13	①	14	④	15	①
16	①	17	④	18	①	19	③	20	④
21	③	22	②	23	②	24	①	25	②
26	③	27	②	28	③	29	③	30	④
31	②	32	①	33	④	34	②	35	③
36	③	37	③	38	②	39	①	40	②
41	④	42	②	43	①	44	③	45	④
46	④	47	①	48	④	49	③	50	①
51	④	52	③	53	③	54	③	55	④
56	④	57	②	58	③	59	②	60	③
61	③	62	②	63	④	64	③	65	④
66	①	67	④	68	②	69	④	70	①
71	①	72	③	73	④	74	②	75	②
76	③	77	③	78	①	79	②		

01 ②

| 정답해설 | 주먹도끼는 구석기 시대에 사용된 대표적인 뗀석기이다.

| 오답해설 |

① 가락바퀴는 신석기 시대의 유물로, 뼈바늘과 함께 발견되었다. 이를 통해 신석기 시대 사람들이 옷을 만들어 입었음을 알 수 있다.

③ 빗살무늬 토기는 신석기 시대의 대표적 토기이다.

④ 비파형 동검은 청동기 시대의 유물이다.

02 ③

| 정답해설 | ㉠은 신석기 시대이다. 신석기 시대에는 빗살무늬 토기를 만들어 음식을 조리하거나 저장하는 데 사용하였다.

| 오답해설 |

① 명도전은 철기 시대의 유물이다.

② 주먹도끼는 구석기 시대의 유물이다.

④ 거친무늬 거울은 청동기 시대의 유물이다.

03 ①

| 정답해설 | 고인돌은 만주와 한반도에 널리 분포하며, 청동기 시대 군장의 막강한 권력과 경제력을 상징하는 무덤이다.

| 오답해설 |

② 가락바퀴는 신석기 시대의 유물로, 실을 뽑아 쓰는 도구이다.

③ 주먹도끼는 구석기 시대에 사용되었던 뗀석기이다.

④ 빗살무늬 토기는 신석기 시대의 대표적 토기이다.

04 ④

| 정답해설 | 제시문은 8조법에 대한 사료이므로, (가)는 고조선에 해당한다. 8조법을 통해 고조선에 생명 존중 사상·사유 재산 제도·신분 제도 등이 존재하였음을 알 수 있다.

05 ④

| 정답해설 | 부여에서는 가축의 이름을 딴 마가, 우가, 저가, 구가 등의 여러 가들이 사출도를 다스렸다. 또한 매년 12월에 영고라는 제천 행사를 열었으며 순장, 형사취수혼, 1책 12법 등의 풍습이 존재하였다.

06 ④

| 정답해설 | 고구려는 졸본을 수도로 건국되었다. 매년 10월 동맹이라는 제천 행사를 개최하였으며, 건국 시조인 주몽(동명왕)과 그 어머니인 유화 부인을 조상신으로 섬겨 제사를 지냈다.

07 ③

| 정답해설 | 옥저에는 어릴 때 약혼하여 신부가 신랑 집에서 살다가 아이가 크면 신부 집에 대가를 지불하고 결혼을 하는 민며느리제의 혼인 풍습이 있었다. 또한 가족이 죽으면 시체를 가매장하였다가 나중에 그 뼈를 추려서 가족 공동 무덤인 커다란 목곽에 안치하는 풍습도 있었다.

08 ①

| 정답해설 | 동예에서는 매년 10월 무천이라는 제천 행사를 개최하였다. 또한 다른 부족의 경계를 침범할 경우에는 가축이나 노비로 변상하게 하는 책화가 있었다.

09 ④

| 정답해설 | 삼한의 여러 소국은 신지, 읍차라고 불리는 군장이 다스렸으며, 이들과 별도로 제사장인 천군이 있어 신성 지역인 소도에서 제사 의식을 주관하였다(제정 분리 사회). 한편, 삼한 사람들은 농사일을 시작하고 마치는 5월과 10월에 하늘에 제사를 지냈다.

10 ①

| 정답해설 | 고구려 태조왕은 옥저를 정복하여 영토를 확장하였다.

| 오답해설 |
② 계루부 고씨의 독점적 왕위 계승을 확립한 왕은 태조왕이다.
③ 신라에 침입한 왜군을 격퇴한 왕은 광개토 대왕이다.
④ 졸본에서 국내성으로 수도를 옮긴 왕은 유리왕이다.

11 ④

| 정답해설 | 광개토 대왕은 북진 정책을 추진하여 고구려의 영토를 크게 넓혔다. 또한 신라에 침입한 왜군을 격퇴하여 신라에 영향력을 확대하였다.

12 ③

| 정답해설 | 제시된 지도는 5세기 고구려 전성기 때의 모습이다. 5세기에 장수왕은 평양으로 천도(427)하고 적극적인 남진 정책을 추진하여 한강 이남까지 진출하였다.

| 오답해설 |
① 7세기 말 신라 신문왕은 관료전을 지급하고 녹읍을 폐지하여 귀족들의 경제 기반을 약화시켰다.
② 3세기 백제 고이왕은 율령을 반포하였다.
④ 14세기 중엽 고려 공민왕은 쌍성총관부를 무력으로 수복하였다.

13 ①

| 정답해설 | 칠지도는 4세기 후반 백제에서 만들어 일본(왜)에 보낸 칼로, 당시 백제가 일본과 교류하였음을 확인할 수 있는 유물이다.

14 ④

| 정답해설 | 백제 무령왕은 지방에 22개의 담로를 설치하고 왕족을 파견하여 지방 세력에 대한 통제를 강화하였다.

15 ①

| 정답해설 | (가)에 들어갈 왕은 백제의 중흥을 위해 노력한 성왕이다.

100점까지 Upgrade   성왕의 업적

6세기 백제 성왕은 수도를 사비로 천도하고, 국호를 일시적으로 남부여로 고쳤다. 또한 중앙에 22부를 설치하였고, 노리사치계를 통해 일본에 불교를 전하였다. 성왕은 신라 진흥왕과 연합하여 한강 유역을 탈환하였으나(진흥왕: 한강 상류, 성왕: 한강 하류), 진흥왕의 배신으로 한강 하류 지역을 빼앗겼다. 이후 성왕은 신라와 전쟁을 치르다가 관산성 전투에서 전사하였다(554).

16 ①

| 정답해설 | 왕호를 '왕'으로, 국호를 '신라'로 바꾼 왕은 신라 지증왕이다. 지증왕은 우산국(현재의 울릉도)을 정벌하여 영토로 편입하였다.

| 오답해설 |
② 신라 내물왕 때 김씨의 독점적 왕위 세습이 이루어졌다.
③ 신라 법흥왕 때 이차돈의 순교를 계기로 불교가 공인되었다.
④ 신라 진흥왕 때 고령의 대가야를 정복하여 낙동강 유역을 확보하였다.

17 ④

| 정답해설 | 신라 진흥왕은 한강 유역을 차지하고 후기 가야 연맹의 맹주국인 대가야를 통합하였다. 단양 적성비와 4개의 순수비(북한산비, 창녕비, 황초령비, 마운령비)는 진흥왕 시기의 영토 확장을 보여 준다.

18 ①

| 정답해설 | 일찍부터 철기 문화와 벼농사가 발달한 변한에서는 여러 소국들이 연합하여 김해의 금관가야를 중심으로 가야 연맹을 형성하였다(전기 가야 연맹). 금관가야는 철이 풍부하게 생산되고 해상 교통의 요지에 자리를 잡아 일찍부터 낙랑과 왜를 연결하는 중계 무역으로 번성하였다. 하지만 전기 가야 연맹은 5세기 무렵 고구려의 공격을 받아 쇠퇴하였고, 이후 고령의 대가야를 중심으로 하는 후기 가야 연맹이 형성되었다. 그러나 가야는 소국들의 독립성이 강하고, 백제와 신라의 압박으로 중앙 집

권 국가로 성장하지 못한 채 6세기 중반에 신라에 흡수되었다.

19 ③

| 정답해설 | 수 양제가 약 113만 명의 대군으로 침략하였을 때 을지문덕은 평양성을 공격하러 온 수의 30만 대군을 살수에서 크게 물리쳤다(살수 대첩). 이후 수는 국력이 쇠퇴하여 멸망하였고, 곧이어 당이 건국되었다.
| 오답해설 |
①, ④ 임진왜란 당시의 전투이다.
② 강감찬이 고려를 침략한 거란군을 귀주에서 크게 물리친 전투이다.

20 ④

| 정답해설 | 연개소문은 (당의 침략을 막기 위한) 천리장성 공사를 감독하면서 요동의 군사력을 장악한 후, 정변을 일으켜 영류왕을 제거하고 보장왕을 옹립하였다. 이후 스스로 대막리지에 올라 권력을 장악하였고, 당과 신라에 대해 강경한 외교 정책을 펼쳤다.
| 오답해설 |
① 백제의 계백은 5천 명의 결사대를 이끌고 황산벌에서 신라군과 접전을 벌였으나 전사하였다(황산벌 전투). 이후 백제는 사비성이 함락되면서 멸망하였다(660).
② 김춘추는 나·당 연합을 성사시켰으며, 진골 출신으로는 처음으로 왕위에 올랐다(무열왕).
③ 당 태종이 대규모 병력을 이끌고 고구려를 공격했을 때 양만춘이 안시성에서 이들을 물리쳤다고 전해진다(안시성 싸움, 645).

21 ③

| 정답해설 | 나·당 연합군에 의해 백제가 멸망한 직후 백제 부흥 운동이 전개되었다. 왜는 백제의 부흥 운동을 위해 원군을 보냈으나 백강 전투에서 패하였다.
| 오답해설 |
① 6세기 후반 이후에는 백제와 고구려가 동맹을 맺었다.
② 백제는 황산벌 전투에서 패배하고 곧 멸망하였다.
④ 나·당 연합이 이루어진 시기는 (가)이다.

22 ②

| 정답해설 | 김춘추는 고구려 정벌에 실패한 당 태종에게 접근하여 나·당 연합을 결성하였다. 이후 김춘추는 김유신 등의 도움을 받아 진골 출신으로는 처음으로 왕이 되었다.

23 ②

| 정답해설 | 신문왕은 김흠돌의 난을 계기로 진골 귀족을 대거 숙청하고 정치 세력을 정비하였으며, 중앙 정치 기구와 군사 조직을 정비하고 9주 5소경의 지방 행정 조직을 완비하였다. 또한 문무 관리에게 관료전을 지급하고 녹읍을 폐지하여 진골 귀족의 경제적 기반을 약하게 만들었으며, 유교 정치 이념을 확립하고 인재를 양성하기 위하여 국학을 설립하였다.

24 ①

| 정답해설 | 신라 말 중앙 정부의 통제력이 약화된 틈을 타 지방에서 독립적 세력인 호족이 등장하였다. 호족은 스스로를 성주 또는 장군이라고 칭하며 지방을 실질적으로 지배하였고, 6두품과 함께 새로운 사회를 모색하였다.

25 ②

| 정답해설 | 발해는 고구려를 계승한 나라로, 선왕 때 당으로부터 '해동성국'이라고 불리며 전성기를 누렸다.

26 ③

| 정답해설 | 발해는 고구려 계승 의식을 가지고 있었다. 대표적인 사례로 발해의 문왕이 일본에 사신을 보내면서 스스로를 '고려 국왕 대흠무'라고 불렀으며, 일본에서도 발해의 왕을 '고려 국왕'으로 표기한 사실이 있다. 한편 발해는 9세기 초 선왕 때 전성기를 이루어 중국으로부터 '해동성국'으로 불렸다.
| 오답해설 |
㉠ 무천은 동예의 제천 행사이다.
㉢ 신라 진흥왕 때 화랑도를 국가적인 조직으로 개편하였다.

27 ②

| 정답해설 | 발해는 당의 3성 6부제를 수용하여 중앙 정치 조직을 정비하였다.
| 오답해설 |
① 신라는 신문왕 때 교육 기관으로 국학을 설치하였다.
③ 백제는 국가의 중대사를 정사암 회의에서 결정하였다.
④ 신라 진덕 여왕 때 기밀 사무를 관장하는 집사부가 설치되었다.

28 ③

| 정답해설 | (가)는 임신서기석이다. 임신서기석에는 임신년에 신

라의 두 청년이 유교 경전 학습에 힘쓸 것을 약속한 내용이 기록되어 있다.

| 오답해설 |
① 흥선 대원군은 신미양요 이후 전국 각지에 척화비를 세웠다.
② 대각 국사비는 김부식이 의천을 추모하는 글을 쓴 것으로 유명하다.
④ 사택지적비는 백제의 도교 사상과 관련된 유물이다.

29 ③

| 정답해설 | 제시문의 밑줄 친 '그'는 통일 후 신라에서 불교의 대중화에 힘쓴 원효이다.

| 오답해설 |
① 법흥왕 때 순교한 인물은 이차돈이다.
② 풍수지리설을 도입한 인물은 도선이다.
④ 인도를 여행하고 『왕오천축국전』을 저술한 인물은 혜초이다.

30 ④

| 정답해설 | 제시문은 신라 말에 유행한 풍수지리설에 대한 내용이다.
④ 부처의 덕을 기리고 왕실의 안녕을 기원한 종교는 불교이다.

31 ②

| 정답해설 | 제시된 자료는 10세기 초 후삼국 시대를 나타낸 지도이다. 지도의 (가)는 발해, (나)는 고려, (다)는 후백제, (라)는 신라이다. 왕건은 궁예를 몰아내고 918년 송악에서 고려를 건국하였다.

| 오답해설 |
① 발해는 거란에 의해 멸망하였다.
③ 후백제는 지방의 군진 세력이었던 견훤에 의해 건국되었다. 신라 왕족 출신은 후고구려를 건국한 궁예이다.
④ 신라는 스스로 고려에 항복하였다.

32 ①

| 정답해설 | 고려를 건국하고(918) 후삼국을 통일(936)한 인물은 왕건(태조)이다. 태조 왕건은 결혼 정책과 사성 정책을 통해 호족을 포섭하였고, 기인 제도와 사심관 제도를 시행하여 호족을 통제하였다. 또한 후대 왕들이 지켜야 할 정책의 기본 방향을 제시한 훈요 10조를 후손들에게 남겼다.

33 ①

| 정답해설 | 고려 태조(왕건)는 고구려를 계승한다는 의미에서 국호를 고려라 하였고, 북진 정책을 추진하기 위해 평양을 서경이라 부르며 중시하였다. 서경은 고려 시대 북진 정책의 전초기지였다.

34 ②

| 정답해설 | 고려 광종은 후주 사람인 쌍기의 건의를 받아들여 우리 역사상 최초로 과거제를 실시하였다.

35 ④

| 정답해설 | 제시문은 성종 때 최승로가 건의한 시무 28조의 내용이다. 성종은 이 건의안을 받아들여 유교를 통치 이념으로 삼았으며, 지방관을 파견하고 중앙 정치 제도를 정비하였다.

| 오답해설 |
①, ② 고려 태조가 시행하였다.
③ 고려 광종의 정책이다.

36 ③

| 정답해설 | (가) 최승로는 시무 28조를 성종에게 올려 유교 사상에 입각한 개혁을 건의하였다. (나) 성종은 이를 받아들여 유교를 통치 이념으로 정착시켰다. 또한 전국 주요 지역에 12목을 설치하고 지방관을 파견하는 등 통치 체제를 정비하였다.

37 ③

| 정답해설 | 중추원은 2품 이상의 추밀과 3품 이하의 승선으로 구성되었으며, 군사 기밀과 왕명 출납을 담당하였다.

| 오답해설 |
① 중서문하성은 국정 전반을 관장하는 최고 기구였다.
② 최고의 관청으로 국정을 총괄한 곳은 중서문하성이다. 상서성은 6부를 관장하며 행정 실무를 담당하였다.
④ 도병마사, 식목도감은 고려의 독자적 기구였다.

38 ②

| 정답해설 | 고려 시대에는 무과가 거의 시행되지 않았으며, 문과, 승과, 잡과가 실시되었다.

39 ①

| 정답해설 | 음서는 왕실이나 공신의 후손 및 5품 이상 고위 관리의 자손들이 과거를 거치지 않고 관직에 나갈 수 있는 제도였

다. 이를 통해 관료의 지위가 세습될 수 있었는데, 이는 고려의 관료 체제가 귀족적 특성을 지녔음을 보여 준다.

| 오답해설 |

② 잡과는 기술관을 선발하는 제도였다.

③ 전시과는 관리나 직역 담당자에게 전지(경작지)와 시지(땔감을 얻을 수 있는 땅)를 나누어 주고 수조권(토지에서 조세를 걷을 수 있는 권리)을 행사할 수 있게 한 제도이다.

④ 신라 원성왕은 독서삼품과를 실시하여 유학 능력을 기준으로 관리를 선발하고자 하였다. 골품제 때문에 제 기능을 발휘하지 못했지만 유학을 보급하는 데 기여하였다.

40 ②

| 정답해설 | 거란의 1차 침입(993) 당시 서희는 외교 담판을 통해 강동 6주를 획득하였다.

| 오답해설 |

① 처인성은 몽골의 2차 침입 당시 김윤후가 적장 살리타를 사살한 곳이다.

③ 조선 세종 때 여진족을 정벌하고 4군 6진을 개척하였다.

④ 고려 예종 때 윤관은 별무반을 이끌고 여진족을 정벌한 후 동북 9성을 축조하였다.

41 ④

| 정답해설 | 제시문은 거란의 3차 침입 때 귀주 대첩에 관한 내용이다. 거란의 침입 후 고려는 개경에 나성을 쌓고, 압록강 어귀에서 동해안의 도련포에 이르는 지역에 천리장성을 축조하였다.

42 ②

| 정답해설 | 여진을 정벌하기 위하여 윤관의 건의로 편성된 군대는 별무반이다.

| 오답해설 |

① 삼별초는 최씨 정권의 군사적 기반이자 대몽 항쟁의 핵심 부대였다.

③ 훈련도감은 임진왜란 때 설치된 중앙군이다.

④ 9서당 10정은 통일 신라의 군사 조직이다.

43 ①

| 정답해설 | 서경 천도, 칭제 건원(왕을 황제라 칭하고 독자적 연호를 사용함), 금 정벌을 주장한 인물은 묘청이다.

| 오답해설 |

② 복신은 백제 멸망 이후 백제 부흥 운동을 주도한 인물이다.

③ 신라 말 장보고는 청해진을 설치하여 해적들을 소탕하였고,

이후 당·신라·일본을 잇는 해상 무역을 주도하였다.

④ 정중부는 무신 정변을 일으킨 인물이다.

44 ③

| 정답해설 | 이자겸의 난(1126), 묘청의 서경 천도 운동(1135) 이후 고려의 문벌 사회가 크게 분열되는 가운데, 차별 대우에 대한 무신의 불만이 커져갔다. 결국 1170년에 정중부·이의방 등의 주도 아래 무신 정변이 발생하여 다수의 문신이 죽고, 의종이 폐위되었다. 그러므로 정답은 동북 9성 축조(1107)와 몽골의 1차 침입(1231) 사이에 해당하는 (다)이다.

45 ①

| 정답해설 | 제시된 자료는 무신 정권기에 일어난 만적의 난에 대한 사료이다. 만적은 최충헌의 노비였으며, 신분 해방을 주장하며 난을 일으키고자 하였다.

46 ④

| 정답해설 | 몽골의 2차 침입 때 김윤후는 처인성 전투에서 적장 살리타를 사살하였다.

47 ①

| 정답해설 | 삼별초는 개경 환도에 반대하며 대몽 항쟁을 지속하였고, 이를 통해 고려의 자주성을 지키고자 하였다.

48 ④

| 정답해설 | 공민왕은 권문세족을 견제하기 위해 신돈을 등용하고 전민변정도감을 설치하였다. 전민변정도감에서는 권문세족들의 불법적인 농장을 없애고, 권문세족들이 빼앗은 토지를 원래 주인에게 돌려주었다. 또한 억울하게 노비가 된 사람을 양민으로 해방하는 등 개혁 정책을 추진하였다.

49 ③

| 정답해설 | 고려 시대에 새롭게 등장한 신분 계층은 중류층이다. 중류층에는 중앙 관청의 실무를 담당하는 서리, 지방 행정을 담당하는 향리, 궁중 실무를 담당하는 남반 등이 있었다.

③ 노비는 천민에 해당한다.

50 ①

| 정답해설 | 고려에서는 남녀 차별이 없이 태어난 순서대로 호적에 올렸고, 사위와 외손자에게까지 음서의 혜택이 주어졌다.

| 오답해설 |

ⓒ 재산은 균분 상속이 원칙이었다.

ⓔ 고려 시대에는 사위가 처가의 호적에 입적하는 경우가 적지 않았다.

51 ④

| 정답해설 | 고대의 설화, 야사, 단군 신화를 수록한 역사서는 일연의 『삼국유사』이다.

100점까지 Upgrade 　김부식의 『삼국사기』

인종 때 왕명을 받아 김부식 등이 편찬한 『삼국사기』는 현존하는 우리나라 최고(最古)의 역사서이다. 고려 초에 쓰인 『구삼국사』를 기초로 신라 계승 의식과 유교적 합리주의 사관에 기초해 기전체로 쓰였다.

52 ③

| 정답해설 | 『삼국유사』는 고려의 승려 일연이 불교사를 중심으로 정리한 역사서이다. 특히 지방의 기록과 민간 설화 등을 포함하여 기록했다는 점과 단군을 우리 민족의 시조로 내세웠다는 점에서 중요하다.

53 ③

| 정답해설 | 의천은 문종의 넷째 아들로 태어나 11세에 출가하여 승려가 되었다. 이후 송에서 공부한 후 귀국하여 해동 천태종을 창시하였다. 해동 천태종은 화엄종을 중심으로 교종을 통합한 후, 선종까지 통합한 종파였다. 천태종의 통합 이론으로는 교관겸수가 대표적이다.

54 ④

| 정답해설 | 제시문은 지눌의 사상인 돈오점수와 정혜쌍수에 대한 설명이다.

④ 의천의 천태종에 대한 설명이다.

55 ④

| 정답해설 | 팔만대장경은 고려 고종 때(최우 집권 시기) 부처의 힘으로 몽골의 침입을 물리치려는 염원에서 목판으로 제작하였다.

56 ④

| 정답해설 | 청주 흥덕사에서 간행된 『직지심체요절』은 현재 프랑스 국립 도서관에 소장되어 있으며, 현존하는 세계에서 가장 오래된 금속 활자본으로 공인받았다.

57 ②

| 정답해설 | 우왕 즉위 이후 고려가 친원 정책을 추진하자, 명은 원이 지배했던 철령 이북의 땅을 직접 지배하겠다고 통보(철령위 사건)해 왔다. 이에 반발한 최영은 요동 정벌을 단행하였다. 그러나 요동 정벌에 반대한 이성계는 위화도에서 군대를 돌려 최영을 제거하고 정치 권력을 장악하였다. 이 사건을 위화도 회군(1388)이라고 한다.

58 ②

| 정답해설 | 조선 태종은 인구 동태를 파악하여 조세 징수와 군역 부과에 활용하기 위하여 호패법을 실시하였고, 왕권을 강화하기 위해 6조 직계제를 시행하였다.

| 오답해설 |

ⓛ 조선 세종 때 훈민정음이 창제되었다.

ⓒ 신미양요 이후 흥선 대원군은 통상 수교 거부 의지를 널리 알리기 위해 전국에 척화비를 세웠다.

59 ②

| 정답해설 | 세종은 집현전을 설치하여 학문 연구를 장려하였고, 훈민정음을 창제하는 등의 업적을 남겼다.

| 오답해설 |

ⓛ 대동법은 광해군 때 시작되어 숙종 때 전국적으로 시행되었다.

ⓒ 수원 화성은 정조 때 축조되었다.

60 ②

| 정답해설 | 『경국대전』은 조선 세조 때 편찬을 시작하여 성종 때 완성·반포한 조선의 기본 법전이다. 이·호·예·병·형·공전의 6전으로 구성되었으며, 조선의 기본 통치 방향과 유교적 통치 체제를 확립했다고 평가된다.

| 오답해설 |

① 이중환의 『택리지』는 조선 후기 대표적인 인문 지리지이다.

③ 안정복의 『동사강목』은 조선 후기에 편찬된 역사서로서, 독자적 정통론을 제시하였고 고증 사학의 토대를 마련했다는 평가를 받는다.

④ 『삼강행실도』는 조선 세종 때 간행된 윤리서로서, 모범이 될 만한 충신, 효자, 열녀를 뽑아 그 행적을 그림으로 그리고 설명을 덧붙인 책이다.

61 ③

| 정답해설 | 관리의 비리를 감찰하는 기구는 ㉢ 사헌부이다. 홍문관은 경연을 주관하고 왕의 자문을 담당하는 기관이다.

62 ②

| 정답해설 | 지방의 요충지에 5소경을 둔 것은 통일 신라이다.

63 ④

| 정답해설 | 무오사화와 기묘사화는 훈구 세력이 사림 세력을 탄압하는 과정에서 발생하였다.

64 ③

| 정답해설 | 네 차례에 걸친 사화에서 살아남은 사림은 선조가 즉위한 이후 훈구 세력을 몰아내고 중앙 정계를 장악하였다. 사림이 이조 전랑의 임명 문제를 놓고 대립하다 동인과 서인으로 나뉘면서 붕당 정치가 시작되었다.

65 ④

| 정답해설 | 이조 전랑의 임명 문제로 사림이 동인과 서인으로 분당되었다.
| 오답해설 |
① 붕당은 사림 세력 내부의 분열로 형성되었다.
② 이황의 학문을 계승한 사람들이 동인에 포함되었다.
③ 이이의 문인들이 서인에 포함되었다.

66 ①

| 정답해설 | 효종과 효종비가 죽은 후, 효종의 새어머니였던 자의 대비가 적장자에 준하는 상복을 입을 것인지를 둘러싸고 벌어진 논쟁을 예송이라고 한다.

67 ④

| 정답해설 | 조선 숙종 때 국왕의 주도로 정국을 주도하는 붕당이 급격하게 바뀌는 환국이 발생하였다.

68 ②

| 정답해설 | 정조는 규장각을 설치하여 학문을 발전시켰고, 친위 부대인 장용영을 통해 왕권 강화를 도모하였다. 또한 강력한 탕평 정책을 추진하였으며, 수원 화성을 건설하였다.

69 ④

| 정답해설 | 정조는 자신의 권력을 뒷받침하기 위해 규장각을 설치하고, 관리를 재교육하는 초계문신제를 실시하였다. 또한 친위 부대인 장용영을 설치하였고, 자신의 정치적 이상을 담아 수원 화성을 건설하였다.
| 오답해설 |
① 흥선 대원군은 왕권을 강화하기 위해 비변사를 폐지하고 의정부와 삼군부의 기능을 부활시켜 정치와 군사 업무를 나누어 맡게 하였다.
② 흥선 대원군은 경복궁의 중건 비용을 충당하기 위해 고액 화폐인 당백전을 발행하였다.
③ 영조는 탕평의 의지를 알리기 위해 성균관 앞에 탕평비를 세웠다.

70 ①

| 정답해설 | 세도 정치 시기에는 매관매직이 성행하고 삼정이 문란해져, 농민 생활이 악화되었다. 이에 홍경래의 난(1811), 임술 농민 봉기(1862) 등 농민 봉기가 자주 발생하였다.

71 ①

| 정답해설 | 임진왜란 때 이순신이 이끄는 수군이 한산도 대첩 등에서 승리하여 남해의 제해권을 장악하였고, 전국 각지에서는 곽재우·고경명 등의 의병장이 활약하였다.

72 ③

| 정답해설 | 광해군은 중립 외교 정책을 추진하여 명과 후금 사이에서 신중한 외교 정책을 펼쳤다.

73 ④

| 정답해설 | 조선 인조 때 청의 군신 관계 요구를 거부하자, 청이 조선을 침략하여 병자호란이 일어났다. 인조는 남한산성에서 항전하였으나 결국 항복하였다. 전쟁 후 명과의 국교가 단절되었고 소현 세자, 봉림 대군 등이 인질로 압송되었다.

74 ②

| 정답해설 | 17세기부터 집권층과 성리학의 한계를 자각하고 현실을 개혁하려는 정약용, 박제가 등의 실학자들이 등장하였다. 실학자들은 농촌 사회의 안정을 위한 토지 제도의 개혁과 상공업의 진흥, 기술 혁신 등을 주장하였다.

75 ②

| 정답해설 | 유형원, 이익, 정약용 등의 중농학파 실학자들은 토지 제도의 개혁을 통한 농민 생활의 안정을 중시하였다.

76 ③

| 정답해설 | 조선 후기에는 우리의 전통과 현실에 대한 관심이 확대되어 국어, 지리, 역사 등 국학 연구가 활발하였다. 김정호는 「대동여지도」에 산맥·하천·포구·도로망 등을 자세히 표현하고 10리마다 눈금을 표시하였으며, 대량 생산이 가능하도록 목판으로 제작하였다.

77 ③

| 정답해설 | 조선 시대에 역관·의관 등의 기술관, 중앙 관청의 서리, 지방의 향리 등은 중인에 해당하였다.

78 ①

| 정답해설 | 대동법이 시행되면서 국가에 관수품을 조달하는 공인이 등장하였다. 공인은 시장에서 많은 물품을 구매해 상품 수요를 증가시켰고, 농민도 토산물을 시장에 내다 팔아 대동세를 마련하였다. 이러한 과정에서 상품 화폐 경제가 발전하였다.

79 ②

| 정답해설 | '평안도 지역에 대한 차별', '청천강 이북 지역 장악' 등을 통해 1811년 일어난 홍경래의 난임을 알 수 있다.
| 오답해설 |
① 고려 시대 신분 해방 운동이다.
③ 고려 문벌 사회의 갈등을 대표하는 사건이다.
④ 신라 말 대표적인 농민 봉기이다.

Ⅱ 근대 국민 국가 수립 운동 94쪽

01	③	02	①	03	②	04	②	05	④
06	④	07	①	08	②	09	①	10	③
11	①	12	②	13	④	14	④	15	③
16	①	17	①	18	②	19	④	20	②
21	④	22	④	23	①	24	④	25	②
26	④	27	⑤	28	③	29	②	30	③
31	①	32	②	33	③	34	①	35	④
36	①	37	①	38	④	39	③	40	①
41	③	42	③	43	①				

01 ③

| 정답해설 | 흥선 대원군은 통상 수교 거부 정책을 추진했다.

02 ①

| 정답해설 | 흥선 대원군은 왕실의 위엄 회복을 위해 경복궁을 중건하였고, 군정을 바로잡기 위하여 호포제(양반에게도 군포를 부과)를 실시하였다.
| 오답해설 |
ⓒ 우리 역사에서 대마도 정벌은 고려 창왕 때 박위, 조선 세종 때 이종무가 대표적이다.
ⓓ 정조가 정치적 이상을 실현하기 위해 수원 화성을 축조하였다.

03 ②

| 정답해설 | 병인박해(1866)를 구실로 프랑스 함대가 강화도를 침략한 사건은 병인양요이다. 이때 조선군은 문수산성(한성근)과 정족산성(양헌수)에서 프랑스군을 격퇴하였다. 퇴각하던 프랑스군은 외규장각 도서(조선 왕조 의궤)를 약탈하였다.

04 ②

| 정답해설 | 신미양요(1871)는 제너럴셔먼호 사건(1866)을 구실로 미국이 강화도를 침공한 사건이다. 이때 광성보, 갑곶 등지에서 격전이 벌어졌으며, 이 과정에서 어재연 장군이 전사하고, 어재연 장군의 수(帥)자 기가 약탈당하였다.

05 ④

| 정답해설 | 강화도 조약(1876)은 조선 최초의 근대적 조약이면서 불평등 조약이다. 특히 해안 측량권과 치외 법권(영사 재판권)

은 대표적인 불평등 조약의 요소이다.

06 ④

| 정답해설 | 『조선책략』은 일본에 제2차 수신사로 파견된 김홍집이 가지고 온 책으로, 조선이 러시아의 남하를 저지하기 위해서는 중국, 일본, 미국과의 협력이 필요하다는 내용이 담겨 있다. 이 책의 유포는 이후 미국과의 수교 체결, 영남 만인소 운동 등에 영향을 끼쳤다.

07 ①

| 정답해설 | 청의 알선으로 조선과 미국 사이에 조·미 수호 통상 조약이 체결되었다. 조약의 주요 내용으로는 치외 법권과 최혜국 대우 인정, 거중 조정, 낮은 세율의 관세 조항 규정 등이 있다.
① 방곡령은 고종 때 식량난 해소를 위해 곡물의 수출을 금지한 것이다.

08 ②

| 정답해설 | 조선은 청에 영선사를 파견하여 근대식 무기 제조법과 군사 훈련법을 배워 오게 하였다. 귀국 후 영선사는 조선의 근대식 무기 제조 공장인 기기창 설치에 영향을 주었다.

09 ①

| 정답해설 | ㉠에 들어갈 신식 군대는 별기군이다. 조선 정부는 개항 이후 군사 제도를 개편하여 5군영을 2영으로 통합하고 구식 군대의 규모를 축소하였으며, 군사력을 강화하기 위해 신식 군대인 별기군을 설치하였다.

10 ③

| 정답해설 | 임오군란(1882)은 신식 군대인 별기군보다 열악한 대우를 받던 구식 군인들이 봉기한 사건이다. 임오군란 과정에서 개화 정책에 반대하는 하층민도 참여하였다.
| 오답해설 |
① 고종이 러시아 공사관으로 피신한 사건이다.
② 일제가 명성 황후를 시해한 사건이다.
④ 고종의 강제 퇴위와 군대 해산이 원인이 되어 일어났다.

11 ①

| 정답해설 | 제시된 사건은 갑신정변이다. 1884년 급진 개화파는 일본 공사의 군사적 지원을 약속받고 우정총국 개국 축하연

에서 정변을 일으켰다. 김옥균 등은 개화당 정부를 수립한 14개조의 혁신 정강을 발표하였으나, 청군의 개입으로 3일 만에 실패로 끝났다. 이후 김옥균, 박영효, 서광범, 서재필 등은 일본으로 망명하였다.

12 ②

| 정답해설 | 갑신정변은 김옥균, 박영효, 홍영식 등 급진 개화파가 주도하였다.

13 ④

| 정답해설 | 동학 농민군은 고부에서 봉기한 이후 황토현 전투와 황룡촌 전투에서 관군에 승리하였다. 전주성을 점령한 후에는 정부와 전주 화약을 체결하고 집강소 중심의 개혁을 단행하였다. 이후 일본이 경복궁을 점령하고 청·일 전쟁을 일으키자 재봉기를 하였으나 공주 우금치 전투에서 관군과 일본군에 패배하였다.

14 ④

| 정답해설 | 전봉준은 동학 농민 운동을 주도한 인물이다. 고부 군수 조병갑의 폭정, 전주성 점령, 우금치 전투 등은 동학 농민 운동과 관련된 내용이다.

15 ③

| 정답해설 | 동학 농민 운동은 대내적으로 양반 중심의 신분 질서를 개혁하려는 반봉건적인 성격을 지녔고, 대외적으로 외세의 침략을 물리치려는 반침략적인 성격을 지녔다.

16 ①

| 정답해설 | 갑오개혁(제1차)에서 과거제 폐지, 신분제 폐지, 과부의 재가 허용, 조혼 금지, 연좌제 폐지 등이 규정되었다.

17 ①

| 정답해설 | 신분제 폐지는 제1차 갑오개혁의 내용이다.

18 ②

| 정답해설 | 을미개혁은 을미사변 직후 추진된 개혁이다. 주요 개혁 내용으로 연호 제정(건양), 친위대(중앙)와 진위대(지방)의 설치, 단발령 실시, 태양력 사용, 종두법 시행 등이 있다.

19 ④

| 정답해설 | 서재필은 독립 협회를 만들어 다양한 활동을 하였는데, 대표적으로 독립문 건립과 만민 공동회 개최가 있다. 또한 독립 협회는 관민 공동회에서 헌의 6조를 제정하여 의회 설립 운동을 전개하였다. 그러나 고종의 탄압으로 결국 해산되었다.

20 ②

| 정답해설 | (가)는 광무개혁이다. 대한 제국 시기에 실시한 광무개혁은 구본신참을 원칙으로 점진적으로 추진되었다. 원수부를 설치하여 황제가 군대를 직접 장악하였고, 양전 사업(토지 조사 사업)을 통해 근대적 토지 문서인 지계를 발급하였다.

21 ④

| 정답해설 | 일본의 메이지 유신은 전면 개화(급진적 개혁)를 표방하였다. 대한 제국은 갑오개혁과 을미개혁의 급진성을 비판하며 구본신참을 원칙으로 점진적 개혁을 추진하였다.

22 ④

| 정답해설 | 제시된 내용은 일본의 국권 침탈 과정에서 나타난 조약이다. 순서대로 나열하면 ⓒ 1904년 제1차 한·일 협약 → ⓛ 1905년 제2차 한·일 협약(을사늑약) → ⓞ 1907년 한·일 신협약(정미 7조약) 순이다.

23 ①

| 정답해설 | 일본은 러·일 전쟁에서 승리한 이후 을사늑약을 체결하여 대한 제국의 외교권을 박탈하고 통감부를 설치하였다. 이에 고종은 헤이그에 특사를 파견하여 을사늑약의 불법성을 세계에 알리고자 하였다.

24 ④

| 정답해설 | 을사늑약은 일제가 러·일 전쟁에서 승리한 이후 고종과 대신들을 위협하여 강제로 체결한 조약이다. 주요 내용으로는 대한 제국의 외교권 박탈, 통감부 설치 등이 있다.

25 ②

| 오답해설 |
① 단발령에 반발하여 일어난 의병은 을미의병이다.
③ 명성 황후 시해(을미사변)에 반발하여 일어난 의병은 을미의병이다.

④ 해산 군인들이 참여한 의병은 정미의병이다.

26 ④

| 정답해설 | 제시문의 내용 중 '해산병이 들고 일어났다'는 표현에서 정미의병임을 알 수 있다. 정미의병은 13도 창의군을 결성하여 서울 진공 작전을 추진하였으나 실패하였다.

27 ④

| 정답해설 | 안중근은 1909년 하얼빈 역에서 침략의 원흉이었던 이토 히로부미를 처단하였다.
| 오답해설 |
① 한인 애국단 소속 이봉창은 일왕의 마차에 폭탄을 투척하였다.
② 대한민국 임시 정부는 1940년 충칭에서 한국 광복군을 창설하였다.
③ 조선어 연구회는 1931년 조선어 학회로 명칭을 변경하였다.

28 ③

| 정답해설 | 자료에 제시된 헌정 연구회, 대한 자강회, 신민회는 모두 애국 계몽 운동 단체에 해당한다.

29 ②

| 정답해설 | 대한 자강회는 애국 계몽 운동 단체이며, 고종의 퇴위를 반대하다가 해산되었다. 5적 암살단은 나철, 오기호 등이 을사늑약에 서명한 매국노를 처단하기 위해 조직한 '자신회'와 관련 있다.

30 ③

| 정답해설 | 신민회(1907~1911)는 국권 회복과 공화정체의 근대 국민 국가 건설을 목표로 하였다. 안창호, 양기탁 등이 중심이 되어 실력 양성 운동(평양에 대성 학교·정주에 오산 학교 설립, 태극 서관 운영, 자기 회사 운영)을 전개하였으며 이회영, 이상룡 등은 국외 독립운동 기지 건설을 추진하였다(남만주의 삼원보). 그러나 신민회는 일제가 날조한 105인 사건으로 해산되었다(1911).
| 오답해설 |
ⓞ 1923년 경남 진주에서 백정들이 조선 형평사를 조직하고 평등한 대우를 요구하였다(형평 운동).
ⓔ 일본은 메가타의 주도로 1905년 화폐 정리 사업을 단행하여 대한 제국의 화폐 발행권을 박탈하였다. 그 결과 국내 상공

업자들과 농민이 큰 타격을 받았다.

31 ①

| 정답해설 | 간도는 고조선 이래 부여, 고구려, 발해 등 여러 국가의 영토로 우리 민족의 주요 활동 무대였다. 18세기 초 조선과 청은 모호한 영토 경계를 확정하기 위해 백두산정계비(1712)를 세웠다. 그러나 19세기 후반 백두산정계비의 토문강 해석을 두고 간도 영유권을 둘러싼 분쟁이 일어났다. 이후 대한 제국이 을사늑약으로 외교권을 상실한 상태에서 1909년 청과 일본 사이에 간도 협약이 체결되었고, 간도는 청의 영토로 귀속되고 말았다. 일제는 간도 협약을 통해 청으로부터 남만주 철도(안봉선) 부설권을 획득하였다.

32 ②

| 정답해설 | 제시된 내용은 독도에 관한 내용이다. 17세기 말 일본 어민이 독도를 자주 침범하자 숙종 때 안용복이 일본으로 넘어가 독도가 우리나라 영토임을 확인받고 돌아왔다. 대한 제국은 1900년 칙령 제41호를 반포하여 독도가 대한 제국의 고유 영토임을 발표하였다.

33 ③

| 정답해설 | 조·청 상민 수륙 무역 장정 체결 이후 청 상인의 내륙 진출이 본격화되면서 청·일 상인 간 경쟁이 심화되었다.

34 ②

| 정답해설 | 개항 직후부터 일본 상인의 곡물 매입과 흉년 등으로 식량이 크게 부족해지자 함경도, 황해도, 충청도 등지에서 곡물의 유출을 막기 위해 방곡령을 선포하였다.
| 오답해설 |
① 단발령은 을미개혁의 내용으로, 을미의병이 일어난 원인 중 하나였다.
③ 일본은 한국인의 기업 설립을 통제하기 위해 회사 설립 시 조선 총독의 허가를 받게 하는 회사령을 제정(1910)하였다.
④ 일본은 근대적 토지 소유권 제도의 확립을 명분으로 토지 조사령(1912)을 공포하고, 토지 조사 사업을 실시하였다.

100점까지 Upgrade 　방곡령

개항 직후부터 일본 상인이 곡물을 사들여 일본으로 가져가면서 곡물의 가격이 크게 올랐고, 흉년으로 곡물이 크게 부족하였다. 이에 함경도, 황해도, 충청도 등지의 지방관이 곡물의 유출을 막기 위해 방곡령을 선포하였다. 특히 함경도 관찰사 조병식은 개정된 조·일 통상 장정에 따라 1개월 전에 외교 담당 관청에 통고하고 방곡령을 실시하였다(1889). 그러나 일본은 통고를 늦게 받았다는 구실로 조선 정부에 압력을 가해 방곡령을 철회시키고 막대한 배상금까지 받아 냈다.

35 ④

| 정답해설 | 일본은 메가타의 주도로 1905년 화폐 정리 사업을 단행하여 대한 제국의 화폐 발행권을 박탈하였다. 화폐 정리 사업은 당시 사용되던 상평통보, 백동화 등을 일본 제일은행이 발행한 화폐로 바꾸도록 한 것이다.

36 ①

| 정답해설 | 개항 초기에는 외국 상인들이 개항장 10리 이내의 거류지에서만 활동할 수 있었기 때문에 객주, 여각, 보부상 등이 외국 상인과 내륙의 조선 상인을 중개하며 이익을 얻었다. 그러나 외국 상인의 내륙 진출이 허용됨에 따라 이들 세력이 위축되었고, 자본 축적에 성공한 일부 상인들은 대동 상회(평양)·장통 상회(한성) 등의 상회사를 설립하기도 하였다.

37 ①

| 정답해설 | 제시문 중 '국채 1천 3백만 원'이라는 표현에서 국채 보상 운동임을 알 수 있다.

38 ④

| 정답해설 | 국채 보상 운동은 서상돈 등이 중심이 되어 대구에서 시작된 경제적 구국 운동이다. 일본의 강제 차관 제공에 의한 대한 제국의 경제 예속화 정책에 반발하여 일어났으나, 일본의 방해로 실패하였다.

39 ③

| 정답해설 | 전환국은 화폐 주조 기구이다.

40 ①

| 정답해설 | 광혜원(1885)은 선교사 알렌이 운영한 최초의 서양

식 병원이며, 이후 제중원으로 개칭되었다.

| 오답해설 |
② 박문국은 인쇄·출판 등을 위해 설치된 기구로, 『한성순보』를 발행하였다.
③ 전환국은 근대식 화폐 발행을 위하여 설치되었다.
④ 육영 공원은 최초의 근대식 공립 학교이다.

41 ③

| 정답해설 | 경인선은 우리나라 최초의 철도로, 서울(한성)에서 인천(제물포)까지 설치되었다.

42 ③

| 정답해설 | 육영 공원은 최초의 근대식 공립 교육 기관이다. 헐버트·길모어 등의 외국인 교사를 초빙하였고, 상류층 자제를 중심으로 근대 학문을 교육하였다.

| 오답해설 |
① 동문학은 통역관 양성을 위한 외국어 교육 기관이다.
② 원산 학사는 최초의 근대식 사립 학교로, 함경도 덕원에 설립되었다.
④ 이화 학당은 개신교 선교사들이 세운 사립 학교이다.

43 ①

| 정답해설 | 최초의 근대 신문으로 열흘에 한 번씩 발행된 것은 『한성순보』이다.

| 오답해설 |
② 『독립신문』은 정부의 지원으로 서재필이 창간한 최초의 민간 신문이다.
③ 『제국신문』은 순 한글로 발행되었고, 서민층과 부녀자가 주된 독자였다.
④ 『황성신문』은 국한문 혼용으로 발행되었다. 을사늑약 직후 장지연이 '시일야방성대곡'을 게재하였다.

Ⅲ 일제 식민지 지배와 민족 운동의 전개 124쪽

01	④	02	①	03	②	04	③	05	③
06	④	07	④	08	④	09	②	10	①
11	④	12	③	13	①	14	④	15	④
16	②	17	①	18	④	19	③	20	③
21	①	22	②	23	②	24	④	25	②
26	②	27	②	28	②	29	③	30	②
31	②	32	②	33	③	34	④	35	④
36	④	37	④	38	①	39	③	40	③

01 ④

| 정답해설 | 1910년대에는 헌병이 경찰 업무는 물론 일반 행정 업무까지 담당하는 헌병 경찰제가 실시되었다.

| 오답해설 |
① 회사령은 1920년에 철폐되었다.
② 창씨개명은 1939년 이후 강요되었다.
③ 치안 유지법은 1925년에 공포되었다.

02 ①

| 정답해설 | 제시된 법령은 1912년 4월부터 1920년 3월까지 실시한 조선 태형령이다. 일제는 일본인의 토지 소유를 용이하게 하고, 지세를 안정적으로 확보하기 위하여 1910년부터 1918년까지 토지 조사 사업을 실시하였다. 토지 조사령은 토지 조사 사업의 일환으로 1912년에 공포되었다.

| 오답해설 |
② 일제는 1938년에 국가 총동원법을 제정하여 전쟁에 필요한 자원을 수탈하였다.
③ 금속 공출 제도는 중·일 전쟁 발발 이후 실시되었다.
④ 일본 상품에 대한 관세 철폐는 1923년에 실시되었다.

03 ②

| 정답해설 | 제시된 법령은 1910년대 무단 통치 시기에 일제가 한국의 토지를 수탈하기 위해 발표한 토지 조사령이다. 토지 조사 사업의 결과 농민의 관습적인 경작권이 부정되면서 농민들은 소작농으로 전락하거나 만주나 연해주로 이주하였다.

04 ③

| 정답해설 | 3·1 운동 이후 일제는 이른바 '문화 통치'를 실시하여 조선 민족의 분열을 조장하고자 하였다.

| 오답해설 |

① 박정희 정부는 경제 개발에 필요한 자금을 마련하기 위해 한·일 협정을 체결하였다.

② 일제는 1910년 조선을 강점한 직후 조선 통치를 위해 조선 총독부를 설치하였다.

④ 일제는 1910년대 무단 통치 시기에 헌병 경찰을 동원하여 강압적인 통치를 하였다.

05　③

| 정답해설 | 제시된 내용은 1920년대 일제의 식민 통치 정책('문화 통치')에 대한 것이다. 따라서 (가)에는 1920년대 일제의 식민 정책인 산미 증식 계획이 들어가야 한다.

1918년 일본에서의 쌀 파동 이후 일제는 안정적인 미곡 수급을 위하여 1920년부터 조선에서 산미 증식 계획을 단행하였다. 증산이 계획대로 이루어지지 않았음에도 일제는 증산량 이상을 일본으로 반출하였다. 이로 인해 한국인의 식량 사정은 악화되었고, 일제는 한국 내 부족한 식량 사정을 보충하기 위해 만주에서 대량의 잡곡을 수입하였다.

| 오답해설 |

① 헌병 경찰제 실시는 1910년대 무단 통치 시기이다.

② 일제는 1938년에 국가 총동원법을 공포하여 한국의 인적 자원과 물적 자원을 수탈하였다.

④ 1930년대 이후 일제를 한국인들을 전쟁에 동원하기 위해 황국 신민화 정책(황국 신민 서사 암송, 신사 참배 등)을 강화하였다.

06　④

| 정답해설 | 일제는 자국의 안정적인 미곡 수급을 위하여 1920년부터 한국에서 산미 증식 계획을 실시하였다. 그러나 증산이 계획대로 이루어지지 않았음에도 일제가 증산량 이상을 일본으로 유출하여 한국인의 식량 사정은 악화되었다. 이때 일제는 한국 내 부족한 식량 사정을 보충하기 위해 만주에서 대량의 잡곡을 수입하였다.

07　④

| 정답해설 | 1920년대 민족 분열 통치 시기에는 조선 총독에 문관 출신도 임명할 수 있게 하였다. 그러나 실제로는 광복 때까지 문관 출신의 총독이 임명된 적은 없었다.

08　④

| 정답해설 | 1920년대에 일제는 치안 유지법을 제정하여 사회주

의 운동과 항일 민족 운동에 대한 탄압을 강화하였다.

| 오답해설 |

① 일제는 침략 전쟁에 필요한 자원을 수탈하기 위하여 국가 총동원법을 제정하였다.

② 일제는 일본 기업의 한국 진출을 지원하기 위하여 회사령을 실시하였다.

③ 일제는 자국 내 안정적인 미곡 수급을 위하여 산미 증식 계획을 실시하였다.

09　②

| 정답해설 | 1915년 박상진을 중심으로 조직된 대한 광복회는 공화정을 지향하는 단체였다. 이 단체는 만주에 독립군 기지를 만들고, 사관 학교를 세우기 위해 각지의 부호들에게 의연금을 납부하게 하였으며, 친일파를 색출하여 처단하기도 하였다.

10　①

| 정답해설 | 밑줄 친 '이 지역'은 간도이다. 1920년 일제는 독립군의 근거지를 없앤다는 명분으로 간도의 조선인들을 학살하였다(간도 참변). 경학사는 신민회가 주도하여 서간도 지역에서 조직된 자치 기관이다.

| 오답해설 |

② 신한 청년당은 중국 상하이에서 만들어졌다.

③ 대한인 국민회는 미주 지방에 설립된 단체이다.

④ 대한 광복군 정부는 연해주에서 창설되었다.

11　④

| 정답해설 | 권업회는 1911년 러시아 연해주의 블라디보스토크 신한촌에서 조직되었으며, 기관지로 『권업신문』을 간행하여 국내뿐만 아니라 간도·미주까지 보급하였다. 권업회는 이후 이상설, 이동휘를 정·부통령으로 하는 대한 광복군 정부를 수립하였다(1914).

12　③

| 정답해설 | 제1차 갑오개혁 때 신분제가 폐지되었으나 여전히 백정에 대한 사회적 차별은 지속되었다. 이에 백정들은 1923년에 경상남도 진주에서 조선 형평사를 조직하고 백정에 대한 사회적 차별 철폐를 주장하는 형평 운동을 전개하였다.

13　①

| 정답해설 | 2·8 독립 선언과 민족 자결주의는 3·1 운동의 배경

이 되었고, 3·1 운동 전개 과정에서 일제의 제암리 학살 사건이 발생하였다. 3·1 운동은 중국의 5·4 운동에도 영향을 주었다.

14 ④

| 정답해설 | 3·1 운동을 계기로 일제는 통치 방식을 '문화 통치'로 전환하였다.

15 ④

| 정답해설 | 대한민국 임시 정부는 우리 역사상 최초의 민주 공화제 정부로서, 삼권 분립의 원칙에 따라 입법 기관인 임시 의정원, 행정 기관인 국무원, 사법 기관인 법원을 두었다.
| 오답해설 |
① 브나로드 운동은 동아일보가 주도하였다.
② 김원봉은 만주에서 의열단을 조직하였다.
③ 독립 의군부는 고종의 비밀 지시로 조직되었다.

16 ②

| 정답해설 | 1940년 충칭(중경)에 정착한 대한민국 임시 정부는 김구 주석의 단일 지도 체제로 정비하고, 지청천을 총사령관, 이범석을 참모장으로 하는 한국 광복군을 조직하였다. 한국 광복군은 이후 1942년 김원봉의 조선 의용대 일부를 흡수하였다.
| 오답해설 |
① 1919년 만주 지린에서 김원봉, 윤세주 등이 의열단을 조직하였다.
③ 군국기무처는 1894년 제1차 갑오개혁 당시의 초정부적 개혁 기구이다.
④ 교육 입국 조서는 1895년 2월 고종이 발표한 교육에 관한 조칙이다.

17 ④

| 정답해설 | 3·1 운동 이후 통일된 지도부의 필요성이 제기되면서 상하이, 연해주, 한성의 임시 정부를 통합한 대한민국 임시 정부가 수립되었다. 임시 정부는 공화주의와 삼권 분립에 기초한 헌법을 공포하였고, 비밀 연락망으로 연통제와 교통국을 운영하였다.
| 오답해설 |
① 집강소는 동학 농민 운동 때 농민군이 각 군현에 설치한 농민 자치 기구이다.
② 독립 협회는 자주 국권, 자유 민권, 자강 개혁 사상을 보급하고 민중의 정치의식을 고취하고자 창립된 단체이다.
③ 조선어 연구회는 국어를 연구하고 보급할 목적으로 1921년

에 설립된 단체이다.

18 ④

| 정답해설 | 김좌진의 북로 군정서를 비롯한 독립군 연합 부대가 일본군과 싸워 큰 승리를 거둔 전투는 청산리 대첩이다.

19 ②

| 정답해설 | 일제는 1920년 10월부터 1921년 봄까지 독립군 근거지를 없앤다는 명분으로 만주 일대의 한인(조선인)에 대한 학살과 방화를 자행하였다(간도 참변).

20 ③

| 정답해설 | 제시된 사건들은 ⓒ 봉오동 전투(1920. 6.) → ⓔ 청산리 대첩(1920. 10.) → ⑤ 간도 참변(1920. 10.) → ⓛ 자유시 참변(1921. 6.) 순으로 전개되었다.

21 ①

| 정답해설 | 의열단은 1919년 만주 지린에서 김원봉, 윤세주 등이 비밀리에 조직한 단체이다. 의열단은 신채호의 「조선 혁명 선언」(1923)을 강령으로 삼아 일제의 고위 관리나 친일파 거두를 처단하고, 식민 통치 기관을 파괴하는 활동을 전개하였다.

22 ③

| 정답해설 | 1932년 4월 29일 한인 애국단의 윤봉길은 상하이 사변(일제가 중국 언론의 일본에 대한 적대적 태도를 구실로 상하이를 침략하여 점령한 사건)의 승전 축하와 일왕의 생일을 기념하는 행사장에 폭탄을 던져 일본군 장성과 고관을 처단하였다(홍커우 공원 의거). 이 의거를 계기로 중국 국민당 정부는 대한민국 임시 정부의 독립운동을 적극적으로 지원하게 되었다.
| 오답해설 |
① 김상옥은 1923년 종로 경찰서에 폭탄을 던진 의열단 단원이다.
② 김원봉은 1919년 의열단을 결성한 인물이다.
④ 한인 애국단의 이봉창은 일본 왕의 마차 행렬에 수류탄을 던졌으나 실패하였다(1932).

23 ②

| 정답해설 | 1920년 조만식 등은 조선 물산 장려회를 설립하고 토산품 애용('내 살림 내 것으로', '조선 사람은 조선 사람이 지은 것을 사 쓰자' 등의 구호), 근검, 저축 등을 실천 과제로 내세웠다. 이를

물산 장려 운동이라고 한다.

| 오답해설 |

① 갑오개혁으로 신분제가 폐지된 이후에도 백정에 대한 사회적 차별이 계속되자, 1923년 경남 진주에서 백정들이 조선 형평사를 조직하고 평등한 대우를 요구하였다(형평 운동).

③『조선일보』는 문자 보급 운동을 전개하여 문맹 퇴치에 앞장섰다.

④ 이상재, 이승훈 등이 조선 민립 대학 기성회를 결성하고, 전국적인 모금 운동을 추진하였다(민립 대학 설립 운동).

24 ④

| 정답해설 | 이상재, 이승훈 등은 조선 민립 대학 기성회를 결성하고, '한민족 1천만이 한 사람 1원씩'이라는 구호를 앞세워 전국적인 모금 운동을 추진하였다. 일제는 민립 대학 설립 운동을 정치 운동으로 규정하여 이를 탄압하였고, 경성 제국 대학을 설립하여 소수의 한국인을 친일 관리로 양성하고자 하였다.

25 ②

| 정답해설 |『조선일보』는 문맹을 퇴치하기 위하여 한글 교재를 배포하며 문자 보급에 힘썼다. 구호로는 '아는 것이 힘, 배워야 산다'를 내세웠다.

26 ②

| 정답해설 | 순종의 인산일을 기해서 일어난 만세 운동은 1926년 6·10 만세 운동이다.

27 ④

| 정답해설 | 광주 학생 항일 운동은 1929년 광주에서 나주로 가는 통학 열차 안에서 일본인 남학생이 조선인 여학생을 희롱한 사건을 계기로 일어났다. 조선인 학생들에 대한 일제의 차별적 처벌에 항의하며 광주 학생들이 동맹 휴학을 시작하였고, 이후 전국으로 확대되었다. 당시 신간회에서는 광주 학생 항일 운동에 대한 진상 조사단을 파견하기도 하였다. 광주 학생 항일 운동은 3·1 운동 이후 최대 규모의 항일 민족 운동으로 평가된다.

28 ④

| 정답해설 | 신간회는 광주 학생 항일 운동에 진상 조사단을 파견하고 대규모 민중 대회를 열어 이를 전국적인 항일 운동으로 확산시키고자 하였다.

29 ④

| 정답해설 | 조선어 학회는 '한글 맞춤법 통일안'과 '표준어 및 외래어 표기법 통일안'을 제정하였다. 또한 『우리말 큰사전』 편찬을 시작하였으나, 1942년 조선어 학회 사건으로 실패하였다.

30 ②

| 정답해설 | 신채호는 「독사신론」을 저술하여 민족주의 사학의 기틀을 마련하였고, 고대사 연구에 주력하여 『조선 상고사』, 『조선사 연구초』 등을 저술하였다. 특히 『조선 상고사』에서는 역사를 '아(我)와 비아(非我)의 투쟁'으로 규정하였다.

31 ②

| 정답해설 | 개신교는 조선 총독부의 신사 참배 강요에 맞서 신사 참배 거부 운동을 전개하였다.

| 오답해설 |

① 천주교에 대한 설명이다.

③ 불교에 대한 설명이다.

④ 대종교에 대한 설명이다.

32 ③

| 정답해설 | 방정환은 천도교 소년회를 조직하고 소년 운동을 전개하였다. 천도교 소년회는 잡지 『어린이』를 발간하였고, 어린이날을 제정하였다.

33 ②

| 정답해설 | 갑오개혁으로 신분제가 폐지된 이후에도 백정에 대한 사회적 차별이 계속되자, 백정들은 진주에서 조선 형평사를 조직하고 평등한 대우를 요구하였다. 이를 형평 운동이라고 한다.

34 ④

| 정답해설 | 일반 관리부터 교원에 이르기까지 제복을 입히고 칼을 차게 한 것은 1910년대 무단 통치 시기의 모습이다.

35 ④

| 정답해설 | 제시문은 창씨개명에 관한 자료이다. 일제는 한국인을 일본인으로 만들기 위해 1939년에 한국인의 성과 이름을 일본식으로 바꾸도록 하는 법령을 제정하였다.

36 ④

| 정답해설 | 순서대로 ⓒ 조선 태형령(1912) → ⓒ 치안 유지법 (1925) → ⓐ 병참 기지화 정책(1930년대 초 시행) → ⓓ 국가 총 동원법(1938)이다.

37 ④

| 정답해설 | 소녀상(평화의 소녀상, 위안부 소녀상)은 일본군 '위안 부' 문제의 피해를 상징하는 상징물이고, 수요 집회는 주한 일 본 대사관 앞에서 일본군 '위안부'에 대한 일본 정부의 사과를 요구하며 열리는 정기 집회이다.
| 오답해설 |
① 동북공정은 중국의 역사 왜곡(고구려, 발해 등 우리 역사를 중국 역사에 편입) 정책이다.

38 ①

| 정답해설 | 일제는 전쟁에 필요한 자원을 수탈하기 위하여 1938년에 국가 총동원법을 제정하였다. 이후 1943년에 학도 지 원병제, 1944년에 징병제, 여자 정신 근로령 등을 제정하여 인 적 수탈을 자행하였다.

39 ③

| 정답해설 | 1930년대에는 양세봉의 조선 혁명군과 지청천의 한 국 독립군이 중국군과 연합 작전을 전개하여 일본군을 격퇴하 였다.

40 ③

| 정답해설 | 제2차 세계 대전 중에 미국, 영국, 중국의 지도자는 카이로 선언을 발표하여 적당한 시기에 한국을 독립시킬 것을 결의하였다. 이 결의는 이후 포츠담 선언에서도 재확인되었다.

IV 대한민국의 발전
154쪽

01	④	02	④	03	①	04	②	05	①
06	①	07	①	08	②	09	①	10	②
11	③	12	①	13	①	14	①	15	①
16	③	17	③	18	④	19	④	20	②
21	②	22	③	23	④	24	④	25	③
26	②	27	②						

01 ④

| 정답해설 | 1945년 12월 모스크바 3국 외상 회의에서는 한국에 임시 민주 정부를 세우고, 이를 지원할 미·소 공동 위원회를 설 치하며, 미·영·중·소 4개국에 의한 최고 5년간의 신탁 통치를 실시할 것을 결정하였다.

02 ④

| 정답해설 | 한국 임시 민주 정부 수립 방안 논의를 위해 미·소 공동 위원회가 개최되었으나 참여 단체를 둘러싸고 위원회가 결렬되었다. 이에 이승만은 정읍에서 남한만이라도 단독 정부 를 수립하여야 한다는 발언을 하였다. 여운형과 김규식은 통일 정부 수립을 위해 좌·우 합작 운동을 전개하였으나 결국 실패 하였고, 이후 김구과 김규식이 남한만의 단독 선거와 남북의 분 단을 막기 위해 남북 협상을 추진하였다.

03 ①

| 정답해설 | 제시된 자료는 1946년 6월에 있었던 이승만의 정읍 발언으로, 남한만이라도 단독 정부를 수립하자는 것이었다.

04 ②

| 정답해설 | (가)에는 한국 문제의 UN 이관(1947. 9.)과 제헌 국 회 구성(1948. 5.) 사이의 역사적 사건인 5·10 총선거가 들어가 야 한다.
| 오답해설 |
① 6·25 전쟁은 1950년에 발생하였다.
③ 모스크바 3국 외상 회의는 1945년 12월에 개최되었다.
④ 한·미 상호 방위 조약은 1953년 10월에 체결되었다.

05 ①

| 정답해설 | 통일 정부 수립을 소망하였던 김구와 김규식 등 단

독 선거 반대 세력은 5 · 10 총선거에 불참하였다.

06 ①

| 정답해설 | 8 · 15 광복 이후 한국 사회 내에서는 식민지 잔재 청산에 대한 열기가 고조되었다. 이에 민족 반역자를 청산하고 민족정기를 바로잡기 위해 반민족 행위 처벌법이 제정되었다.

07 ①

| 정답해설 | 광복 이후 대다수의 농민은 경자유전의 원칙이 실현되기를 바랐다. 마침 북한에서 무상 몰수, 무상 분배를 골자로 한 토지 개혁이 단행되어 남한 농민들의 불만이 더욱 증대되었다. 정부 수립 이후 이승만 정부는 농지 개혁법을 제정(1949)하고 유상 매수, 유상 분배의 방법으로 농지 개혁을 실시하였다.

08 ②

| 정답해설 | 이승만 정부 시기에는 미국의 대규모 농산물 원조가 이루어졌고, 원조 물자를 가공하는 과정에서 삼백 산업(제분, 제당, 면방직 공업)이 발달하였다.
| 오답해설 |
① OECD 가입은 1996년 김영삼 정부 시기의 사실이다.
③ 금융 실명제 실시는 1993년 김영삼 정부 시기의 사실이다.
④ 경부 고속 국도의 개통은 1970년 박정희 정부 시기의 사실이다.

09 ①

| 정답해설 | 1950년 6 · 25 전쟁이 일어나자 유엔은 즉각 안전 보장 이사회를 개최하여 유엔군 파견을 결정하였다. 국군과 유엔군은 그해 9월에 인천 상륙 작전을 개시하여 전세를 역전시켰고, 이후 압록강 유역까지 진격하였다.

10 ②

| 정답해설 |
(가) 인천 상륙 작전 성공 이후 우리 국군이 압록강 유역까지 진격한 모습이다.
(나) 북한군의 기습 남침 이후 서울이 함락되고 낙동강 방어선까지 후퇴한 모습이다.
(다) 38도선 부근에서 치열한 공방이 전개되는 상황이다.
(라) 중국군 개입 이후 서울이 다시 함락된 1 · 4 후퇴 이후의 모습이다.
따라서 순서는 (나) - (가) - (라) - (다)이다.

11 ③

| 정답해설 | 이승만 정부는 장기 집권을 위해 3 · 15 부정 선거를 자행하였다. 이후 이에 반발하는 4 · 19 혁명이 일어났고, 이승만은 대통령직에서 물러났다.

12 ①

| 정답해설 | 3 · 15 부정 선거와 김주열의 사망은 전국적인 민주화 운동으로 연결되었다. 학생과 시민들이 중심이 되어 1960년 4 · 19 혁명이 일어났고, 이승만 대통령이 물러나면서 제1공화국은 몰락하였다.

13 ①

| 정답해설 | 4 · 19 혁명으로 이승만 대통령이 하야한 후, 허정을 중심으로 하는 과도 정부가 구성되었다. 과도 정부에서는 내각 책임제, 양원제 국회를 중심으로 헌법을 개정(제3차 개헌)한 후 총선거를 실시하였고, 그 결과 장면 내각이 출범하였다.

14 ①

| 정답해설 | 제시문은 1965년 한 · 일 협정 체결에 관한 것이다.
① 한 · 일 협정과 냉전(자본주의와 공산주의의 대립) 완화는 관련이 없다.

15 ①

| 정답해설 | 노태우 정부는 북방 외교를 추진하여 소련, 중국 등과 수교하였다.

16 ③

| 정답해설 | 대통령의 중임 제한 철폐, 대통령에게 국회 해산권과 긴급 조치권 부여는 유신 헌법에 관한 설명이다.

17 ③

| 정답해설 | YH 무역 사건이 일어난 이후 야당이었던 신민당의 총재 김영삼이 국회 의원직에서 제명되는 일이 발생했다. 이에 1979년 10월 김영삼의 정치적 근거지였던 부산과 마산에서 유신 체제에 저항하는 시위가 일어났다. 박정희 정부는 계엄령과 위수령을 내려 이를 통제하고자 하였으나, 10 · 26 사태가 발생하면서 박정희 유신 체제가 붕괴되었다.

18 ④

| 정답해설 | 1980년 5월 17일 비상계엄을 전국으로 확대한 신군부는 5월 18일부터 광주의 민주화 운동을 무자비하게 진압하였다(5·18 민주화 운동).

| 오답해설 |
① 3·15 부정 선거의 결과 1960년 4·19 혁명이 일어났고, 이승만 대통령이 물러나면서 제1공화국은 몰락하였다.
② 대통령 직선제를 요구하는 국민들의 뜻과 달리 전두환 정부는 4·13 호헌 조치를 발표하며 이를 거부하였다.
③ 박정희 정부는 베트남 파병을 통해 경제 개발을 위한 재원을 확보하였다.

19 ④

| 정답해설 | 제시된 내용은 민주화 운동과 관련 있다.
④ 1987년 6월 민주 항쟁은 대통령 직선제(5년 단임제)를 쟁취한 민주화 운동이다.

20 ②

| 정답해설 | 1987년 1월 서울대 학생 박종철이 경찰의 고문에 의해 사망하는 사건(박종철 고문치사 사건)이 발생하면서 민주화 운동은 더욱 확산되었다. 전두환 정부는 4·13 호헌 조치를 발표하며 대통령 직선제를 거부하다가 결국 6월 민주 항쟁에 굴복하여 직선제 개헌을 약속하는 6·29 민주화 선언을 발표하였다.

21 ②

| 정답해설 | 김영삼 정부 시기인 1993년에 금융 실명제가 전격적으로 실시되었다.

| 오답해설 |
① 새마을 운동은 1970년 박정희 정부 시기에 시작되었다.
③ 제24회 서울 올림픽은 1988년 노태우 정부 때 개최되었다.
④ 국가 재건 최고 회의(박정희 군정 시대)가 주도하여 1962년 제1차 경제 개발 5개년 계획이 시작되었다.

22 ④

| 정답해설 | 김영삼 정부 출범 이후 금융 실명제 실시, 고위 공직자 재산 공개, 지방 자치제 전면 실시 등 개혁 조치가 진행되었다. 또한 1996년 경제 협력 개발 기구(OECD)에 가입하였으나 임기 말 외환 위기를 맞아 국제 통화 기금(IMF)에 구제 금융 지원을 요청하였다(1997).

23 ④

| 정답해설 | 김대중 정부 시기에는 분단 이후 최초로 남북 정상 회담을 개최하여 6·15 남북 공동 선언을 발표하였다(2000).

24 ③

| 정답해설 | 1970년대에는 수출 주도형 중화학 공업화 정책이 추진되었다.

25 ③

| 정답해설 | 경제 개발 5개년 계획은 1962년부터 시작되었다.

| 오답해설 |
① 김영삼 정부 시기인 1996년 경제 협력 개발 기구(OECD)에 가입하였다.
② 이명박 정부 때 한·미 자유 무역 협정(FTA)이 최종 비준되어, 2012년 3월부터 발효되었다.
④ 1950년대에는 원조 물자를 가공하는 과정에서 삼백 산업(제분, 제당, 면방직 공업)이 발달하였다.

26 ②

| 정답해설 | 1972년 7·4 남북 공동 성명에서 남북은 자주·평화·민족 대단결이라는 통일 원칙에 합의하였다.

27 ②

| 정답해설 | 독도는 신라 지증왕 때 우산국을 정복하여 영토에 편입된 이래로 줄곧 우리의 영토였다. 조선 숙종 때 안용복은 일본 에도 막부로부터 울릉도와 독도가 조선의 영토임을 확인받았고, 대한 제국도 칙령 제41호를 통해 독도를 울도군 관할에 두었다. 하지만 일본은 러·일 전쟁 시기를 이용하여 독도를 불법으로 점령하기도 하였다.

실전 모의고사

01	①	02	②	03	④	04	③	05	②
06	②	07	③	08	③	09	①	10	④
11	③	12	③	13	③	14	①	15	①
16	②	17	④	18	④	19	①	20	②
21	④	22	③	23	②	24	①	25	①

01 ①

| 정답해설 | 구석기 시대 사람들은 뗀석기인 주먹도끼를 여러 가지 용도로 사용하였다.

| 오답해설 |

② 반달 돌칼은 청동기 시대에 곡식을 수확하는 데 사용한 석기 농기구이다.

③ 비파형 동검은 청동기 시대의 청동검이다.

④ 빗살무늬 토기는 신석기 시대의 대표적 토기이다.

02 ②

| 정답해설 | 제시문은 서옥제에 대한 설명이다. 서옥제는 고구려의 혼인 풍습으로, 결혼 후 신랑이 신부 집에 일정 기간 머물다 돌아오는 풍습이었다.

03 ④

| 정답해설 | 5세기 무렵 왜의 공격을 받은 신라는 광개토 대왕의 도움을 받아 이를 물리쳤다. 이 시기 고구려 광개토 대왕과 신라 내물왕의 관계, 즉 5세기 양국 간 국제 관계를 확인할 수 있는 유물은 호우명 그릇이다.

04 ③

| 정답해설 | 마한을 정복하고 고구려 평양성을 공격하여 고국원왕을 전사시킨 왕은 백제 근초고왕이다.

05 ②

| 정답해설 | 진흥왕은 국가 발전을 위한 인재를 양성하기 위하여 화랑도를 국가적인 조직으로 개편하였고, 거칠부로 하여금 『국사』를 편찬하게 하였다. 대외적으로는 대가야를 정복하고, 한강 유역과 함경도까지 진출하였다.

06 ②

| 정답해설 | 발해는 선왕 때 5경 15부 62주의 지방 통치 체제를 완비하였다.

07 ③

| 정답해설 | 9세기 말 신라 진성 여왕 때 중앙 정부가 세금을 독촉하자, 왕실과 귀족의 수탈에 시달리던 농민들이 봉기를 일으켰다. 대표적인 봉기로 사벌주(상주)에서 일어난 원종과 애노의 난이 있다.

③ 서남 해안 지역의 군인이었던 견훤은 사회의 혼란을 틈타 백제의 부흥을 내세우며 완산주(전주)에서 후백제를 건국(900)하였다.

| 오답해설 |

① 신라는 법흥왕 때 이차돈의 순교를 계기로 불교를 공인하였다(527).

② 신라는 문무왕 때 삼국을 통일하였다(676).

④ 신라는 법흥왕 때 금관가야를 정복하였다(532).

08 ③

| 정답해설 | 후삼국을 통일한 태조 왕건은 왕권 강화와 민생 안정을 위해 노력하였다. 사심관 제도는 왕건의 호족 통제 정책에 해당한다.

09 ①

| 정답해설 | 밑줄 친 '새로운 군대'는 윤관이 편성한 별무반이다. 윤관은 별무반을 이끌고 여진을 정벌한 뒤 동북 9성을 설치하였다.

10 ④

| 정답해설 | 서리, 향리, 남반으로 구성되었고, 직역을 세습하며

국가로부터 토지를 지급받은 고려 시대의 신분은 중류층이다. 이들은 지배층에 속했지만 귀족과 달리 높은 관직으로 진출할 수 없었다.

| 오답해설 |

① 고려 시대의 문벌은 고위 지배층으로, 여러 대에 걸쳐 고위 관리를 배출한 가문이었다.

② 고려 시대의 평민은 일반 백성과 향·부곡·소 주민으로 구성되었다. 조세·공물·역을 부담하였다.

③ 고려 시대의 천민은 대부분이 노비로, 재산으로 간주되어 매매·상속·증여가 가능하였다.

11 ③

| 정답해설 | 『직지심체요절』은 1377년 청주의 흥덕사에서 인쇄한 현존하는 세계 최고(最古)의 금속 활자본이다.

| 오답해설 |

① 팔만대장경은 고려 시대에 불교의 힘으로 몽골의 침입을 물리치고자 하는 염원을 담아 제작된 것이다.

② 『삼강행실도』는 조선 세종 때 유교 윤리를 보급하기 위하여 편찬한 서적이다.

④ 『무구정광대다라니경』은 현존하는 세계에서 가장 오래된 목판 인쇄물로, 경주 불국사 3층 석탑에서 발견되었다.

12 ③

| 정답해설 | 조선 세종은 백성을 교화하고 백성이 자신의 말과 생각을 글로 표현할 수 있도록 새로운 문자인 훈민정음을 창제하였다.

| 오답해설 |

① 호패법을 실시한 왕은 조선 태종이다.

② 홍문관을 설치한 왕은 조선 성종이다.

④ 『경국대전』을 완성한 왕은 조선 성종이다.

13 ③

| 정답해설 | 임진왜란의 결과 명의 국력이 약해졌고, 여진이 성장하여 후금이 건국되었다. 임진왜란 이후 선조의 뒤를 이어 즉위한 광해군은 후금과 명 사이에서 중립 외교 정책을 펼쳤다.

| 오답해설 |

① 무오사화는 조선 연산군 때의 사실이다.

② 이종무의 쓰시마섬 토벌은 조선 세종 때의 사실이다.

④ 강감찬의 거란군 격퇴는 고려 현종 때의 사실이다.

14 ①

| 정답해설 | 실학은 주로 권력에서 배제된 남인 계열 학자들에

의해 연구되어 현실 정치에는 반영되지 못하였다.

15 ①

| 정답해설 | 제시된 내용은 척화비이다. 척화비는 병인양요, 오페르트 도굴 사건, 신미양요 이후 흥선 대원군의 통상 수교 거부 정책의 의지를 보여 주는 비석이다.

① 병자호란은 조선 인조 때 청이 침략한 사건이다.

16 ②

| 정답해설 | 밑줄 친 '정변'은 갑신정변이다. 급진 개화파는 갑신정변을 통해 근대적 국가 건설을 시도하였으나 청군의 개입으로 3일 만에 실패하였다. 이 사건 이후 일본과 조선은 한성 조약을 체결하였고, 일본과 청은 톈진 조약을 체결하였다.

17 ④

| 정답해설 | 서재필은 정부의 지원을 받아 『독립신문』을 창간하였고, 독립 협회를 통해 자주 국권, 자유 민권, 자강 개혁 운동을 전개하였다.

18 ④

| 정답해설 | 구본신참은 광무개혁의 근본 정신이다. 대한 제국의 광무개혁은 갑오·을미개혁의 급진성을 비판하고 점진적 개혁을 표방하였다.

19 ①

| 정답해설 | 회사령(1910)은 일제가 한국 민족 기업의 성장을 억제하려고 실시한 제도이다. 회사령 실시 이후 회사를 세우려면 조선 총독의 허가를 받아야 했다.

20 ②

| 정답해설 | 안창호는 샌프란시스코에서 실력 양성 운동 단체인 흥사단을 설립하였다. 박용만은 하와이에서 군사 조직인 대조선 국민 군단을 조직하였다. 따라서 설명에 해당하는 지역은 미주이다.

21 ④

| 정답해설 | 제시된 자료는 국산품을 애용하자는 내용을 담은 물산 장려 운동 광고물이다. 물산 장려 운동은 일제의 탄압으로

큰 성과를 거두지 못하였다.

22 ③

| 정답해설 | 한인 애국단 소속으로, 1932년 상하이 훙커우 공원에서 폭탄을 투척하여 일본인 장교들에게 큰 피해를 입힌 독립 투사는 윤봉길이다.

23 ②

| 정답해설 | 『한국통사』, 『한국독립운동지혈사』는 민족주의 사학자 박은식의 대표적 저서이다.

24 ①

| 정답해설 | 제2차 미·소 공동 위원회가 결렬되자 미국은 한반도 문제를 유엔에 이관하였다. 이후 유엔 한국 임시 위원단의 감시 아래 38선 이남 지역에서 1948년 5월 10일에 총선거가 실시되었다. 총선거의 결과 제헌 국회가 구성되고 제헌 헌법이 공포되었다. 이후 제헌 국회의 간선제를 통해 선출된 이승만 대통령이 대한민국 정부 수립을 국내외에 선포(1948. 8. 15.)하였다.

25 ①

| 정답해설 | 4·19 혁명은 이승만 정부의 3·15 부정 선거에 항의하여 일어났다. 그 결과 이승만 정부가 붕괴되고 장면 내각이 수립되었다.

169쪽

2 회

01	②	02	④	03	④	04	④	05	②
06	②	07	③	08	②	09	③	10	①
11	①	12	②	13	②	14	①	15	④
16	③	17	③	18	①	19	①	20	②
21	④	22	①	23	①	24	②	25	①

01 ②

| 정답해설 | 제시된 유물은 청동기 시대에 처음 제작되었던 비파형 동검이다. 청동기 시대에는 계급이 발생하였고, 지배층의 무덤으로 고인돌을 만들었다.
| 오답해설 |
① 농경이 시작된 시대는 신석기 시대이다.
③ 철제 무기를 처음으로 사용하였던 시대는 철기 시대이다.
④ 주로 동굴이나 막집에서 살았던 시대는 구석기 시대이다.

02 ④

| 정답해설 | 고조선은 중계 무역의 이익을 독점하면서 중국의 한과 대립할 정도로 성장하였고, 8조법을 만들어 사회 질서를 유지하였다.
| 오답해설 |
① 옥저와 동예를 정복한 나라는 고구려이다.
② 동예에는 족외혼과 책화의 풍습이 있었다.
③ 부여에는 가들이 다스리는 독자적 행정 구역인 사출도가 있었다.

03 ④

| 정답해설 | 진대법은 고구려 고국천왕 때 재상 을파소의 건의로 실시한 빈민 구제 제도이다. 진대법은 봄에 곡식을 빌려주었다가 가을에 추수 후에 갚게 하는 '춘대추납'이 원칙이었다.

04 ④

| 정답해설 | 신라 진흥왕은 후기 가야 연맹의 맹주인 대가야를 정복하고, 한강 유역을 장악하여 영토를 넓혔다. 이러한 사실은 진흥왕이 세운 단양 적성비와 4개의 순수비를 통해 알 수 있다.

05 ②

| 정답해설 | 통일 후 신라 신문왕은 귀족들의 경제적 기반을 약화시키고 국가 재정을 확보하기 위해 관료전을 지급하고 녹읍

을 폐지하였다.
② 정전을 지급한 왕은 신라 성덕왕이다.

06 ②

| 정답해설 | 일본 도다이사의 쇼소인에서 발견된 신라 촌락 문서(민정 문서)는 촌의 이름과 규모, 촌락 인구, 토지의 종류와 면적, 말의 수, 수목의 종류와 수 등을 기록한 문서이다. 3년마다 촌주가 작성한 이 문서는 원활한 조세 징수를 위해 작성되었다.
② 단군의 건국 이야기가 수록되어 있는 서적으로는 『삼국유사』, 『제왕운기』 등이 있다.

07 ③

| 정답해설 | 신라 말에는 중앙 정부의 통제력이 약해진 틈을 타 지방에서 호족이 성장하였다. 호족은 자신의 근거지에 성을 쌓고 군대를 거느려 스스로 성주 또는 장군이라 부르며 독자적으로 백성을 통치하였다. 호족의 출신으로는 촌주, 몰락 귀족, 해상 세력과 군진 세력 등이 있었다.
③ 6두품에 대한 설명이다.

08 ②

| 정답해설 | 고려 광종 때 시행한 노비안검법은 후삼국 시대의 혼란기에 불법적으로 노비가 된 자들을 조사하여 양인으로 해방시켜 주기 위해 마련한 것이다.

09 ③

| 정답해설 | 원·명 교체기에 즉위한 공민왕은 반원 자주 정책과 왕권 강화 정책을 추진하였다. 반원 자주 정책으로는 기철 등의 친원 세력 제거, 정동행성 이문소 폐지, 쌍성총관부 공격, 몽골 풍습(몽골풍) 금지 등이 있다. 왕권 강화 정책으로는 정방 폐지, 교육·과거 제도 정비, 전민변정도감 설치 등이 있다.

10 ①

| 정답해설 | 왕족 출신인 의천은 화엄종을 중심으로 교종을 통합하려 하였고, 해동 천태종을 개창하여 교종을 중심으로 선종을 통합하려 하였다.
| 오답해설 |
② 지눌은 고려의 승려로, 수선사 결사를 제창하였다.
③ 일연은 고려의 승려로, 『삼국유사』를 저술하였다.
④ 원효는 통일 신라의 승려로, 불교 대중화에 공헌하였다.

11 ①

| 정답해설 | 사림은 조선 건국에 반대한 온건파 신진 사대부에 뿌리를 두고 있다. 지방의 서원과 향약을 토대로 성장하였고 선조 때 중앙 정치를 장악하였다.

12 ②

| 정답해설 | 제시된 사실은 임진왜란에 관한 것이다. 일본이 조선을 침략한 후 부산진과 한성 등이 연이어 함락되자 당시 왕이었던 선조는 의주로 피란하였고, 명에 지원군을 요청하였다.

13 ②

| 정답해설 | 조선 인조 때 실시된 영정법은 풍년과 흉년에 상관없이 토지세로 토지 1결당 쌀 4~6두를 부과하였다.

14 ①

| 정답해설 | 흥선 대원군은 호포제를 실시하여 양반에게 군포를 부과하였고, 왕실의 권위를 높이기 위해 경복궁을 중건하였다.
| 오답해설 |
ㄷ 『대전통편』은 정조 때 편찬된 법전이다.
ㄹ 균역법은 영조 때 실시되었다.

15 ④

| 정답해설 | 강화도는 한양으로 들어가는 길목에 위치한 전략적 요충지로 병인양요(프랑스), 신미양요(미국), 운요호 사건(일본), 강화도 조약 체결 등이 일어난 지역이다.

16 ③

| 정답해설 | 황준헌의 『조선책략』이 국내에 유입된 결과 미국과의 수교 필요성이 대두되어 1882년에 조·미 수호 통상 조약이 체결되었다.

17 ③

| 정답해설 | 1894년 1월 고부 군수 조병갑의 학정에 반발하여 고부 농민 봉기가 일어났다. 이를 수습하기 위해 파견된 안핵사 이용태가 농민들을 탄압하자, 농민군이 보국안민과 제폭구민 등을 주장하며 백산에서 봉기하였다. 황룡촌 전투는 동학 농민군의 제1차 봉기 때의 전투이고, 우금치 전투는 동학 농민군의 제2차 봉기 때의 전투이다.

① 국채 보상 운동은 일본으로부터 빌린 국채를 갚아 국권을 회복하자는 의도에서 시작되었다.

② 물산 장려 운동은 토산품 애용을 통한 민족 산업 보호를 목표로 한 운동으로, 조선 물산 장려회를 중심으로 평양에서 시작되었다.

④ 민립 대학 설립 운동은 대학을 설립하고자 일어난 운동으로, 이상재 등이 민립 대학 기성회를 조직하여 추진하였다.

18 ①

| 정답해설 | 독립 협회의 기관지는 『독립신문』이다.

19 ①

| 정답해설 | (가) 시기에 일제는 헌병을 앞세워 강압적인 무단 통치를 실시하고, 토지 조사 사업을 실시하였다.

20 ②

| 정답해설 | 제시된 내용은 신간회의 강령이다. 신간회는 1927년 비타협적 민족주의 세력과 사회주의자들이 연합하여 창립되었다. 1929년에는 광주 학생 항일 운동이 일어나자 진상 조사단을 파견하였다.

21 ④

| 정답해설 | 중·일 전쟁 이후에 충칭에 자리 잡은 대한민국 임시 정부는 함께 이동한 독립군 부대를 재편성하여 1940년 한국 광복군을 창설하였다.

22 ①

| 정답해설 | 신채호는 『조선 상고사』에서 역사를 아와 비아의 투쟁으로 정의하였다.

| 오답해설 |
② 진단 학회는 실증주의 사학자들이 주도적으로 만든 단체이다. 백남운은 사회 경제 사학자이다.

③ 이병도는 실증주의 사학자이다. 한국사를 세계사적 보편적 발전 법칙에 따라 이해한 사람들은 사회 경제 사학자들이다.

④ 박은식은 '혼'을 강조하였고, '조선의 얼'은 정인보가 강조하였다.

23 ①

| 정답해설 | 김구는 대한민국 임시 정부를 이끈 대표적 인물로, 한인 애국단 및 한국 광복군을 결성하였다. 광복 이후에는 남한만의 단독 선거 방침에 반발하여 남북 협상을 추진하기도 하였다.

24 ②

| 정답해설 | 모스크바 3국 외상 회의는 미·영·소 외무 장관들에 의해 1945년 12월에 개최되었고, 대한민국 정부 수립 선포는 1948년 8월 15일의 사실이다.

② 반민족 행위 처벌법은 1948년 9월에 공포되었다.

| 오답해설 |
① 5·10 총선거는 1948년 5월 10일에 실시되었다.

③ 제1차 미·소 공동 위원회는 1946년 3월에 개최되었다.

④ 이승만은 1946년 6월 3일, 정읍에서 남한만의 단독 정부 수립을 주장하였다(정읍 발언).

25 ①

| 정답해설 | 노태우 정부는 5·16 군사 정변으로 중단되었던 지방 자치제를 부분적으로 실시하였고 소련, 중국 및 동유럽의 공산주의 국가와 외교 관계를 맺어 교류를 확대하는 북방 외교를 추진하였다. 1991년에는 남북한이 유엔에 동시 가입하였고, 남북한이 서로를 인정하는 가운데 '남북한 사이의 화해와 불가침 및 교류 협력에 관한 합의서(남북 기본 합의서)'를 발표하였다.

정답과 해설

2025 최신판

에듀윌
고졸 검정고시
기본서 한국사

펴낸곳 (주)에듀윌   펴낸이 양형남   출판총괄 오용철   에듀윌 대표번호 1600-6700
주소 서울시 구로구 디지털로 34길 55 코오롱싸이언스밸리 2차 3층   등록번호 제25100-2002-000052호
협의 없는 무단 복제는 법으로 금지되어 있습니다.

고객의 꿈, 직원의 꿈, 지역사회의 꿈을 실현한다

| 에듀윌 도서몰 book.eduwill.net | • 부가학습자료 및 정오표: 에듀윌 도서몰 > 도서자료실 |
| | • 교재 문의: 에듀윌 도서몰 > 문의하기 > 교재(내용, 출간) / 주문 및 배송 |